현대자동차를
말한다

현대
심정택 지음
자동차를
말한다

정몽구 회장은 딜레마를
어떻게 해결할까?

알에이치코리아

4장. 현대차와 삼성

5장. 하청 경제와 지배구조

6장. 현대차의 미래

현대차그룹은 삼성전자만큼이나 한국인에게 친숙하다. 20대 후반 또는 30대 초반, 생애 첫 차를 현대차나 기아차를 산다. 누구든 인생에 있어 첫 차는 첫 연애만큼이나 중요하다. 첫 차와 첫 연애가 겹치는 이들도 많을 것이다.

우리는 첫 차 현대차만큼이나 기업인 현대차에 대해 잘 안다고 생각한다. 그리고 매스컴을 통해 접하는 현대차그룹의 정몽구 회장에 대해서도 잘 안다고 생각한다. 가만 생각해보라. 글로벌 메이커 현대차와 CEO인 정몽구에 대해 무엇을 아는지?

2014년 9월 한전 부지 인수에서 보는 정몽구의 사회통념을 벗어난 것으로 보이는 비논리적 의사결정은 '정치적' 행위이다. 77세의 고령인 정몽구에게 있어 가장 중요한 것은, 직계인 정의선으로의 안정적인 경영권 승계의 토대를 마련하는 일이다. 그래야 현대차그룹의 지속 가능한 성장 및 경영이 가능하다고 보기 때문이다. 정 회장이 "정부에 내는 것이라 한결 마음이 가벼웠다"고 전하는 현대차 측의 반응에 모든 답이 있다. 안정적인 3세로의 경영권 승계를 위해서는 마음이 가벼울 수 있는 정부의 도움이 절실하기 때문이다. 이건희 회장처럼 갑자기 쓰러질 경우 정의선으로의 경영 승계가 안정적으로 이루어진다고 보장할 수는 없지 않은가.

정몽구는 우리에게 일반적으로 각인되어 있는 선입견과는 많이 다른 인물이다. '뚝심' 경영자로 알려져 있는데 맞는 말이다. 그러면서도 치밀하고 집요하기까지 하다.

7~8년 전 시사 월간지와 주간지, 경제 월간지 등에 재계 및 자동차 산업에 관한 칼럼을 게재할 기회를 얻었다. 자동차 산업을 바라보는 새로운 시각을 갖게 되었으며, 자동차 산업 관련 글쓰기를 익히게 되었다. 자동차업과 인연을 맺은 지가 그럭저럭 약 28년 여가 지났다.

현대차는 기아차와 함께 1998년 말 현대그룹으로부터 독립했다. 그로부터 약 16년이 흘렀다. 정몽구 회장이 현대차그룹을 이끄는 동안 자동차 산업은 그 업의 속성 자체가 바뀌었다.

《삼성의 몰락》을 쓰기 위해 자료를 모으던 지난해 늦여름부터 자동차 산업과 전자 산업의 융복합화에 주목하기 시작했다. IT와 자동차의 복합화는 새삼스런 일이 아니다. 그러나 시사지에 칼럼을 중단한 지 약 6년 만에 관심을 갖고 들여다보니, 세계 자동차업계는 자동차를 본격적으로 가전제품으로 보고 있었다. 'CES(국제전자제품박람회) 2015'에는 자동차업체들이 대거 참가, 자율주행차의 상용화가 임박했음을 보여주고 있다.

현대차그룹을 오랫동안 관찰해왔으나 책을 내는 것은 별개의 문제이다. 준비가 부족했음을 절감한다. 그러나 깊이 몸담지 않은 나그네의 입장이 오히려 객관적인 시각을 가질 수 있었다.

한국 경제 전체가 대내외적인 어려운 국면으로 들어가고 있다. 특히 국내 재계 1위인 삼성그룹의 이건희 회장이 유고된 지 1년여가 지났고, 삼성의 수뇌진들은 사업적인 혁신보다는 이재용 체제로의 경영권 승계에 올인함으로써 그들이 의도하지는 않았지만 한국 사회가 감당해야 되는 사회적 비용이 증가하고 있다.

현대차그룹은 스스로의 어려운 경영환경을 헤쳐나가야 될 뿐만 아니라, 한국이 낳은 글로벌 기업으로서 어쩌면 국가경제의 최후 보루로서, 삼성의 경쟁력 저하까지도 떠맡아야 되는 상황에 진입할 수도 있다. 사기업인이고 일흔일곱의 고령이지만 정몽구 회장의 사회적 책임이 중차대한 시점이다.

삼성그룹과 현대차그룹은 재계 1, 2위 그룹이다. 현대차그룹의 모태였던 정주영의 현대그룹은 1990년대 후반만 하더라도 재계 1위였다. 이런 관점에서 양 그룹을 비교해봤다.

전작《삼성의 몰락》에서 못다한, 자동차업을 경험했던 삼성 이야기와 이후의 변화 과정에 대해서도 덧붙였다.

이 책은 중후장대형 제조업 기업 집단인 현대차그룹과 CEO인 정몽구 회장에 관한 이야기가 중심을 이룬다. 금년 11월이면 한국산업사에 가장 뚜렷한 족적을 남긴 현대그룹 창업주 아산 정주영의 탄생 100주년을 맞는다. 또한 지난 5월은 현대차의 토대를 닦은 포니정 정세영의 10주기이기도 했다. 이 책을 통해 이들이 남긴 유산과 흔적을 되돌아보는 것도 의미 있다고 생각한다.

아울러 한국 사회 공동체는 성장의 한계, 분배의 불균형이라는 난제에 부딪혀 있다. 현대차라는 글로벌 제조업체를 들여다봄으로써 이러한 문제 해결의 실마리를 찾아볼 수 있기를 기대한다.

한 인간으로서 많이 부족하지만, 책 내용에 대해서도 관용과 애정을 가지고 너그러이 보아주셨으면 한다. 어려운 출판 환경에도 불구하고 연이어 출간의 기회를 준 출판사 측에 깊은 감사의 말씀을 올린다.

1장

현대
자동차를
말한다

완성차업체인 현대차와 기아차가 처한 외부적 어려움은 지난 현대차그룹의 역사로 봤을 때 한두 번 겪는 것이 아니고 일시적일 수 있다. 진짜 위기는 가격과 품질로만 승부하는 시대가 끝났다는 점이다. 원천기술을 바탕으로 한 품질력 제고와 더불어 독창적인 전략으로 글로벌 시장에서 살아남아야 되는 궁극의 전환점에 와 있다.

현대차의 성장사

"어려운 시기가
예상보다
길어질 수 있다.
긴장을 늦추지 마라.
자신감이 중요하다."

현대차,
다중고에 직면하다

"어려운 시기가 예상보다 길어질 수 있다. 긴장을 늦추지 마라. 자신감이 중요하다."

정몽구 현대차그룹 회장이 최근 내부 임원 회의에서 한 말이다. 2015년 들어 일본 엔화 하락에 따른 환율 충격 등으로 인해 현대·기아차의 실적 악화에 대한 우려가 커지는 가운데 정몽구 회장이 긴장 경영으로 다시 한 번 조직 기강 잡기에 나섰다. 2008년 글로벌 금융 위기 같은 주요 고비마다 특유의 긴장 경영과 깜짝 인사로 돌파해온 정몽구 회장이 위기 경영에 나선 것이다.

최근 현대·기아차는 다중고(多重苦)를 겪고 있다. 엔저 장기화로 최대 경쟁자인 일본 업체에 밀리고, 유로화 약세를 틈탄 유럽 업체의 공세까지 겹쳤다.

예를 들어 세계 1위 업체인 도요타와 닛산, 혼다 등 일본 자동차 메이커들이 일부 해외 공장의 리쇼어링(reshoring) 방침을 밝히며 아베노믹스에 부응하고 있다. 리쇼어링이란 기업이 해외로 진출했다가 다시 본국으로 돌아오는 것을 말한다. 일본의 경우 엔저와 효율성 제고에 따른 생산 경쟁력 강화가 리쇼어링을 가능케 하고 있다. 2010년 초 도요타의 대규모 리콜 사태로 반사이익을 누렸던 현대차그룹은 일본 업체들의 본격적인 공세에 긴장할 수밖에 없는 상황이다.

한편 유로화 약세로 인해 직접적인 영향을 받는 제품은 한국에서 제조해 수출하는 물량인데 유럽 지역 자동차 판매분 중 한국 공장 생산 비중은 현대차가 33퍼센트, 기아차가 44퍼센트에 달한다. 현대차는 싼타페, i40, 벨로스터를, 기아차는 K5, 쏘렌토를 한국에서 제조해 유럽으로 수출한다. 유럽 시장은 세계 3대 자동차 시장으로 현대·기아차는 판매량을 줄이거나 가격을 올릴 수도 없어 판매 이익 하락을 감수해야 하는 상황이다.

이처럼 현대차그룹은 환율 문제로 인해 유럽 제품과 일본 제품 사이에서 샌드위치 신세로 전락할까 우려되는 실정에 놓인 것이다.

또한 현대차의 핵심 전략 지역인 중국 시장 역시 상황은 녹록치 않다. 업체 간 경쟁적인 생산설비 증가로 가동률이 80퍼센트 이하로 하락, 경쟁 심화 및 수익성 하락으로 이어지면서 자동차 산업 구조조정을 압박하는 요인으로 작용하고 있다. 산업연구원에 따르면, 현재 중국 자동차 산업은 약 280만 대의 과잉 설비 상태이며, 자동차 판매 제한 조치가 주요 도시들로 확대되고 있어 시장 성장세를 제한하고 있다. 게다가 〈파이낸셜타임스〉 2015년 5월 5일자에 따르면 중국의 2, 3위 자동차업체인 둥펑자동차와 디이자동차의 합병설이 나오고 있는 바 양사가 합병할 경우 중국 최대, 세계 6위의 자동차업체가 탄생한다. 이외에도 중국 업체들의 제품 및 가격 경쟁력 강화 또한 간과할 수 없다.

한편 그동안 중국과 일본의 외교적 마찰로 인해 현대차그룹이 반사이익을 누려왔으나, 2015년 4월 중·일 정상회담을 계기로 두 나라 사이의 관계도 변화 가능성이 있다. 현대차로서는 일본 업체와의 비교에 있어 중국 시장에서 차지하고 있는 상대적으로 유리한 지위를 상실할 가능성도 염두에 두어야 할 시점이다.

나빠지는 실적

국내 시장 상황은 어떠한가?

수입차의 공세에 밀려 '시장점유율 70퍼센트 고수(固守)' 방침이 무너지고 있다. 자동차 수입업체들은 좋아진 환율 조건을 바탕으로 수입 물량을 늘리면서 국내 시장 점유율을 높이고 있다. 현대차그룹의 국내 시장에서의 고전은 자업자득적인 측면 또한 강하다.

자동차 산업 전문기자 출신의 〈조선일보〉 김종호 부장은 이렇게 밝힌 바 있다.

"현대·기아자동차는 지난 10여 년 동안 한국 시장에서 80퍼센트에 가까운 높은 점유율을 등에 업고 해마다 자동차 가격을 대폭 인상했다. 직장인들이 첫 번째 차로 많이 사는 아반떼는 최고급 모델 기준으로 10년 전보다 가격이 1,044만 원 올랐다. 해마다 100만 원씩 인상한 셈이다. 중형차 쏘나타도 10년 전보다 가격이 836만 원 상승했다. 이뿐만 아니다. 현대차 제네시스 사륜구동 모델은 한국보다 미국이 1,200만~2,700만 원 싸다. 에쿠스 최고급 모델은 가격 차이가 3,600만 원에 이른다."

소비자를 외면하는 기업과 그 기업이 생산하는 제품을 소비자들이 떠나는 것은 너무도 당연하다. 더군다나 생애 처음 차를 장만하는 젊은 소비자군을 밀어내는 현대차의 마케팅 전략은 향후 내수 시장에서의 어려움을 더 가중시킬 것이다.

2014년 현대차의 매출은 89조 2,653억 원, 영업이익은 7조 5,500억 원, 기아차는 매출 47조 원, 영업이익 2조 5,725억 원으로 영업이익률은 각각 8.5퍼센트와 5.5퍼센트를 달성했다. 영업이익만 놓고 보면 전년 대비 현대차는 9.2퍼센트, 기아차는 19퍼센트나 감소했다. 그룹 매출 의존도가 절대적인 현대모비스는 매출 36조 1,850억 원, 영업이익 3조 706억 원, 현대글로비스는 매출 13조 9,220억 원, 영업이익 6,440억 원, 현대제철은 매출 16조 7,624억 원, 영업이익 1조 4,911억 원으로 각각 영업이익률은 8퍼센트, 4.6퍼센트, 8.9퍼센트 달성했다.

2015년 들어 현대차와 기아차의 영업이익은 더욱 악화되고 있다. 현대차의 2015년 1분기 매출은 전년 동기 대비 3.3퍼센트 감소했지만 영업이익은 18.1퍼센트 급감했다. 기아차는 매출 6.3퍼센트, 영업이익은 30.5퍼센트나 급감했다. 도요타는 같은 기간 영업이익이 25.7퍼센트 증가했다. 다임러와 포드 등도 10퍼센트 이상 영업이익이 늘었고 GM은 흑자로 전환했다.

궁극의 전환점

완성차업체인 현대차와 기아차가 처한 외부적 어려움은 지난 현대차그룹의 역사로 봤을 때 한두 번 겪는 것이 아니고 일시적일 수 있다. 진짜 위기는 가격과 품질로만 승부하는 시대가 끝났다는 점이다. 원천기술을 바탕으로 한 품질력 제고와 더불어 독창적인 전략으로 글로벌 시장에서 살아남아야 되는 궁극의 전환점에 와 있다.

또한 현대차와 더불어 한국 제조업의 대표 선수인 삼성전자 계열 기업군 이건희 일가가 경영 승계에만 집중하고, 미래 신수종 사업군 기반을 닦아 놓지 않아 제2의 소니로 전락할 가능성이 높아지고 있다. 현대차그룹의 발전 과정을 연역적으로 살펴봄과 아울러 삼성의 부진으로 한국 단독 대표 제조업군으로 부상할 수도 있는 현대차그룹의 시대적 역할에 대해서도 언급한다.

포니정에서
정몽구까지

현대자동차는 현대그룹 창업자인 고 정주영 명예회장이 동생인 고 정세영 현대차 명예회장을 앞세워 1967년 창업했다.

정세영은 정주영의 넷째 동생이다. 형제 중에서 가장 오랫동안 정주영과 함께 현대그룹을 경영했다. 정세영은 2000년 물러날 때까지 '포니정'으로 불리며 현대차와 32년의 세월을 함께했다. 정세영은 1974년 국산 1호차인 '포니'를 탄생시켰다. 그는 고려대 정외과를 졸업하고 대학원에 다니던 중 유학길에 올라 미국 오하이오 주에 있는 마이애미대학교를 졸업했다. 귀국 후 교수 채용 통보를 받은 정세영은 기쁜 소식을 알리기 위해 정주영에게 달려갔다. 그러나 정주영은 "교수 하면 배고파! 나랑 같이 일이나 해!"라고 단도직입적으로 말했다. 정세영은 부모 이상의 절대적인 존재였던 형의 말을 거역할 수 없었다.

정세영은 미국에서 공부했고, 정주영의 장남 정몽규 현대산업개발 회장은 영국에서 공부했다. 현대자동차가 처음부터 해외 지향성을 갖게 된 것은, 1980년대 후반 모터리제이션(motorization, 자동차 대중화) 단계에서 국내 수요의 공급 해소라는 측면과 함께, 이처럼 현대차 오너 경영진들이 유학파 출신이라는 점이 영향을 미쳤다.

현대차의 시작은 제휴였는데 첫 파트너는 미국의 포드였다. 당시 정주영 회장이 포드를 선택한 이유는 이 회사가 자본 및 경영 참여에 큰 욕심을 보이지 않았기 때문이다. 포드와의 첫 합작품은 현대차 설립 이듬해인 1968년에 나온 소형차 '코티나'였다. 영국 포드로부터 부품을 들여와 국내 공장에서 조립하는 CKD(Complete Knock Down)* 방식이었다. 그런데 포드와의 제휴는 처음에는 순조로웠지만 현대차가 합작사 설립을 제의하면서 이내 틀어졌다. 포드가 합작사의 지분 50퍼센트 이상과 경영권을 조건으로 내세웠기 때문이다. 1년간의 줄다리기 끝에 합작 엔진 법인을 설립하기로 합의했지만 이마저도 실무 협상에서 이견을 보이며 끝내 무산됐다. 정부도 1973년 1월 포드와의 합작투자 계약에 대한 승인을 취소했다.

최근까지도 세계 자동차업계는 기술이 없는 업체가 해외 선진업체와 전면 제휴를 요구하는 경우, 시장성이 있다고 판단하면 선진업체들은 일반적으로 경영권을 요구한다. 한편 현대차는 포드와의 제휴 무산으로 독자 노선의 필요성을 절감하고 대책 마련에 나섰다. 즉 포

•CKD: 부품 상태로 수출 또는 수입하여 소비지에서 현지의 설비와 노동력으로 조립·생산하는 방식. 각국은 자동차 산업을 국가전략 산업으로 보호하기 위해 완성차 형태의 수입에는 고율의 관세를 부과하는 것이 오랫동안의 국제적인 무역 관행. 기간산업에 직접적으로 기여한 대형 상용차 등은 예외 규정을 적용했다.

드와의 합작 실패는 결과적으로 현대차 및 한국 자동차 산업이 해외에 종속되지 않을 수 있었던 전화위복의 결정적인 계기가 된 것이다.

현대차와 정세영의 운명

'형이 오라고 해서 왔고, 가라고 해서 갔다.' 주간 경제지 〈이코노미스트〉 이기수 수석기자가 1999년 3월에 쓴 기사의 제목이다. 이기수 기자는 당시 이 기사(헤드라인)로 상까지 받았다. 특종은 아니지만 헤드라인이 포니정이라는 불세출 자동차맨의 모든 것을 함축하고 있는 카피였기 때문이었다. 정세영은 오늘날 현대자동차그룹의 토대와 성장을 이룬 인물임에는 틀림없다. 정주영이 없는 정세영이나 현대자동차는 생각할 수도, 존재할 수도 없다.

정주영과 정세영의 역할과 비중은 달랐다. 핏줄을 나눈 형제로 태어난 뒤, 동시대 각자의 자리에서 각자의 역할을 충실히 했을 뿐이다. 현대자동차를 실제로 육성하고 키운 이는 정세영이다. 하지만 이런 논쟁은 아무런 의미가 없다. 만약 자동차 사업을 정몽구가 물려받은 뒤 망쳤으면 의미가 있을지도 모르지만 말이다.

정주영은 자동차 사업 부문의 경영권을 30여 년간 정세영에게 위양했을 뿐이고, 재산 상속 과정에서 이를 회수한 후 아들 정몽구에게 넘겼다. 현대가의 창업주 정주영과 그 형제들은 사업적인 동지기도 했다. 이들은 시간이 지나면서 분가를 했으나 정세영만은 정주영을 도와 그룹에 남은 것이다. 정세영은 그룹에 기여한 대가로 기왕이면 자신이 키워온 현대자동차를 넘겨받길 원했다. 하지만 오너 정주영은 이를 허락하지 않았다. 대신 현대산업개발을 정세영의 몫으로 주고 뒤늦게 분가시켰다.

정세영이 실질적으로 자신이 키워온 현대자동차를 분할받지 못한 결정적인 이유는, 좀 더 일찍 정주영으로부터 그룹 분할과 관련된 법적인 서류를 확보하지 못했기 때문일 수 있다. 형이라기보다는 아버지와 같았다는 오너에게 이런 서류를 내밀 수 있는 이는 많지 않았을 것이다.

재계에서 오너가이면서 전문경영인에게 장기간 경영을 맡겼다가 경영권을 되찾아간 경우는 GS칼텍스가 대표적이다. 허동수 회장은 허씨 집안의 방계로 1971년 미국 위스콘신대학교에서 화학 박사학위를 받은 뒤 1973년부터 GS칼텍스의 경영에 참여해왔고, 1994년부터 CEO를 맡은 뒤 20여 년간 자리를 지키고 있다.

첫 고유모델, 포니

포드와 결별한 이후 현대차는 고유모델 포니를 개발하기로 결정했다. 포니가 고유모델이라고는 하지만 속을 들여다보면 다수의 완성차, 부품 제조사와의 협업을 통해 만들어졌다. 현대차는 당시 자동차 독자 개발 능력이 부족해 일본, 영국, 미국, 이탈리아 업체들의 기술지원을 받았고, 이를 발판으로 성장

해갔다.

1973년 미쓰비시자동차와 기술제휴 계약이 체결되었다. 포니의 차체 골격은 미쓰비시의 란서 그대로였고, 엔진 및 트랜스미션도 미쓰비스의 것을 가져다 썼다. 다만 눈에 보이는 외장 디자인은 이탈리아의 이탈디자인에 용역을 주었는데, 이 때문에 독자모델이라고 얘기한다.

1976년 1월 포니 양산이 시작되었다. 경쟁 차종인 기아의 브리사, 새한의 제미니를 압도해 시장점유율이 56퍼센트에 이르렀다. 1982년 해치백(hatch back) 스타일의 포니2를 양산했으며, 1990년에 단종되기까지 총 66만여 대를 판매했다. 현대자동차는 포니 시리즈의 성공으로 적자에서 벗어나 흑자로 돌아설 수 있었다.

정몽구의 꿈도 포니와 함께 잉태되었는데, 그 시작은 미약했다. 타이어를 보조하는 단순 가공 부품인 휠(wheel, 차륜)을 통해서다. 1975년 말 당시 현대자동차써비스 사장이던 정몽구는 현대차 울산 공장 한편에서 포니에 장착될 휠을 만들며 자동차부품 제조업 진출을 모색했다.

그리고는 1976년 3월 초 울산시 매암동 일대 황무지와 갈대밭 7만 2,000여 제곱미터(2만 2,000여 평) 부지에 휠 생산, 군용차 재생 등을 위한 공장 신축에 착수했다. 훗날 현대모비스의 모태가 된 매암동 공장이다. 정 회장은 현장에서 직원들과 동고동락하며 공사 진행을 독려했다. 6개월 만인 1976년 8월 말 1단계 공장을 준공한 정몽구는 휠과 군용차 재생 사업을 중심으로 초기 생산 기반을 다졌다.

엑셀프로젝트와
대전환

당시 국내 자동차 내수가 30만 대가 되지 않는 시점에서 정주영 회장은 연산 30만 대 규모의 엑셀 공장 설비 투자를 결정했다. 프로젝트명은 'X카'로 명명되었고, 1982년 현대차와 미쓰비시 자동차는 자본 및 기술협약을 체결하며 제휴의 수준을 높였다.

엑셀프로젝트가 실패하면 현대그룹이 문을 닫아야 하는 리스크를 안고 있었다. 정주영 회장의 결단이 있었기에 가능했다. 당시 그 정도 규모의 프로젝트는 초유의 일로 프레스기 등 하중이 무거운 설비를 들여놓기 위해서는 공장 부지를 단단히 다져야 했다. 그래서 H강 수급이 반드시 필요했으나, 국내에서는 수급이 원활치 않았다. 정주영은 현대그룹 계열사인 현대강관에서 생산했으나 팔리지 않고 있던 두께가 얇은 형강을 두꺼운 H빔 대신 쓸 것을 공장 건설 책임자인 강명한 상무에게 지시했다. 강 상무는 얇고 둥근 형강을 사용하여 공장

부지 지반을 다지는 기술적인 문제를 면밀히 살핀 뒤 시공을 결정했다. 정주영은 1타 2피의 효과를 본 것이다.

오너의 결단과 운이 동시에 따랐다. 양산 첫해인 1985년에 22만 대를 수출하는 쾌거를 이루었는데 세계적인 고유가로 인해 소형차가 인기를 끈 덕분이었다.

생산설비에 필요한 공작기계들을 수입하는 데는 많은 비용이 들었다. 이수일이 책임을 지고 공작기계 사업부를 만들었다. 그러나 경험 없이 만든 전용 공작기계들은 품질 수준이 낮아 종종 공장 가동이 멈췄고, 이를 수리하느라 직원들은 기름 범벅이 되기 일쑤였다. 당시 공장에는 샤워시설이 제대로 갖춰져 있지 않아 직원들은 퇴근해서야 씻을 수 있었고, 부인들은 매일같이 기름 범벅인 작업복을 빨아야만 했다. 이후 현대차로부터 공작기계 사업부를 넘겨받은 현대정공은 세계 1위의 공작기계 제조사인 일본의 야마자키마작과 제휴해 사업 규모를 확대했다.

현대차는 1988년 5월, 쏘나타 실린더 블록을 만드는 트랜스퍼 가공라인을 개발했다. 8대의 트랜스퍼 머신*으로 조합된 길이 200미터 트랜스퍼 라인은 8명이 한 조가 되어 40초마다 1개씩 생산했다.

정세영 사장은, 현대차가 연 30만 대를 판매하게 되면 차량 가격을 내리겠다고 공언했다. 당시 상공부를 출입하던 〈동아일보〉 최희조 경제부 기자가 상공부 기자실에서 "30만 대가 판매되었는데, 왜 차량

---

* **트랜스퍼 머신**(transfer machine): 단순한 기능을 수행하는 여러 공작기계를 조합해 일련의 가공을 자동으로 행하는 대형 공작기계.

가격을 내리지 않느냐?"고 질문하자, 답변이 궁색했던 정세영은 "최 기자가 아직도 상공부 출입하느냐"면서 비난을 피해 갔다.

공장 쓰레기통을 뒤지다

1980년대 초반, 기술제휴선인 미쓰비시자동차로 연수를 갔던 200여 명의 현대차 직원들은 연수를 제대로 받을 수 없었다. 왜냐하면 본사로부터 미쓰비시의 각종 기술정보, 업무정보를 캐내라는 지시를 받았기 때문이다. 연수생들은 심지어 현지 공장의 쓰레기통까지 뒤졌는데, 미쓰비시의 업무 서식을 보기 위해서였다. 업무 서식을 보면 차량 개발 업무의 진행 절차를 이해할 수 있을 것으로 판단했기 때문이다. 울산 현지 공장에도 미쓰비시의 기술 고문들이 파견 나와 있었다. 최초의 독자엔진 알파를 탑재한 스포츠 루킹 카(SLC, Sports looking car)라고 불리는 스쿠프 등이 그렇게 나왔다.

당시 미쓰비시자동차와 종합상사인 미쓰비시상사가 현대자동차에 대한 지분을 가지고 있었다. 기존 기술제휴 계약을 1982년 자본제휴로 수준을 격상시켰기 때문이다. 현대차는 일본 미쓰비시에서 엔진을 공급받아 스텔라, 엑셀을 만들었다. 엔진을 사 오면서 주식으로 대금을 쳤다. 미쓰비스 측의 지분은 최고 15퍼센트까지 차지했던 적도 있다.

캐나다 브르몽(Bromont) 공장의 실패

1980년대 중반 캐나다의 전체 승용차 시장 규모는 60만 대 수준이었다. 현대차는 포니의 성공과 1987년 북미 시장에 첫 진출한 엑셀의 성공에 취해 있었다. 하지만 1987년 6월 GM과 포드가 연합해 현대차를 덤핑 혐의로 제소했다. 현대차는 이듬해인 1988년 재판에서 승리하지만, 캐나다 시장에서 이긴 것은 아니었다. 브르몽 공장에서 쏘나타II를 생산했지만 아쉽게도 미국과 캐나다 판매가 공장을 완전 가동시킬 만한 수량은 아니었다.[1]

한국 자동차 산업 역사상 최초의 해외 현지 공장이 들어설 캐나다 퀘벡 주 브르몽은 너무 외진 곳이었다. 당시 캐나다는 프랑스어권인 퀘벡이 독립하겠다며 연방정부와 갈등을 빚고 있었다. 캐나다 연방정부는 퀘벡을 달래기 위해 이 지역에 공장 설립이 필요했고, 확실한 지원을 약속했는데 여기에 현대차가 호응한 것이다. 당시 5,300만 캐나다달러를 지원받았고, 공장은 1989년 7월 완공됐다. 현대차는 이유일 사장에게 캐나다 현지법인장을 맡겼다. 완공 이후 현지 취재를 다녀왔던 〈매일경제〉 이상교 기자는 "황량했고, (공장 외에는) 아무것도 없다"는 한마디로 모든 것을 설명했다.

현대차는 공장 준공식 직후부터 일본 메이커들의 북미 현지 생산이 급증하면서, 시장은 심각한 공급 과잉 상태에 빠져들었다. 설상가상으로 브르몽 생산차를 크라이슬러 판매망을 통해 판매하기 위한 협상도 결렬되었다. 쏘나타 생산은 시작됐지만, 손익분기점인 연간 6만 대는커녕 2만여 대에서 늘어날 줄을 몰랐다. 주변에 부품 공장이 없다 보니 웬만한 부품을 한국에서 가져다 썼는데, 물류비가 차 한 대당 600달러 정도 들었다. 완성차를 한국에서 만들어 가져와도 물류비가 400달러면 충분하던 때였다. 적자가 1년에 1억 달러씩 쌓여갔다. 결국 1993년 10월 공장 가동이 중단되는 아픔을 겪었고, 이는 향후 현대차의 해외 전략에 결정적인 영향을 미쳤다. 공장은 1994년 완전 철수했다.

정세영의 완벽한 실수였다. 브르몽에서의 실패는 이후 현대차 글로벌 전략의 전범으로 남았다. 메이커 간 경쟁이 치열한 시장, 생산 차종 역시 경쟁이 치열한 시장은 피해간다. 동일한 실수를 하지 않기 위해서다.

독자기술 개발

1981년 정주영 회장은 정부 정책에 따라 중공업(현대양행, 현 두산중공업)과 자동차 중 하나를 선택해야만 했다. 정주영은 자동차를 선택했다. 또한 '자동차 산업 합리화 조치'로 인해 승용차 생산은 현대자동차와 새한자동차가, 기아산업은 5톤 이하 트럭과 버스 일부를 독점하며, 특장차, 대형 트럭, 대형 버스는 자유화되었다. 이로 인해 현대차는 1톤 상용차 포터의 생산을 중단해야 했다. 이 조치는 1987년에야 해제되었다.

한편 정주영은 기술 독립을 생각했다. 사내 반대여론도 만만치 않았다. 기술제휴선인 미쓰비시가 기술 제공을 거부할 것이며 당장 자동차 생산에 차질이 생길 것이라는 논리였다. 1983년 초 엔진 개발을 위한 연구소 설립 계획이 확정되었다. 이에 따라 그해 9월 '신엔진 개발 계획'이 마련되었고, 1984년 11월 경기도 용인군 구성면 마북리에 총 4,100여 평의 연구소 건물을 준공하고 엔진 및 트랜스미션 등에 관한 연구시설을 완비하여 마북리 연구소로 명명하였다.

1984년 미국 GM과 크라이슬러에서 엔지니어로 일하던 이현순 박사와 이대운 박사를 영입하면서 직원 5명으로 엔진 부서가 처음으로 꾸려졌다. 1984년 6월에는 영국 엔지니어링 회사인 리카르도와 기술 협력 계약을 체결했다. 현대차가 리카르도에 제시한 신엔진 개발 기간은 3년 6개월이었고, 엔진 내구성은 100만 마일(160만 킬로미터)이었다. 현대차에 소극적으로 기술이전을 하던 미쓰비시는 현대차가 독자기술을 개발할까 봐 경계심을 가졌다.

구보 도미오 미쓰비시 회장은 1989년 "최신 기술을 줄 테니 이현순을 해고하라. 로열티 절반을 깎아줄 테니 사표를 받아라" 하는 식으로 압박했다. 서울올림픽이 열리던 1988년 현대차가 800억 원의 최대 순익을 내고도 450억 원을 미쓰비시에 바치던 시절이었으니 솔깃한 제안이었을 터다.

1989년 당시 마북리 연구소장이던 정주화 전무는 "정주영 회장이 마북리 연구소를 자주 찾았다. 전혀 공학적인 지식이 없었음에도 불구하고, 엔진의 용적 비율 등 의견을 제시했는데 감각적으로 타고난 무엇이 있었다"면서, "연구원들을 자주 연구소 앞 식당으로 불러모아 회식을 시켜주는 등 격려했다"고 전한다.

현대차는 결국 1991년 첫 독자기술의 알파엔진을 시작으로 2002

년에는 세타엔진을 개발했다. 세타엔진 기술은 미쓰비시에 로열티를 받고 팔았다.[2]

이후 현대자동차, 미쓰비시, 크라이슬러는 '글로벌엔진제조연합 (GEMA, Global Engine Manufacturing Alliance)'을 결성했다. 이로써 각 회사가 단독으로 엔진을 개발하는 어려움을 덜 수 있으며, 이렇게 개발한 하나의 엔진은 함께 연합한 여러 브랜드의 심장을 맡게 된다.

GEMA에서 현대차는 중추적인 역할을 했다. 엔진 블럭(몸통)과 실린더 헤드의 설계를 맡는 등 엔진 개발의 대부분을 현대차가 주도했다. 그 결과물이 세타엔진으로 배기량은 2.0과 2.4였다. 알루미늄 소재로 가벼우면서도 출력과 토크밴드가 안정적으로 뿜어져 나오는 엔진이었다.

세타엔진 개발에 연구원 140여 명이 총 4년 가까이 매달렸고, 개발된 엔진은 NF쏘나타에 탑재됐다. 크라이슬러 경영에 참여하고 있던 벤츠에도 엔진 3종이 공급되었다. 벤츠가 현대로부터 받아들인 엔진은 2.0 세타엔진 외에도 1.6 및 2.0 디젤엔진으로 벤츠의 B클래스와 C클래스에 탑재되었다.

벤츠가 저배기량 소형차 엔진 개발 분야에 있어서 독자엔진을 갖지 않은 것은, 다임러가 크라이슬러와 합병했을 당시 크라이슬러의 적자를 메꾸는 바람에 소형차 엔진을 개발할 비용을 마련할 여력이 없었고, 타이밍을 놓쳤기 때문이다. 당시 크라이슬러도 현대의 세타엔진을 받아갔으며, 이를 토대로 월드엔진시리즈와 타이거샤크 (Tigershark)라는 엔진을 만들어냈다.[3]

정치와
기업의 존망

1992년 정주영 현대그룹 명예회장이 주변의 만류에도 불구하고 기존 정당과의 관계를 끊고 국민당을 창당하여 독자적인 대선 출마를 선언했다. 정주영 후보의 승리 가능성은 대선 한 달 전부터 대기업 정보팀 사이에서는 아예 배제되어 있었다. 기업 정보팀뿐만 아니라 〈조선일보〉에서도 대선 3주 전부터 1면에 정주영 후보의 사진이 빠지기 시작했다.

선거 결과는 정주영의 참담한 패배였다. 김영삼 42퍼센트, 김대중 34퍼센트, 그리고 정주영은 고작 16퍼센트를 득표해 양김의 절반에도 미치지 못했다. 패배했어도 정치적으로 의미 있는 패배가 있다. 정주영이 의미 있는 패배를 했다면 그가 세운 국민당은 한국 현대 정치사에 세력화되어 현재도 존재할 것이다.

당시 정주영은 거의 1년 내내 전 그룹의 인력과 조직을 동원했고,

자금을 쏟아부었다. 또한 선거 전년도에 〈문화일보〉도 창간해서 선거에 대비해왔다. 문화일보 창간은 현대그룹 문화실에서 주도했다. 결과적으로 성공스토리를 이어온 재벌 회장과 대중 정치인의 차이는 선거 결과로 확연하게 드러났다.

정주영이 만약 중도에 대선 레이스를 포기했다면 YS 집권 이후 그룹이 어려움을 겪지는 않았을 것이다. 1993년 김영삼 정부가 들어서면서 현대그룹이 겪었던 어려움은 자금난이었다. 정부의 통제를 받는 은행을 통해 현대그룹의 대출 기한을 단축하거나 연장해주지 않는 방법이었다.

이때 현대그룹을 지탱해준 계열사가 현대중공업이었다. 외국 선사가 건조 주문을 할 경우 선수금 및 기성고(旣成高)*에 따른 중도금이 발생하는데 여기서 얻은 자금으로 버틸 수 있었던 것이다. 이때의 사건은 정몽구로 하여금 향후 그룹 경영에 있어 어떤 경우에도 정부나 정치권에 맞서지 않게 하는 트라우마로 작용하였고, 이후 현대그룹 및 현대차그룹의 경영 특징을 결정짓는다.

YS, 대기업 총수 차출

한편 쌍용그룹 김석원 회장의 뒤를 이어 김석준 회장은 1995년 및 1996년에 삼성 이건희 회장에

---

* **기성고:** 공사의 진척도에 따른 공정을 산출해 현재까지 시공된 부분만큼의 소요자금을 나타내는 것.

게 쌍용자동차 인수를 요청했다. 쌍용자동차는 자체 태스크포스(TF) 팀을 만들어 내부 분식 재무자료까지 삼성에 넘겨주었다. 삼성자동차 경영진과 비서실은 삼성자동차와 닛산이 맺은 기술제휴와 쌍용 인수 시 벤츠와의 기술제휴 중첩, 차종 베리에이션 측면에서의 시너지 효과 부족 등을 이유로 부정적인 의견을 갖고 있었는데, 결정적으로는 〈조선일보〉의 '삼성, 쌍용차 인수' 보도로 협상이 물 건너가버렸다. 삼성에게 쌍용자동차 경영권 인수는 벤츠와의 자본 및 기술제휴로 이어질 수 있었다는 아쉬움을 남겼다.

쌍용그룹의 몰락은 김석원 회장의 정치 참여에서 출발한다. 김 회장의 부친 김성곤은 박정희의 집권 기반이었던 공화당의 재정위원장까지 지냈던 인물이었으나 박정희의 눈 밖에 나, 중앙정보부에 끌려가 고문을 당하는 지경까지 이르렀다. 김석원은 이를 지켜본 터라 정치는 가까이 하지 않았다. 부산 출신인 김영삼은 경북 지역의 강력한 자기 세력이 필요했다. 그래서 김석원 회장에게 직접적인 정치 참여를 요청했으나 김 회장은 그럴 때마다 외유를 해야만 했다. 당시 독일 슈투트가르트 지점장을 지낸 김현의 증언에 따르면, 김 회장은 이렇게 YS의 두 번에 걸친 요청을 피해 독일, 스위스 등에 한 달씩 머물렀다고 한다. 그러나 결국 세 번째 요청을 물리치지 못하고 그룹 회장을 동생인 김석준에게 물려주고, 경북 달성 국회의원 보궐선거에 출마하면서 정치에 발을 담근다.

정치평론가나 역사학자는 아니지만, 이 책을 쓰면서 주로 산업이나 기업과 관련하여 김영삼, 김대중 두 전직 대통령을 자연스레 비교하게 된다. 김영삼은 집권 후 정치적으로 정적 관계이던 정치인들에게 반드시 보복을 가했다. 정주영과 박태준은 당시 정치인이면서 한국 경제를 이끌어가는 핵심 경제인이기도 했다. 김영삼은 정치와 경제를 구분하지 못했다. 또한 외환위기를 초래한 원인이 되었던 산업 및 대기업 정책에서의 오류를 범했으며, 주요 경제인을 직접적으로 정치에 끌어들였다. 반면 김대중은 정치적으로 김종필과의 연합에 의해 정권을 잡았지만 외환위기를 극복해야만 하는 절체절명의 위기 앞에 있었다. 그는 자신이 탄압받았으면서도 과거 정적들에게 보복하지 않았다. 생존을 위해 국가의 핵심 역량을 외국 자본에 양도할 수밖에 없었다. 전직 대통령들이 남긴 족적은 스스로 그 모든 것을 말해주고 있다.

2장

현대 자동차를 말한다

정몽구는 자질상 범인(凡人)이다. 그런데 그런 그를 여러 단점에도 불구하고 뚝
심 있고 보스 기질이 있는 경영자로 만든 요인은 두 가지 정도로 정리할 수
있다. 하나는 그가 정주영의 아들이라는 사실이다. 아버지 정주영이 경영자로
서의 멘토일 수밖에 없는 선천적인 여건이 그것이다. 다른 하나는 현대그룹의
많은 사업군 중에서 자신이 의지를 가지고 자동차 사업을 선택했다는 점이다.

정몽구 시대와 리더십

"열등감을 가진

책임감 강한

정몽구는

성과에 집착한다."

정몽구 리더십의 실체

　그동안 정몽구 리더십의 실체를 제대로 알지 못했다. 그러나 역설적이게도 2014년 5월 삼성그룹 이건희 회장이 쓰러지고 1년여가 지난 시점에서 삼성그룹의 현재 상황과 비교해볼 때 정몽구의 존재 자체가 경쟁력이라는 사실을 알 수 있다.

　나이도 있지만 결코 깔끔하다고 볼 수 없는 얼굴 이미지, 각종 설화, 노인성 치매, 가벼운 뇌경색을 앓고 있다는 지병설 등 온갖 부정적인 요인에도 불구하고 그의 움직임 자체가 현대차그룹 경쟁력의 결정적인 요인이라는 것은 부정할 수 없다.

　그렇다면 정몽구 리더십의 요체는 무엇인가? 크게 두 가지 관점에서 살펴볼 수 있다. 첫째는 장자의식이고, 둘째는 열등감이다.

장자의식과 책임감

흔히 한국 사회에서 장자란 특권으로 받아들이기 쉽다. 하지만 정몽구에게 있어 장자의식은 다름 아닌 책임감이다. 이를 보여준 대표적인 예가 1998년 방북 당시의 일화이다. 당시 정몽구는 아버지 정주영을 위시해 삼촌들과 같이 소떼를 몰고 방북, 고향인 강원도 통천을 방문하여 옛집에서 하룻밤을 묵게 된다. 그런데 정몽구는 아버지와 삼촌들을 방에 모신 뒤 자신은 툇마루에서 잠을 청한다. 본인도 환갑 나이고, 산골의 늦가을은 한기가 들어 다른 방도를 강구할 법도 한데 그는 좁은 시골집에서 가족들이 잘 수 있게 바람을 막으면서 꾸부정하게 새우잠을 자는 책임감과 희생정신을 보여줬다.

2010년 현대건설 인수는 그의 장자의식이 발휘된 대표적인 사례이다. 1990년대 말까지만 해도 고 정주영 명예회장이 이끄는 현대그룹이 총자산 기준으로 재계 1등이었다. 현대건설은 현대그룹의 모태기업으로 상징성과 더불어 재계 1위를 되찾는 데 반드시 필요했다. 정몽구가 외신 및 외국인주주들의 비난에도 불구하고 현대건설 인수에 총력을 기울였던 이유이다. 또한 범현대가인 한라그룹이 만도기계를 되찾는 과정에서도 적극적인 역할을 했다. 만도는 현대·기아차에 대한 의존도가 70퍼센트이다.

장자의식, 즉 책임의식이 최고조에 달하면 인간은 괴력을 발휘하게 마련이다. 정몽구의 범상치 않은 경영자로서의 능력은 여기에서 출발한다.

지독한 열등감

정몽구는 학교를 늦게 들어갔다. 정몽구가 고등학교나 대학 때 우등생이었다는 얘기는 들어본 적이 없다. 열등감을 가진 책임감 강한 정몽구는 성과에 집착한다. 경영자로서의 성과는 경영실적이고, 숫자에 집착하게 된다. 부친 정주영은 현장주의자였지만 자신의 학력에 따른 열등감 때문에 자식들에게는 책상머리를 강조한다. 자녀들의 성장 과정에서도 공부 잘하는 아들을 편애했다. 그리고 정몽구는 그 기준에서 항상 정주영의 눈 밖에 난 자식이었다. 1999년 현대그룹을 분할할 때 정몽구는 자동차 부문을 가져갔지만, 그룹의 적통은 고 정몽헌이 가져갔고 대북 사업도 정몽헌이 이어받았다.

정몽헌은 정몽구의 동생이었지만 창업자의 핵심 역량을 가져왔기 때문에 대북 사업에 올인하나, 측근들의 배신과 '대북 비자금설'이라는 정치적인 정쟁에 말려들었다. 수사기관에서 수사를 받으면서 엘리트로서의 자존심이 무너진 그는 자살로 생을 마감한다.

고 정몽헌은 연세대 국문학과를 졸업하고 미국에서 경영학 석사(MBA)를 받았다. 그는 전형적인 현대적 기업 경영자로 적합한 인물이었다는 평이다. 숫자에 강하고 위기에 인정사정없이 구조조정을 단행하는 결단의 소유자로 알려져 있다.

정몽구는 경영 승계와 관련한 왕자의 난과 동생 정몽헌 측근들의 배신을 보면서 소위 2인자를 주변에 두지 않는다. 그룹 내 10여 명이 넘는 부회장들을 두어 권력을 분산시킨다. 또한 수시로 돌발 인사를

함으로써 조직에 긴장감을 불어넣는다.

한편 정몽구는 경영자로 자리를 잡아가는 과정에서 고초를 겪기도 했다. 1978년 7월 한국도시개발(현 현대산업개발) 사장을 지내던 때는 강남 개발붐이 한창 진행되던 시기였다. 그 과정에서 서울시 고위 공무원 등에 대한 현대아파트 특혜 분양 사건이 터져 구속 수감되었고, 수개월간 옥살이를 했다. 그런가 하면 1989년 전국적으로 민주화 열풍이 한창이던 때에는 현대정공 창원 공장 노사분규 현장에서 근로자들에게 5일간 감금되는 일도 있었다. 이후 2006년에는 서울 양재동 현대그룹 사옥 건축 부정 청탁, 비자금 조성 등의 혐의로 다시 한번 옥살이를 하기도 했다.

강력한 추진력

그럼에도 정몽구의 가장 큰 특징은 뚝심으로 밀어붙이는 강력한 추진력이라 할 것이다. 이를 보여주는 예가 K1전차 제작시의 일화이다.

1985년 9월 현대정공은 K1전차 2대를 시제작했다. 이 전차는 특수장갑판으로 만들어졌다. 기동력과 방어력이 뛰어나고 적의 폭격을 받아도 뚫리지 않는 장갑판이었다. 국내 업체에 의한 국산화는 실패했다. 발주처인 국방부는 양산 전차에 제조원가 절감을 위해 국산 특수장갑판을 쓰라고 주문했다. 국산으로 만들었으나 차체인 헐(Hull)에 금이 갔다. 용접불꽃과 철판의 인장강도가 달랐기 때문이다. 결국 수 십 대가 못쓰게 됐다. 정 회장이 결단을 내렸다. 일단 납기를 맞추기 위해 미국에서 장갑판을 구하라고 지시했다. K1전차가 우리나라 국방전력화의 핵심이라는 이유 때문이었다. 1987년 말 미국 법인을 맡고 있었던 김동진은 당시를 이렇게 회상한다.

"미국 전역을 샅샅이 뒤지면서 찾아야 했다. 물량 확보를 위해 시카고, 휴스턴, 아칸소, 앨라배마 등을 방문해 결국 찾았다. 엄청난 양의 철판을 한국으로 보내는 것이 문제였다. 배로 실어 보내기에는 시간이 너무 촉박했다. 정 회장은 '보잉747기로 실어 보내라'고 명령했고, 미국 전역의 물량을 LA공항으로 보내 비행기에 안 들어갈 정도로 큰 것은 크기에 맞게 잘랐다. 엄청난 양에 운송업체인 대한항공은 우려했지만 김동진은 보험료도 비싸게 내 비행기 5대에 나눠 실어 한국으로 보냈다. 공수작전을 방불케 했다."[4]

현장 경영

정몽구는 수시로 인사를 집행하고 현장 경영을 강조한다. 이는 비단 자신뿐 아니라 일선 책임자들에게도 요구되는 덕목이다. 책임자가 현장을 제대로 파악하고 있지 못하면 단 한 차례의 실수도 그냥 넘어가지 않고 가혹한 징벌을 가한다.

2010년 8월 미국 앨라배마 현대차 공장을 방문했을 때다. 당시 현대차그룹은 6세대 쏘나타의 북미 시장 공략을 앞두고 있던 시점이라

긴장감이 팽배했다. 정몽구 회장이 현장에서 공장장에게 쏘나타의 보닛을 열어보라고 했지만 안쪽의 개폐고리를 못 찾아서 끝내 열지 못한 일이 있었다. 공장장은 바로 경질됐다. 그리고 바로 다음 달 차량결함으로 리콜사태를 겪던 기아차 J 부회장도 전격 해임된다. J 부회장은 오랫동안 현장에서 근무해온 생산기술 전문가로 기아차의 품질을 총괄해왔다.

현대자동차써비스 시절부터 현장에서 잔뼈가 굵은 정몽구 회장의 품질 및 인사에 관한 중요한 결정들은 모두 현장에 기반을 뒀다. 사실 그의 현장 경영 철학은 그 뿌리가 깊다. 1976년 3월부터 8월까지의 6개월간 울산시 매암동 공장 건설 현장에서 직원들과 동고동락하면서 공장을 완공했고, 그 과정에서 현장이 바로 서지 않으면 기반이 무너질 수 있다는 것을 배웠다. 그래서 그의 현장 경영은 이른바 '삼현(三現)주의'로 요약된다. 바로 '현장에서 보고 배우고, 현장에서 느끼고, 현장에서 해결한 뒤 확인까지 한다'가 그것이다.

정부순응적 성향

한편 정몽구는 김대중 정부, 노무현 정부 기간 동안 노조에 일방적으로 끌려다니는 정책을 편다. 이는 1992년 부친 정주영의 대통령 선거 출마에 따른 후유증과 트라우마가 작용한 것으로 판단된다. 노조 역시 정몽구의 이런 성향을 파악하고 '임금협상'이나 근로조건 개선을 위한 '단체협상'시 협상력을 높이기 위해 정치권에 손을 내민다. 두 정부 모두 자신들의 지지세력인 노조에 친화적인 정책을 폈다. 그러다 보니 노조가 해외 공장 설립까지 좌지우지하는 지경에 이르렀다는 비판을 받기도 했다.

역설적이게도 미국의 현대자동차 앨라배마 공장, 기아차 조지아 공장 설립도 한국 정부가 미국 정부로부터 받는 통상 압력을 피하고 한·미FTA를 체결하기 위한 노무현 정부의 정책에 절대 순응한 측면이 강하다. 물론 현대차그룹의 사업적인 이익에 부합한 측면도 있다.

이런 성향은 현 정부에 들어서도 유지되고 있다. 현대차는 2015년 1월 6일, 2018년까지 총 80조 7,000억 원 규모의 투자를 집행한다고 밝혀 재계를 놀라게 했다. 특히 투자액의 76퍼센트에 달하는 61조 원을 국내에 투자한다는 데 이목이 쏠렸다. 삼성전자와 마찬가지로 현대차그룹의 완성차 부문 매출은 약 90퍼센트가 해외에서 발생한다. 그럼에도 불구하고 연간 전체 투자액의 76퍼센트를 국내에 투자한다는 것은, 정부가 가장 아쉬워하는 '창조경제'의 핵심인 고용과 성장에 적극적으로 기여하겠다는 메세지를 내보낸 것으로 판단된다.

MK 체제는 저무는가?

피터 슈라이어 현대·기아차 디자인 총괄사장, 현대글로비스 김경배 사장, 현대차 마케팅 담당 조원홍 부사장 등 정의선 부회장과 코드를 같이 하는 인사들이 주요 보직에 앉고 승진을 하면서 현대차그룹이 정의선 체제로 바뀌고 있는 것이 아니냐는 관측이 흘러나오고 있다.

실제로 정몽구 회장의 측근들이 일선에서 물러나면서 이런 관측에 무게가 실리는 듯 보인다. 2014년 2월 최한영 현대차 상용차 담당 부회장이 사의를 표명했고, 그해 4월에는 설영흥 현대차 중국 사업총괄 담당 부회장이 용퇴했다. 최한영 전 부회장은 2000년 고 정몽헌 현대아산 회장과의 현대그룹 경영권 다툼 과정에서 정 회장을 보좌한 것을 계기로 초고속 승진한 정몽구의 최측근으로 알려져 있다. 설영흥 전 부회장은 지금의 중국 시장을 개척한 일등 공신으로 정 회장에게 직언할 수 있는 인물이다. 술자리에서 정 회장을 '형님'이라고 부를 수 있는 유일한 임원이라는 소문도 있다. 그러나 이런 사실만 가지고 정의선 체제가 가동되기 시작했다고 보는 것은 무리가 있다. 여전히 현대·기아차 핵심 보직에는 정몽구 회장의 측근들이 건재하기 때문이다.

정몽구맨들

최근 정 회장의 최측근으로 꼽히는 인물은 김용환 현대차 전략기획 담당 부회장이다. 김 부회장은 정 회장 부자와 의사소통이 가장 원활한 전문경영인으로 정의선 부회장과는 해외 인재 스카우트 작업 등에서 호흡을 맞춰왔다. 2007년 사장으로 승진한 그는 김승년(2010년 작고) 구매총괄 본부장과 함께 정 회장의 최측근 인물이다. 정 회장은 통상 복수의 최측근 인사를 두고 다방면의 보고 채널을 활용해 적재적소 인사에 힘써왔다. 동국대, 현대정공 출신으로 현대의 모태인 현대건설을 2010년 인수하는 과정의 세부전략도 김 부회장의 머리에서 나왔다. 현대차 및 기아차 해외영업본부장 등을 역임했으며, 2012년 여수엑스포 유치 지원 TF 팀장을 맡으며 기획력을 인정받았다. 실질적으로 현대차의 전략, 기획에서 정 회장의 비서실장 역할까지 담당하고 있는 인물이다.

현대차그룹의 김용환 부회장과 비교되는 삼성그룹 인물은 미래전략실 최지성 부회장이다. 현대차그룹이 처한 상황과 삼성그룹이 처한 상황은 많이 다르다. 참모의 역량 또한 오너가 건재할 때 제대로 발휘

된다는 것을 알 수 있다.

신종운 현대차 부회장과 윤여철 노무총괄 부회장도 정 회장의 신임이 두터운 인물들이다. 항공대 기계공학과를 졸업한 신 부회장은 1978년 현대차에 입사한 이후 줄곧 품질 관련 업무를 담당해왔다. 현대차가 품질 경영을 통해 한 단계 도약하는 데 실무를 담당했다.

윤 부회장은 고질적인 이슈인 현대차 노사 문제의 해결사다. 1979년 현대차에 입사해 영업운영팀 이사와 운영지원실 상무, 경영지원 부사장 등을 거쳐 2005년 현대차 사장과 2008년 부회장에 올랐다. 협상의 달인으로 3년 연속 무분규 협상 타결과 주간 연속 2교대제 실시 등은 윤 부회장이기에 가능했다는 평이 나올 정도다.

양웅철 연구개발 총괄본부 부회장은 엔지니어 출신으로 1987년부터 미국 포드 연구개발센터에서 근무하다 2004년 연구개발본부 부사장으로 영입된 이후 연구개발총괄 본부장(사장)을 거쳐 2011년 연구개발 총괄 부회장으로 승진했다. 연구개발을 통해 현대차의 품질을 업그레이드한 일등 공신으로 역시 정 회장의 신망이 두텁다.

현대차는 고위급 임원은 많아도 넘버2는 없는 분위기인 만큼 그 누구도 "내가 2인자"라고 자처하지 못한다. 예상치 못하는 사이 누구든 짐을 쌀 수 있기 때문이다. 즉 삼성에서의 이건희 – 이학수와 같은 체제 형성이 어렵다는 것이다. 친아들인 정의선 부회장조차 넘버2라는 말은 붙이지 않는다. 이는 정몽구 회장의 카리스마가 워낙 압도적으로 강해서이다.

2009년 5월 현대차그룹에 눈길을 끄는 인사가 있었다. 김경배 현대차 부사장이 글로비스 대표이사에 취임한 것이다. 김 대표는 정주영 명예회장의 수행비서 출신이다. 자료 사진들을 보면, 1998년 정 회장의 소떼 방북 때도 옆에서 부축한 비서가 김경배이다. 그는 정몽구 현대차그룹 회장의 비서실장도 지냈다. 현대글로비스는 오너 3세인 정의선 부회장이 지분의 32퍼센트를 보유한 최대 주주인 계열사다. 2대 주주는 정몽구 회장이다. 당시 김 대표는 역대 현대차그룹 계열사 대표이사로는 최연소라는 타이틀도 거머쥐었다. 정 부회장의 그룹 승계를 위해 매우 중요한 위치를 차지하고 있는 현대글로비스에 가신을 앉히는 형태는 정몽구 회장의 그것과 같다. 전략적 인사라는 말이다.

현대글로비스의 급격한 실적 상승 배경에는 최근 문제가 되고 있는 이른바 '계열사 물량 몰아주기'가 한몫했다. 글로비스의 부품유통 사업은 국내에서 생산한 완성차 부품을 해외 공장으로 공급하는 사업이다. 지인들에 따르면, 김 사장은 자신이 스스로 특별한 위치에 있다는 것을 의식하는 것 같고 예전보다 다가가기 힘든 폐쇄성을 보이는 것으로 평가받는다.

현대차 소속의 P 부사장은 현대차그룹의 대정부 로비스트이다. P 부사장은 경력이 특이하다. 부산의 모 공고를 나와서 기아자동차 생산직으로 입사했다. 주경야독으로 공부한 끝에 대학을 졸업하고 관리직으로 전환하는 데 성공했다. 나름 처세를 잘하고 실력이 있어 기아차 기획조정실에서 대관(對官)업무를 시작했다. 여기서 쌓은 인맥 및 배운 특유의 처세술로 현대차가 기아차를 인수한 후에도 요직을 놓치지 않았다. 대관업무를 하는 이들의 특징이 있다. 인사철이 되면 정부의 관련 부서에서 회사로 전화가 간다. 각 기업체의 인사팀에서도 대관업무를 하는 이들은 특별히 챙긴다. 기아차가 인수된 지 얼마되지 않아 현대차 행사장(신차 발표회)에서 그를 본 적이 있다. 놀라웠던 것은 그가 정 회장의 주변에서 손님들을 맞이하고 있었다는 사실이다. 많은 세월이 지났다. 지금 현대차그룹 기획 부문 핵심 보직의 부사장인 그는 부산 경남 출신으로 노무현 정권 때 많이 성장한 것으로 보인다.

한편 보수적인 현대차 문화에서 최한영 전 상용차 부회장은 독특한 존재이다. 최 전 부회장은 샐러리맨 출신으로 국내 재계에서 사상 유례가 없는 초고속 승진 기록을 세운 인물 중 한 명이다. 정몽구 회장과는 같은 대학 출신으로 'MK의 복심(腹心)', 'MK의 오른팔'로 불렸다. 하지만 현재는 일선에서 물러났다. 2014년 2월 갑자기 사의를 표명하고 회사에서 수리하자 재계에서 화제가 될 정도로 파장이 있었다. 그가 결정적으로 발탁된 계기는 현대그룹 왕자의 난 때다. 당시 최 부회장은 홍보 업무를 담당하는 실무자였는데 다툼이 벌어지자 전면에 나서 정몽구 회장을 옹호했다. 반나절 만에 상황이 뒤집힐 정도로 긴박한 상황에서 그의 말 한 마디 한 마디는 바로바로 언론을 통해 보도되었다. 당시 옛 현대그룹 임직원들은 어느 누구도 이 싸움에 적극적으로 관여하기 힘들었다. 승패가 누구로 날지 불확실한 상황이었기 때문이었는데, 그런 상황에서 적극적으로 정몽구 회장을 옹호하고 나섰으니 눈에 띄인 게 사실이다.

그만큼 정몽구의 최측근이다 보니 고초도 겪었다. 대선 불법자금과 관련해 한나라당에 100억 원의 자금을 전달했다는 이른바 '차떼기 논란'의 핵심으로 지목되기도 했다. 한편 그는 누구보다 부지런하기로 유명하다. 새벽 6시에 출근하는 정몽구 회장보다 더 빨리 출근해서 정 회장이 출근하자마자 볼 수 있도록 신문 스크랩북을 만들어 6시면 어김없이 보고했다고 한다. 돌직구처럼 일하는 스타일로 홍보 담당 시절에는 하루에 2~3차례 약속자리를 옮기며 저녁을 먹었다는 일화가 있을 정도로 몸을 던져 일한 인물이다. 정 회장을 도와 전략을 기획하고 대정부 관계와 대변인 역할을 도맡았었기 때문에 그의 복귀를 전망하는 이들도 있으나, 정 회장이 '챙겨줄 만큼 충분히 챙겨주었다'는 평도 있다.

K는 정몽구 현대·기아차 회장의 경복고 동기동창으로 정 회장이 좋아하는 고교 친구들 중 한 명이다. 정몽구 회장은 고교 시절 공부에 관심이 없어 학교를 4년 다녔는데, K에게 정 회장은 고교 입학 1년 선배인 셈이다. K는 지금도 다른 사람들과 같이 있는 자리에서는 정 회장에게 형이라고 하고, 둘이 있을 때는 반말하는 사이다.

K는 자신의 아들과 딸을 정 회장을 통해 각각 현대자동차와 인천 제철에 입사시켰다. 그는 설영흥 전 현대자동차 중국 사업 담당 회장과도 친한 사이로 정 회장, 설 회장 등과 종종 같이 어울린다. 설 회장은 명동 중국 대사관 인근에서 요식업을 하다 정 회장과 알게 된 사이다. 1994년 현대모비스 중국 사업 총괄 고문으로 현대차그룹과 인연을 맺었다. 이후 설 회장은 현대차그룹의 중국 진출과 관련 한족인 자신의 출신을 십분 활용해 중국 중앙 정부 상대의 로비스트 역할을 담당했다.

범인에서
세계적인 경영자로

정몽구 회장은 1998년 12월 현대자동차와 기아자동차의 CEO로 전면에 나선 이후 탁월한 경영성과를 올렸다. 그러나 이런 경영성적표 뒤에 못 말리는 정 회장의 언행이 화제가 되었다.

정 회장은 큰 키에 우락부락한 외양이나 공식 석상에 나서면 몸이 굳는 모습을 여러 차례 보여줬다. 1999년 3월 어느 날, 현대 계동 사옥 강당. 정 회장은 현대차의 이사회 의장에 취임하면서 직원들 앞에서 연설을 했다. 그는 원고를 읽어 내려가는 중 갑자기 "전문경영인을 박탈한다"고 말했다. '전문경영인 발탁'을 '전문경영인 박탈'로 잘못 읽었다는 것이 정설이었다. 그러나 현장에서 듣기에 따라선 기존의 전문경영인들을 내몰겠다는 선전포고로 들릴 수 있는 표현이었다.

기아차를 인수하면서는 '기업 회생'절차를 발음하면서 '기업 희생'이라고 언급해서 말이 많았다. 기업 회생과 희생은 180도 완전히 다른 의미이다.

　2002년 대통령 선거 정국 때는 동생 정몽준 의원이 대선 후보로 나서면서 말실수로 곤욕을 치렀다. 정 회장은 2002년 7월 프랑스 파리에서 가진 기자들과의 자리에서 정 의원에 대해 "형제들 가운데 제일 똑똑하고 잘생겼다. MIT 대학원도 졸업하고 월드컵도 성공적으로 잘 치렀다. 대통령감으로 충분하다"고 말했다. 또 "정의원이 출마하면 도와줄 의사가 있느냐"는 질문에는 "우리는 형제"라고 말했다. 마치 정의원을 밀어주겠다는 의사로 비쳤으며 언론은 이를 크게 보도했다.

　1992년 정주영의 대선 출마 이후 곤욕을 치른 터라 매번 대선과는 거리를 유지하려고 했던 현대그룹 전체가 정 회장의 발언으로 국내 정치 한가운데로 빨려들어가는 형국이었다. 결국 현대차그룹은 2002년 9월 "정몽준 의원의 대선 출마에 어떤 지원도 없을 것"이라는 정경 분리 원칙을 발표해야 했다. 정 회장은 '정몽준 발언 파문' 이후 상당 기간 국내의 공식 행사에는 얼굴을 나타내지 않았다.

　2003년 3월 기아의 신차 오피러스 제품 발표회 때에야 공식 석상에 나타났다. 서울 하얏트 호텔에서 열린 행사에서 정 회장은 축사 등에서 제품명 '오피러스'를 계속 '오리피스'로 여러 차례 잘못 발음했다. 회장의 갑작스런 '발음 잘못'에 현장 관계자는 크게 당황하며 전전긍긍했다고 한다. 2013년 11월 신형 제네시스 론칭 행사장에서도 비슷한 실수가 있었는데 '제네시스'를 '제네스'라고 반복 발음하기도 했다.

　이런 말실수 때문에 혹자는 그가 말주변이 없는 것이 아닐까 생각하지만 그것은 아니다. 사실 정 회장은 주어나 술어가 잘 맞지 않는 중얼거리듯이 같은 말만 반복하는 습관이 있다. 그런데 이런 화법과 상관없이 회사의 현안과 관련한 질문을 받으면, 예민한 것은 능숙하게 피해가고 회사 이익에 부합되는 것은 은근히 강조하는, 능수능란함이 있다고 한다. 그러니 정 회장의 어눌한 말주변과 현대·기아차의 경영실적 사이에는 특별히 함수 관계가 없는 것으로 보인다.

돈키호테 기질

                      약 15년 전, 정몽구가 현대차 미국 법인을 방문했을 때였다. 사무실의 사무공간별 부서 이름들이 영어로 되어있는 것은 당연하다. 그런데 정 회장은 이를 전부 한글로 바꾸라고 해서 한바탕 소동이 벌어졌다고 한다. 자신이 당시에 있는 곳이 한국인지 미국인지 장소에 대해 잠깐 혼란스러웠을 것이라는 얘기도 있었다. 아마도 좋게 해석하면, 사무실 찾아오는 고객들을 고려해 영어와 한글을 병행하라는 의미가 아니었을까 하는 생각이 든다.

그러나 정 회장은 평소에도 브리핑을 받을 때나 보고서 결재를 할 때, 영어로 된 자동차 용어 등을 한글로 바꿀 것을 지적했다. 정주영은 영어 잘하는 아들이 경영도 잘한다고 평가했다. 그래서 정주영은 정몽준이나 정몽헌을 편애했고, 영어를 잘하지 못하는 정몽구 입장에서는 이들보다 몇 배의 노력을 더했다는 평가도 있다.

한편 정 회장의 경영권 행사와 관련 부적절한 결과로 흔히 회자되는 것이 처음 나온 그랜저XG의 리어램프 디자인이다. 처음 리어램프는 마름모꼴의 단순한 디자인이었으나 정 회장이 양사이드로 램프가

돌출되게 만들라고 지시하는 바람에 이상한 모양이 돼버렸다. 이 차종을 수출하자 딜러들로부터 강하게 항의를 받았고 결국에는 다시 디자인하게 되었다. 그래서 한때 이상한 리어램프를 단 차들이 오랫동안 시내를 주행하고 다녔다. 이후 정 회장은 차 디자인에 관한 한 실무진의 견해를 존중한다는 얘기가 있다.

한편 정몽구를 인간적인 측면에서 본다면 외롭고 쓸쓸한 경영자이다. 1982년 형님이자 집안의 장남인 몽필 씨가 교통사고로 숨졌고, 집안의 장자가 되었다. 1990년에는 4남 몽우 씨가 스스로 생을 접었다. 1999년에는 현대자동차를 실질적으로 경영해온 삼촌 정세영을 밀어내고 현대차와 기아차의 경영권을 쥐었다. 2000년 왕자의 난을 거쳐 그룹 분할에 성공했지만 아버지가 공식적으로 인정한 그룹 후계자는 동생 정몽헌이었다.

두 번에 걸친 옥살이와 부친인 창업주와 삼촌의 죽음, 자신과 경쟁자였던 동생 정몽헌의 자살, 부인과의 사별, 또한 자신을 오랫동안 보좌했던 비서실장을 포함한 측근들의 갑작스런 죽음이나 사퇴 등 정몽구를 둘러싼 인간적인 측면만 보자면 쓸쓸하고 외로운 인물이라는 생각이 든다.

MK리더십을 만든 요인

여러 가지 자료와 팩트들을 종합 분석해보면, 정몽구는 자질상 범인(凡人)이다. 그런데 그런 그를 여러 단점에도 불구하고 뚝심 있고 보스 기질이 있는 경영자로 만든 요인은 두 가지 정도로 정리할 수 있다.

하나는 그가 정주영의 아들이라는 사실이다. 아버지 정주영이 경영자로서의 멘토일 수밖에 없는 선천적인 여건이 그것이다. 다른 하나는 현대그룹의 많은 사업군 중에서 자신이 의지를 가지고 자동차 사업을 선택했다는 점이다. 정몽구는 정주영으로부터 마찌꼬바(町工場), 즉 가공공장에서 모노즈쿠리(物作り)를 배웠다. 모노즈쿠리는 일본식 장인정신과도 통하는데, 여기에 미국식 품질 경영을 접목했다. 이는 자동차 사업을 하면서 부닥치는 인적·물적 자원을 잘 활용한 결과이기도 하다. 자동차 사업을 경영하면서 체득되는 학습과 성과, 비전이 그를 세계적인 경영자의 반열에 올려놓았다. 이는 앞으로도 자동차 사업에 진입했다 포기한 삼성의 이건희 회장과 두고두고 대비되면서 회자될 것이다.

자동차 시장을 향한
야심

정몽구가 경영권을 승계하고 2년이 지난 2001년 36조 1,360억 원이던 현대·기아차그룹의 자산은 2014년 현재 180조 9,450억 원으로 늘어났다. 재계 서열도 분리 당시 5위에서 삼성그룹(자산 331조 원)에 이어 2위로 뛰어올랐다. 국내 최대 규모이자 글로벌 5위 자동차 제조사로 거듭나면서 계열사들도 급성장했다.

현대자동차그룹은 현재 현대자동차, 기아자동차, 현대제철, 현대모비스, 현대건설, 현대글로비스, 현대위아, 현대로템, 현대하이스코, 현대비앤지스틸, HMC투자증권 등 11개 상장회사와 현대엔지니어링, 현대파워텍, 현대다이모스, 현대카드 등 비상장회사 45개로 구성되어 있다.

글로벌 넘버원의 경험

정몽구가 1974년 현대차써비스를 설립했지만, 정주영 회장의 사업을 본격적으로 맡았다고 보기는 힘들다. 당시의 현대차써비스는 원효로 정비공장 단일 사업장 체제였다. 정몽구가 경영자로서 부친 정주영으로부터 확실하게 인정받은 것은 현대정공(현대모비스 전신)의 컨테이너 사업 부문을 맡아 세계 시장의 40퍼센트를 점하는 성과를 이루면서부터이다.

당시 한국은 월드베스트 넘버원 상품이 사실상 전무한 때였다. 그런데 스틸 컨테이너 시대와 알루미늄 컨테이너 시대를 거치면서 글로벌 넘버원을 유지했다는 것은 젊은 경영인 정몽구를 재평가할 때 반드시 검토되어야 할 부분이다.

한편 정몽구 회장의 완성차 제조를 향한 꿈도 이때 싹을 틔웠다. 1977년 생산설비를 증설한 뒤 휠과 함께 범퍼류와 필터류, 기타 부품 등으로 생산품목을 늘리며 자동차부품 제조사로서의 면모를 갖췄고, 그해 7월 1일 현대차써비스로부터 부품 사업 전부를 양도받아 현대정공이 설립됐다. 현대정공 창립 때 만들어진 차륜 사업부는 1990년대 말 사업 구조조정을 거쳐 2000년 회사명을 현대모비스로 바꾸며 자동차부품 시스템 전문기업으로 재탄생하였으며, 지금에 이르기까지 현대모비스 38년 부품 사업 역사의 근간이 되고 있다.

정몽구는 현대정공 시절 자동차 생산라인에 필요한 공작기계를 만들었고, 골프카 제작을 통해 자동차의 핵심 부품인 구동장치 및 승용차에 있어 중요한 현가장치(Suspension)에 대한 이해를 하게 되었다.

또한 승용차부품 수보다도 더 많은 부품으로 구성·조립되는 철도차량 제작을 통해 향후 자동차부품 모듈화를 체계적으로 이해하게 되었다.

또한 이때의 사업 경험은 현대차가 뒤늦게 중국 시장에 진출했음에도 불구하고 폭스바겐, GM에 이은 3위 업체로 발돋움하는 배경이 되었다. 한 번 일등을 해본 경험은 대단히 중요한 자산이다.

글로벌 컴퍼니로의 도약 기반

이처럼 현대·기아차의 글로벌 컴퍼니 진입은 컨테이너를 만들어 세계 시장에 팔던 경험이 바탕이 되었는데, 당시의 정치적 환경에도 영향을 많이 받았다. 1992년 한국과 중국은 오랜 이념적 적대 관계를 풀고 국교를 체결한다. 현대정공은 1993년 중국 광동성 현지 업체에 20퍼센트를 출자, 현지에 컨테이너 공장을 준공함으로써 멕시코, 인도네시아, 태국, 인도에 이어 5개국에 컨테이너 생산기지를 갖췄다. 1995년 9월에는 중국 칭다오에 울산 공장의 설비를 이전하여 100퍼센트 단독 공장을 지었다. 이때 국내 3개 부품업체가 현지 동반 진출하였다. 또한 같은 달에 상하이 컨테이너 공장도 준공했다.

1995년 11월 17일 중국 국가주석 장쩌민의 울산 현대자동차 및 현대중공업 방문은 향후 현대차그룹의 중국 사업 윤곽을 결정하게 된다. 장춘제일기차 엔지니어 출신인 장쩌민은 "정주영 회장을 평소에도 존경해왔는데 울산에서 그 의지의 산물을 보고 더욱 더 존경하는 마음을 갖고 떠난다"는 말을 남겨 향후 현대그룹의 중국 사업을 사실상 규정해버렸다.

정세영에서 정몽구로

1996년 1월 정몽구는 정세영에 이어 현대그룹 회장으로 취임한다. 당시 재계와 언론계는 정세영 회장 체제가 당분간 유지될 것으로 전망하고 있었다. 인사권을 쥐고 있던 정주영 그룹 명예회장은 줄곧 "2남인 몽구가 그룹 회장을 맡는 일은 없을 것이다. 그룹 회장은 정세영 회장이 마지막이 될 것이다"고 말해왔기 때문에 정주영 이후의 경영체제는 분할 경영체제가 될 것으로 점쳐졌다.

1996년 6월 정몽구는 그룹 회장 자격으로 베이징 장쩌민 국가주석을 예방한 자리에서 총 23억 달러 규모의 신규 투자 계획을 발표했다. 또한 베이징지하철공사와 합작사를 설립, 현대정공이 30퍼센트 투자하고, 현대정공이 생산하는 전동차를 공급하기로 했다. 이는 베이징 시가 대주주인 베이징기차와의 합작사인 현대베이징기차 설립의 초석을 놓는 프로젝트이기도 했다. 1997년 현대정공은 중국 사업본부를 설립하여 중국 내 영업 및 마케팅, 현지 법인과 지사 업무를 전담토록 했다.

국내에서는 승용차와 구분되었던 SUV차량 사업 참여가 영향을 미쳤다. 현대정공이 세운 당초 계획은 독자모델의 개발이었으나 자체 시작차에 대한 해외 전문가들의 혹평이 이어지자 정몽구 회장은 고유모델 개발을 포기하고, 시장에서 검증된 모델을 라이선스 생산하여 완성도 높은 제품을 선보이는 쪽으로 방향을 바꾸었다. 그래서 선택한 모델이 미쓰비시의 디젤 차량인 파제로(Pajero)였다. 파제로는 악명 높은 파리 – 다카르 랠리의 최강자로 군림하던 인기 모델이다.

결국 1991년 바퀴 달린 완성차 사업은 정세영의 몫이라는 현대그룹 내 불문율을 깨고 현대자동차의 기술제휴선이던 미쓰비시자동차로부터 CKD 방식으로 제작·참여했다.

그런데 당시 정몽구 회장은 정세영 현대차 회장의 눈치를 봐야 하는 입장이었기에 한국 교통 상황을 고려한 차 개선 작업을 염두에 둘 수 없었다. 일본은 오른쪽 핸들 교통 시스템이고, 뒷문 옆으로 열리는 문도 이에 따라 방향이 정해지는데 차 문의 힌지도 개조하지 않은 채 그대로 들여올 수밖에 없었다. 하지만 성과는 놀라웠다. 1991년 9월 제품명 갤로퍼로 출시하였고, 이듬해에 총 2만 4,000여 대가 판매되면서 국내 4륜구동 시장의 절반이 넘는 점유율을 기록한다. 이후 갤로퍼는 1994년 12월 19일 누적 생산 10만 대를 돌파하고, 1997년 7월에는 20만 대 판매를 기록한다.

정몽구는 동시에 판매 부문에 있어서도 현대차와는 별개로 경기 북부 지역을 별도로 운영함으로써 정세영의 심기를 불편하게 했다. 하지만 정몽구 회장에게는 추후 타이어 달린 자동차 사업의 정당성을 획득하는 명분이 되기도 했다.

정몽구 시대의 개막

정주영의 장자인 정몽구가 현대·기아자동차 회장으로 취임한 것은 1998년 12월이다. 하지만 실질적으로 정몽구가 현대·기아자동차의 실권을 잡은 것은 1999년 3월로, 1938년 3월생인 정몽구 회장이 만 61세에 현대자동차그룹의 경영권을 틀어쥔 것이다. 세계 자동차 산업사에 60세가 넘어 경영자로 첫발을 들여놓은 사례를 나는 알지 못한다. 유럽의 경우 20~30대에 자동차회사에 입사해 40대에 경영자로 참여하는 경우가 일반적이다.

물론 61세 이전에도 정몽구는 현대자동차 계열사로 정비 사업 부문을 담당한 현대차써비스의 CEO를 역임했고, 현대정공의 CEO로 SUV 차종을 도입, 생산·판매하였다. 그러나 글로벌 완성차업체의 경영을 맡는 것은 다른 이야기이다.

61세에 글로벌 자동차 메이커로 도약하는 기업의 CEO로 첫발을 들여놨다는 것은, 경영자로서의 정몽구를 평가하는 특징적인 잣대일 수밖에 없다. 게다가 당시 현대차가 인수한 기아자동차는 채권은행단이 부채 7조 원(60억 달러)을 탕감해주었기 때문에 기아차가 긍정적인 경영실적을 낸다 하더라도 경영자로서는 제대로 평가받기 어려운 상황이었다. 현대자동차는 부친 정주영과 삼촌 정세영, 조카 정몽규가 이뤄놓은 성과를 바탕으로 경영권을 넘겨받은 것이기 때문에 어지간히 잘해서는 전임자들의 빛에 가려질 수밖에 없었던 것이다. 게다가 당시 현대차 이사회 의장이던 정세영은 아들인 정몽규를 포함해 이사회를 장악했고, 시장에서는 누가 보더라도 현대그룹의 자동차 사업 부문은 정세영 부자에게 분할되는 것으로 받아들이고 있던 때였다. 그러니 정몽구에게는 대단히 부담스러운 상황이었다.

정세영 전 현대산업개발 명예회장의 책《미래는 만드는 것이다》에 당시와 관련된 내용이 나와 있다.[5]

1999년 3월 3일 큰형님(정주영)이 집무실로 나를 불렀다. 방에는 큰형님의 최고 참모들이 모두 모여 있었다. 평소와 달리 표정이 굳은 채 일제히 나를 쳐다보는 그들의 시선에서 뭔가 심상치 않은 일이 벌어지고 있음을 직감했다. 자리에 앉자마자 큰형님이 내게 말했다. "몽구가 장자인데, 몽구에게 자동차회사를 넘겨주는 게 잘못됐어?" 내게 일방적으로 던지는 최후통첩이었다. 나는 담담하게 대답했다. "잘못된 것 없습니다." 그러자 큰형님은 "그렇게 해!"라고 말했고 나는 "예!" 하고 대답했다. 그것이 전부였다.

이후 정세영은 현대차 이사회 의장에서 물러났고 정몽구의 현대차 시대가 열렸다. "그렇게 해!"라고 말한 큰형님은 정세영 부자가 보유하고 있던 현대차 지분 8퍼센트를 거둬들이고 현대산업개발의 경영권을 넘겨주었다. 이렇게 정몽구 시대는 그의 부친 정주영에 의해 열린 것이다. 글로벌 메이커인 회사를 상속 및 경영 승계한 정몽구로서는 상당한 압박이 있었을 것이다. 그리고 16년이 흘렀다. 그 16년 동안 국내외적으로 많은 변화가 있었다. 지금 77세인 정몽구의 현대차 그룹은 3세 경영 시대를 목전에 두고 있다.

기아차 인수 전

한편 정몽구가 취임하기 전인 1998년 10월 이루어진 현대자동차의 기아차 인수는 자신들의 의지라기보다는 삼성그룹이 자동차 사업을 포기함으로써 어쩔 수 없이 떠맡은 경향이 강하다. 삼성이 자동차 사업을 포기하지 않았으면 기아차는 삼성의 몫이었을 가능성이 높다. 국가적인 외환 부족의 어려운 경제 상황에서 김대중 정부는 그렇게 방향을 잡고 있었다. 실제 삼성 구조조정본부 이학수 부회장은 처음에는 기아차 인수를 위해 로비를 했었다. 그러나 결과적으로 삼성의 자동차 사업 포기는 당시 정부의 암묵적인 자동차 산업 구조조정 성격에 부응한 측면이 강했고, 난관에 부딪혔던 자동차 사업 포기라는 이해가 맞아떨어진 결과일 수도 있다. 정부가 주선하긴 했으나 삼성과 대우 간 자동차 및 전자업종 빅딜협상이 깨진 상태에서 (삼성자동차를 대우가 가져가고, 대우전자를 삼성이 가져가는 구도였는데, 자금이 급했던 대우는 정부로부터의 지원 외에도 삼성에게는 윗돈까지 요구) 정부가 자동차 사업에 경쟁력 없는 삼성에게 기아차 및 아시아차를 넘길 수는 없었던 것이다.

당시 현대차그룹에서 분가를 원했던 정세영 부자에게는 탐탁지 않은 일이었다. 자동차 사업 부문의 파이가 커지면 정세영의 독자적인 경영은 물 건너가는 일이었기 때문이다. 이를 두고 정세영은 혼다를 목표로 했고, 정몽구는 도요타를 목표로 했다는 얘기가 들린다. 혼다 모델이 옳으냐 도요타 모델이 옳으냐를 지금 논하는 것은 아무런 의미가 없다.

정세영 입장에서는 현대차와 기아차가 시너지를 낼 것 같지가 않았다. 현대차와 기아차가 생산 및 판매 차종들이 겹치는 게 많다고 판단했다. 하지만 이미 자동차 사업의 이니셔티브가 상당 부분 정몽구로 넘어가 있던 상황이었다.

결국 1998년 정주영 현대그룹 명예회장이 국제 입찰 참여방식을 통해 기아차(아시아차 포함)를 인수했다. 당시 현대정공 회장이던 정몽구는 기아차 인수 시점에서는 어떤 역할도 할 수 없었다. 부친인 정주영 현대그룹 명예회장이 현대차 경영권을 넘겨주길 기대하는 입장이었다.

그렇다면 왜 당시 정부는 현대차에 기아차를 넘기려 한 것일까? 여기에는 정치적인 원인이 작용했다.

김대중 정부는 1992년 대통령 선거에서 경쟁자로 맞붙었던 정주영이 오너로 있는 현대그룹에 기아차를 넘겼다. 왜 그랬을까? 당시 정황을 보면 기아차에 10퍼센트의 자본 참여를 하고 있었던 포드, 그리고 포드와 전통적인 경쟁관계이던 GM이 기아차 인수에 관심을 가졌다.

당시 한국 정부가 외환위기의 와중에서도 GM과 포드에 기아차를 넘겨줄 수 없었던 이유는 기아차그룹의 상용 사업 부문인 아시아차 때문이었다. 미국 업체가 기아차그룹을 인수하면 상용차 부문에서 경쟁력을 상실한 아시아차를 구조조정할지도 모른다는 이야기가 떠돌았던 것이다.[6]

아시아차는 김대중 정부 입장에서는 지켜야 할 이유가 있는 회사였다. 왜냐하면 김대중 정부를 탄생시킨 호남의 중심 도시 광주의 핵심 기업이었기 때문이다. 그러하니 김대중 정부 입장에서는 국내 정치권이 영향력을 행사할 수 있는 국내 기업에 매각해야 했다.

이렇게 기아차를 인수한 뒤 회장으로 취임한 정몽구는 현대그룹으로부터 현대차를 포함, 계열 사업군을 분리하며, 정세영 회장이 키워온 현대차보다 기아차를 중점적으로 육성했다. 측근인 최한영 사장과 최 사장의 직할 조직인 경영전략실을 기아차 소속으로 개편하고, 외아들 정의선을 기아차에 포진시킨다. 아시아차를 기아차에 합병시켰고, 기아차 소하리 공장의 스포티지 생산라인을 광주 공장으로 이전하는 구조조정도 단행했다.

최근 윤장현 광주광역시장은 2014년 생산직 1인당 4,000만 원 수준의 '반값 임금'을 앞세워 완성차업체가 들어오거나 기존 기아자동차의 광주 공장 규모를 늘려달라고 제안한 바 있다. 삼성전자 계열의 광주전자가 대부분의 생산라인을 해외로 이전해버려 광주의 제조업 기반이 허약하기 짝이 없다.

산업박물관 설립 필요

현대산업개발 본사는 서울 삼성동에 있다. 건물의 외양이 독특한데 건축 사조상 해체주의 건축가인 다니엘 리베스킨트의 작품이다. 삼성동 무역센터 거리에 2005년 들어선 현대산업개발의 지상 15층, 지하 4층짜리 신사옥 '아이파크타워'는 건물 정면(파사드)이 직선과 사선, 원, 사각형으로 이루어진 기하학적 추상화를 표현하는 거대한 캔버스가 됐다. 아셈타워 및 무역센터와 큰 길을 두고 마주보는 아이파크타워는 독특한 입면을 과시한다. 건물의 북쪽 측면을 뚫고 솟아오르는 알루미늄 재질의 직선형 대형 막대가 커튼월 유리로 덮힌 건물 정면을 두른 지름 62미터의 거대한 철제 원과 만난다. 그 원 안에는 빨간색의 네모꼴 조형물과 빨간색 사선이 매달려 그 아래 유리창에 새겨진 수십여 개의 선과 어우러지면서 색다른 조형미를 뿜어낸다.

정주영으로부터 현대산업개발을 물려받은 정세영은 2005년 신사옥을 준공했고, 불과 몇 달 뒤 사망했다. 신축 사옥에는 포니정을 추모하는 검은 대형 휘장이 일주일 이상 걸리기도 했다. 잘은 모르지만 땅의 기운이라는 것이 있는데, 마치 땅 밑에서부터 건물을 관통한 듯한 알루미늄 대형 조형물의 형상이 정세영의 사망과 관련 있지 않나 생각해본 적이 있다.

이 건물 1층 로비에는 포니정 기념박물관이 있다. 이제 한국 자동차 산업사는 이런 역사적 사실에 대한 조명이 필요한 때라고 생각한다.

현대차그룹 계열사인 기아자동차는 경상북도 칠곡 출신인 김철호가 설립했다. 1986년 기아차 내 주요 부서장 및 일부 임원들의 추대로 기아차 사장에 오른 김선홍은 처음 3년 정도는 아무 사심 없이 회사를 운영했다. 그러나 김선홍 역시 욕심을 가지게 되고 조직을 자기 사람들로 바꿔나갔다. 이 과정에서 김선홍은 사사(社史)를 자신에게 유리하게 왜곡하기 시작했다. 이는 김선홍의 추대 작업에 앞장섰으나 결국 김선홍에게 쫓겨난 전 기아차 재무 담당 임원 신동찬이 증언하고 있다.

1997년 외환위기 직전에 무너진 기아그룹은 재계 순위 7위였다. 현재의 현대차그룹은 기아차그룹의 핵심 자산만을 가져온 셈이다. 1970년대로 거슬러 올라가면, 기아차 김철호 창업주는 자동차 사업의 방향 모색에 고심하던 정주영 회장에게 엔진을 포함한 자동차 생산라인을 둘러보도록 도움을 주었다.

무엇이든 거저 이루어지는 것은 없다. 자신들의 노력에 더해 주변의 도움과 자극, 경쟁으로 산업은 발전하는 것이고, 역사가 흘러 한 시대의 문명(Civilization)이 되며, 문화(Culture)가 꽃을 피우는 것이다.

서울 삼성동 현대산업개발 사옥에 인접해 있는 한전 사옥 부지에 현대차그룹은 115층 복합빌딩을 짓는다. 향후 국제적인 명소가 될 이곳에 현대산업개발 사옥에 있는 포니정 기념관까지 옮겨와 현대차그룹 산업박물관을 지으면, 현대차가 그토록 열망하던 기업 스토리가 있는 브랜드가 완성되는 것이다.

중국이 위대할 수 있는 이유는, 중국 공산당의 주요 전적비 어디에나 장개석 군대와의 전투가 있었다는 사실 자체에 무게를 둔다. 적이었지만 장개석을 비난하는 문구는 어디에서도 찾아볼 수 없다. 일본

나고야 시에는 시립박물관이 있다. 거길 가봐야 인근에 있는 도요타가 방직업에서 사업을 시작했다는 것을 알 수 있다. 도요타가 지어 나고야 시에 기증했다. 옛날 방직기계도 놓여 있다.

현대자동차 역시 사실을 왜곡하지 않은 제대로 된 산업박물관을 건립할 필요가 있다. 그런 의미에서 삼성동 한전 부지가 의미 있는 공간으로 변모하길 기대해본다. 만약 그곳에 산업박물관이 건립된다면 그곳을 찾은 관람객들은 현대차의 잠재고객이 될 것이다.

여하튼 정몽구와 이건희 둘 다 사업을 물려받아 초글로벌 기업으로 키웠다. 책이든 전시공간이든 산업사와 관련해서는 객관적 사실의 기록이 무엇보다 중요하다.

기아차 인수 직후

현대차는 기아차를 인수한 이후 아시아차, 기아차판매, 아시아차판매, 대전자동차를 합병한다. 그리고 그룹 내 자동차 부문의 경영을 일원화하고 플랫폼 통합, 부품 공용화, 상품 개발기간 단축 등 구조조정에 힘썼다. 1998년 10월 현대차에 인수된 기아차는 이듬해 바로 순이익 1,357억 원의 흑자(1998년 순손실 949억 원)를 기록하며 턴어라운드(turn around)에 성공했다. 법정관리 당시 5조 2,000억 원의 자본 잠식 상태에서 벗어나 2조 2,600억 원의 순자산을 기록했고, 인수 전 810퍼센트를 웃돌던 부채 비율은 정부 가이드라인 이하 수준인 172퍼센트까지 낮아졌다. 이는 채권단이 기아차 채무 7조 원을 탕감해준 것이 절대적인 역할을 한 결과다. 물론 현대차의 기아차 홀로서기에 대한 투자 노력 역시 간과되어서는 안 된다.

한편 기아차 임원으로부터 자동차와 자판의 합병이 잘못되었다는 얘기를 들은 적이 있는데, 합병 과정에서 노조끼리 합치다 보니 노조의 힘이 세져서 사측의 통제가 불가능하다는 것이었다. 판매노조는 판매노조대로, 딜러협의회는 딜러협의회대로 사측의 국내 영업 전략을 압박하는 현실적인 세력으로 부상했다. 합병 전 비용 감축만 고려한 구조조정이 노조 변수를 전혀 생각하지 못한 게 뼈아프다는 내용이었다.

왕자의 난과
제국의 독립

2000년 3월 고 정주영 현대그룹 명예회장의 차남인 정몽구 회장과 5남인 정몽헌 회장이 그룹 경영권을 두고 다퉜다. 정주영 회장의 온전하지 못한 건강으로 현대그룹의 후계자가 정몽구와 정몽헌으로 왔다갔다 하는 대혼란을 겪었다. 이를 두고 소위 '왕자의 난'이라고 한다.

결과적으로는 현대그룹의 후계자는 정몽헌으로 결정이 났다. 2000년 5월 25일 정주영이 보유하고 있던 현대중공업 주식이 정몽헌에게 넘어갔고, 정주영은 현대중공업 지분을 계열사에 매각한 자금으로 현대차 주식 9.3퍼센트를 매입하도록 지시했다. 세계 최고의 자동차회사를 만들기 위해 전문경영인을 영입할 계획이었다. 그러나 현대그룹 주가가 일제히 폭락했다. 정부와 채권단은 지배구조 개선과 함께 경영진 문책을 요구했다. 정주영은 결국 5월 30일 '3부자 퇴진' 계획을 언론에 발표했는데, 정몽구가 이에 반발하며 "3부자 퇴진 발표를 거둬달라"고 아버지를 설득했다.

우여곡절 끝에 2000년 9월 1일 현대차그룹이 출범했다. 현대차와 기아차, 현대정공(현 현대모비스), 현대강관(현 현대하이스코), 현대우주항공 등 10개 회사가 현대그룹에서 분할해 나왔다. 이후 2000년 11월 현대모비스가 정주영 명예회장이 보유한 현대차 지분 2.7퍼센트를 매입하며 현대차의 최대 주주로 부상했다. 현재의 순환 출자 형태의 출발이었다.

현대차그룹의 출범 후 정몽구 회장은 현대그룹에서 발생한 소위 '왕자의 난'을 극복하는 과정에서 언론의 지지가 절대적으로 필요하다는 사실을 인지하고 일종의 투자를 단행한다. 바로 〈매일경제〉 '세계지식포럼'의 사업비를 출연한 것이다. 사업비 50억 원을 현대자동차가 전액 출연했는데, 당시 창구는 홍보 담당이던 최한영 이사였다. 언론의 중요성을 알던 정몽구는 기획안만 보고 출연하기로 결정하였다. 세계지식포럼은 출범과 동시에 흑자를 실현했다. 2000년, 2001년 세계지식포럼의 성공적인 개최로 명성을 얻은 장대환 매일경제 회장은 2002년 김대중 정부로부터 총리서리로 지명을 받는다.

정몽구는 형제간의 경영권 다툼(왕자의 난)과 창업주의 사망(2001년), 현대자동차의 정통성을 갖고 있었던 정세영이 거의 비슷한 시기에 사망(2005년)함으로써 한국 자동차 산업의 대권을 물려받았다. 정몽구의 자동차 경영이 빛을 발하게 된 것은 여러 가지 우호적인 환경의 영향도 크다. 삼성의 자동차 사업 참여로 인한 국내 자동차업체들의 품질 경쟁력 향상도 원인이 되었지만, 기아차를 인수함으로써 기아차의 자본제휴선인 포드가 기아차에 물려준 품질 관리 노하우 또한 현대차그룹이 양적·질적 성장을 동시에 이루는 데 기반이 되었다.

이후 현대차그룹의 중국 현지 공장 설립 진출, 수출 물량의 확대는 앞서 밝힌 것과 같이 중국인들의 반일감정에 따른 중국 시장에서의 반사적 이익, 권력의 중심인 베이징 지역의 자동차회사(베이징기차)와 제휴했다는 점 등이 원인으로 작용했다.

현대정공 출신들과 친위 세력

2003년경 정몽구 현대자동차 회장이 사업에서 형제간의 정보다 현실적 실리를 택한다는 평가가 있었다. 가문의 장자인 그가 이끄는 현대차그룹은 동생인 고 정몽헌 현대아산 회장의 사업을 지원할 것이라는 일반의 관측과 달리 단호하게 대북 사업에 나서지 않겠다고 밝혔다. 실제로 과거 한 식구였던 시절 끈끈한 거래 관계를 맺던 회사들도 왕자의 난 이후 서로 대부분의 관계를 끊었다.

정몽헌 회장 계열 회사들의 지주회사 역할을 하는 현대상선은 과거 현대차의 수출 물량 운송을 전부 책임지고 있었다. 하지만 현대상선 측은 왕자의 난 이후 회사 경영이 어려워지면서 사업 연관성이 있는 현대차그룹에 담보설정을 요청했지만 끝내 거절당해, 결국에는 자동차 운송 사업부를 매각했다. 자동차 운송선을 매각한 후에는 현대차와의 거래가 거의 없었다.

현재 현대중공업 계열인 현대종합상사 역시 정몽구와 정몽헌의 결별 이후 곧바로 매출이 36퍼센트나 감소했다. 매출의 상당 부분을 차지하던 자동차 수출대행 사업이 중단됐기 때문이다. 현대차그룹은 정몽구 체제로 개편된 이후 독자적인 판매망 구축을 서둘렀다. 광고대행 역시 독자적인 광고대행사를 설립하여 현대그룹 – 금강기획과의 관계를 단절했다.

정몽구의 경영권 장악이 본격화됨에 따라 현대차그룹 내에서는 '현대정공은 성골', '기아자동차는 진골'이라는 내외부의 시선이 팽배해졌다. 상대적으로 현대차 출신들은 승진 등의 인사에서 불이익을 많이 봐야 했다. 이는 결국 정몽구 부자가 현대차 경영권에 대한 정통성이 없기 때문에 자연스럽게 형성된 것이다. 기아자동차 실적 개선은 현대차의 자원을 쏟아부었기에 가능한 일이었다. 기아차 경영실적은 정몽구 부자의 경영 능력으로 비쳐졌다. 정세영 라인의 현대차 임원들은 위기를 맞이할 수밖에 없었다.

한편 정몽구가 현대차그룹 회장을 맡은 이후 친위 세력으로 등장한 인물들이 있다. 경복고 출신들이다. 정몽구의 경복고 동기동창인 유인균 전 INI스틸 회장, 노관호 전 인천제철 사장을 비롯하여 정순원 전 현대위아 부회장, 이계안 전 현대카드 회장 등이 면면들이다. 이들은 현대·기아차의 그룹 분리 이후 정몽구 경영체제를 완성하는 데 핵심적인 역할을 담당했다.

정몽구 후계자인 정의선 부회장 측근으로 거명되는 인물들도 현대정공 출신이다. 김경배 현대글로비스 사장과 현대모비스 CFO인 정호인 전무도 1990년 현대정공에 입사했다. 당시 이들은 현대그룹 입사 동기들이 현대자동차 등 주력 기업에 배치된 데 비해 선호도가 떨어지는 현대정공에 입사했는데, 결과적으로는 출신 회사가 마이너였기 때문에 오늘날 현대차그룹에서 출세하는 아이러니의 장본인이 되었다.

3장

현대
자동차를
말한다

현대차는 글로벌 경영이라는 뚜렷한 목표가 있었다. 해외 판매 비율이 70퍼센트 이상으로 지역 공동체 구축과 무역 규제에 능동적으로 대처하며, 환율로 인한 위험을 감소시키기 위해서는 해외 생산 거점을 늘리는 글로벌 생산체제 구축이 필수적이라고 말한다.

현대차의 세계 전략

**"안 되는
사업은
과감히 버려라."**

제국의 확대

정몽구 회장은 1998년 기아차, 2000년 강원산업과 삼미특수강(현 현대비앤지스틸), 2001년 한국철도차량(현 현대로템), 2004년 한보철강, 2010년 현대건설 등 잇단 인수합병(M&A)에 성공했다. 특히 2010년 현대건설의 인수는 1950년 정주영 현대그룹 창업주가 설립한 모태기업인만큼 장자인 정 회장이 범현대가의 '정통성'을 재확인하는 기회이기도 했다.

현대제철은 2014년 10월, 알짜 동부특수강 인수에도 성공하며 정 회장의 '뚝심 경영'이 연이어 빛을 발했다. 또한 현대제철은 2014년 3고로 완성과 동부특수강 인수로 자동차용 강판과 조선용 후판 공급 체제를 동시에 구축했다. 이를 통해 현대차그룹은 제철에서부터 자동차로 이어지는 수직계열화를 통해 주력 자동차 사업을 글로벌 브랜드로 한 단계 업그레이드시키는 데 필요한 토대를 마련했다고 자평한다.

제철 왕국을 꿈꾸다

제철 사업은 현대그룹 창업주 정주영의 염원이었다. 그가 제철 사업을 꿈꾸기 시작한 것은 1970년대 무렵이다. 당시 대한민국은 중화학공업을 집중 육성하던 시기라, 매년 철강에 대한 수요도 커져만 갔다. 포항제철(현 포스코)이 수입산 철강재보다 싼 가격으로 국내 기업들에게 물량을 제공했지만, 양은 턱없이 부족했다.

정주영 명예회장은 1978년 철근을 주로 생산하는 전기로업체 인천제철을 인수하며 제철 사업 진출의 명분을 획득한다. 같은 해 박정희 정부는 제2제철소 건설 계획을 발표한다. 정주영 명예회장은 천재일우의 기회라 생각하고, 현대중공업 자본금 2억 달러를 통해 현대제철소를 설립하겠다고 밝혔다. 하지만 당시 박태준 포항제철 사장도 "제2제철소 건설은 포항제철이 맡아야 한다"며 적극적인 자세를 보였고, 제2제철소 설립은 사실상 포항제철과 현대의 대결구도로 흘러갔다.

당시 정 명예회장은 경쟁체제 도입, 시장경제 촉진 등을 이유로 들며 제2제철소는 현대가 건설해야 한다고 주장했다. 포항제철은 세계 철강업계를 주도하는 선진국들이 개발도상국의 제철소 증대를 반대한다며, 포항제철 하나만 키우더라도 세계 철강업계의 압력을 막아내기 어려울 것이란 논리를 내세웠다. 정주영이 청와대 참모들을 장악했음에도 불구하고, 결국 최종 승리는 경제관료들을 우군으로 만든 박태준의 포항제철로 돌아갔고, 제2제철소는 광양에 건립됐다. 현대는 말 그대로 제철소 건설에만 참여했다.

1993년부터 1994년까지 삼성이 자동차 사업에 신규 참여할 때, 현대그룹은 전면에 나서서 적극적으로 반대하지 않았다. 그 이유는 크게 두 가지이다.

첫째는 삼성이 닛산 등과 기술제휴를 통한 신규 진입 방식으로는 자신들을 쫓아오는 데까지 무한의 시간이 걸려 경쟁지로서 의미가 없다고 보았다. 다만 자신들이 국내 기술 인력의 공급처가 되거나 투자해놓은 부품업체들을 빼앗기지 않으면 된다는 전략만은 고수했다.

둘째는 정부가 삼성의 자동차 사업 진입을 허용해줄 경우 형평의 원칙에 의해서 포스코 독점의 국내 철강 산업에 자신들이 신규 사업자로 나설 명분을 가질 수 있기 때문이었다.

나는 당시 국내 철강 관련 세미나에 삼성경제연구소 연구원이라고 신분을 위장한 채 참관하려고 미리 신청했으나 거절당했다. 그래서 할 수 없이 회의 관계자인 것처럼 잠깐 회의를 들여다볼 수 있었다. 세미나를 앞세우긴 했으나 사실상 철강업계 간담회 자리였고, 좌석 배치가 그 모든 것을 말해주고 있었다. 포스코의 기획조정실장(상무)이 긴 테이블의 좌장 자리에 앉았다. 그 옆으로 현대그룹의 인천제철(현재 현대제철) 사장, 동국제강, 연합철강 등 중소 철강회사 사장들이 앉아 있었다. 인천제철을 제외한 전원이 포스코의 입장에 동조하는 분위기였다. 포스코가 국내 철강업계를 사실상 지배하는 형국을 보여주는 생생한 장면이었다.

1993년부터 1994년까지 재계 경쟁 관계인 삼성이 승용차 사업 승인을 받았음에도 불구하고 현대그룹이 강하게 제철 사업 참여를 밀어붙이지 못한 이유는 1992년 대통령선거의 후유증으로 YS 정부와 관계가 불편했기 때문이었다.

현대그룹은 포스코의 오랜 고객이었으면서도, 늘어나는 자체 산업 수요에 비해 포스코로부터 공급량을 적게 받는, 수십 년간 고착화된 절대적인 을의 위치에 있었다. 또한 자동차의 경우 고연비, 고급 중대형 승용차 생산을 위해서는 냉연강판 등 고급 강판의 수요가 절대적으로 필요했다.

제철을 향한 정몽구의 꿈

정몽구 회장은 1996년 현대그룹 회장 취임사에서 "2000년대 국내 철강 공급 부족을 메우기 위해서 우리의 일관제철소 건설은 불가피하다"며 목소리를 높였다. 자동차, 모비스, 중공업 등 현대 계열사들의 경쟁력은 그 무엇보다도 철에 달려 있다고 판단했기 때문이다. 특히 자동차의 핵심 부품인 엔진은 철의 품질에 따라 경쟁력이 좌우된다고 믿었다.

그는 회장 취임과 동시에 일관제철소 건설 사업에 열의를 올린다. 그룹 차원에서 일관제철 사업의 의미는 쇳물·핫코일(현대INI스틸) – 냉연강판(현대하이스코) – 자동차(현대차, 기아차)로 이어지는 자동차 수직계열화를 완성시키는 것이다. 정몽구 회장은 '종합제철 사업 프로젝트' 팀을 발족하며 경남 하동에 제철소를 짓기로 마음먹는다. 직접 헬기를 타고 현지를 둘러보고 경상남도와 투자협정까지 맺었다.

사실상 일관제철소의 꿈이 가시화되는 듯했다. 그러나 정부는 공급 과잉을 이유로 현대의 제철소 건립을 허용하지 않는다는 방침을 내세웠다. 정 회장은 포기하지 않고 끝까지 문을 두드렸으나 1997년 말 외환위기(IMF 사태)가 터지며 훗날을 기약하게 됐다.

한보철강 인수

1993년 6,000억 원이던 한보철강 부채가 1996년 말 4조 원을 넘어섰고, 부채비율은 자기자본(2,000여억 원)의 무려 20배를 초과했다. 이런 터무니없는 대출이나 재무 상태는 사상 유례가 없었다. 1997년 1월 23일 한보철강은 5조 원의 부채를 지고 도산했다. 외환위기의 출발이었다.

인천제철은 2000년 강원산업(현 현대제철 포항 공장)과 합병하고 법정관리를 신청한 삼미특수강(현 BNG스틸)을 인수했으며 2001년 6월 INI스틸로 사명을 변경했다. 2004년 10월 INI 컨소시엄은 한보철강 국제 입찰에서 인수의향서를 제출한 미국, 영국, 일본 등 7개국 15개 사를 제치고 인수를 결정하며 사업의 기반을 다졌다. 이때 INI 컨소시엄이 한보철강을 인수한 것은, 또 다른 의미에서는 포스코 경쟁력 약화의 시작이기도 했다.

현대제철은 2005년 9월 당진 B열연 공장의 상업 생산으로 완전 정상화를 달성하고, 본격적으로 일관제철소 착공에 돌입한다. 정 회장은 일관제철소 건설의 꿈을 위해 1·2고로 건설에만 6조 2,300억 원, 3고로 건설에 3조 6,545억 원을 투자하는 등 총 9조 8,845억 원의 천문학적인 금액을 쏟아부었다.

현대제철은 이로써 전기로에서 생산되는 철근, H형강 등 건설용 강재만 생산해오던 데에서 벗어나 철강제품의 꽃으로 불리는 자동차 강판, 조선용 후판까지 생산해내는 글로벌 종합제철소로 거듭났다. 연간 조강 생산능력도 전기로 1,200만 톤, 고로 1,200만 톤으로 2,400만 톤을 확보하며 전 세계 철강업체 순위 10위권을 넘보고 있다. 지난 2006년만 하더라도 31위에 머물렀던 것을 감안하면 단 9년 만의 비약적 성장이다.

정몽구는 현대제철은 물론 국내외 계열사 사업장을 수시로 방문했는데, 특히 2009년 10월 부인 이정화 씨가 별세한 이후 현장을 찾는 일이 부쩍 늘었다.

철강업의 대표 주자 가능성

2004년 1월 철강 수입 무관세화가 시행되었으며, 중국의 철강 산업이 급부상하는 등 세계 철강업계의 구조가 개편되면서 철강 시장 구조에 커다란 변화가 일어나고 있다. 미국, 일본, 유럽 등 원료업계의 대형화 시도와 이에 대응한 세계 주요 철강업체의 M&A 등 규모의 경제에 기초한 경쟁력 향상 노력이 경쟁적으로 추진됐다.

일본 제철업계의 경쟁력 강화는 현대제철 및 포스코에게 위협적이다. 2012년 신일본제철과 스미토모금속의 합병으로 아르셀로미탈에 이은 세계 2위의 신일철주금이 탄생했다. 합병 이후 생산라인 조정, 중복 사업 통합 등 수익성 개선에 치중하고 있다. 또한 단순히 덩치를 키우는 데 머무르지 않고 주특기를 철저히 살리는 방향으로 사업을 조정했다. 과거 신일본제철은 자동차용 강판에, 스미토모금속은 에너지용 강관에 경쟁력이 있었다. 강점을 가진 분야의 생산을 늘리는 대신 저수익 라인은 과감히 조정했다. 16개 생산거점 중 기미쓰제철소 등 4개 제철소의 강판 및 강관 관련 14개 라인의 생산을 중단했다.

현대차그룹은 이러한 외국 업체의 대형화, 환경 규제 강화, 원료 확보 경쟁 심화, 국내외 수요 증가세 둔화가 예상됨에 따라 현대제철과 현대하이스코를 합병했다. 2015년 7월 합병이 마무리되면 현대제철은 자산 규모 31조 원, 매출 20조 원대의 세계 8위 종합 철강회사로 도약한다. 현대제철은 이번 합병을 통해 자동차 강판 경량화(輕量化) 등 사업 다각화를 추진한다는 방침이다. 현대하이스코가 해외 9개국에서 운영하는 13곳의 강판가공센터를 활용해 글로벌 자동차 강판 수요에도 적극 대응할 방침이다. 이번 합병은 현대제철의 소재(素材) 기술력과 현대하이스코의 가공 기술력이 더해져 시너지 효과를 낼 것으로 기대하고 있다.

포스코는 2013년 말부터 국제신용평가기관들로부터 신용등급이 강등되더니 급기야 2015년 3월에는 검찰의 비자금 수사 및 계열사인 포스코건설에서 행해진 해외 자원개발 비리가 정치·사회 문제로 드러나기 시작했다.

포스코는 권오준 회장 취임 후 1년여 동안 "포스코만 빼고 모든 계열사가 구조조정 대상"이라며 몰리브덴 같은 광물, 플랜트 제조 등 비핵심 사업부에 대한 구조개편에 나서고 있다. 포스코의 계열사 수는 2012년 71개에 이르렀다가 2015년 51개로 줄었다. 앞으로 계열사 간 합병 등을 통해 30~40개로 줄어들 가능성이 높다.

두 사람 모두 포스코 엔지니어 출신으로 정준양 회장은 정권에 휘둘렸고, 권오준 현 회장도 부실로 판명 난 볼리비아 리튬광산 개발에도 관여되어 있다. 수년간 주주들의 배당률은 영업이익의 절반을 차지했으며, 2013년에는 46.7퍼센트를 기록했다. 당기순이익의 절반 가까이를 배당금으로 소진한 것이다. 경영실적 악화에 대한 주주들의 반발을 배당으로 입막음한 것이다. 사외이사들 또한 상법상 등기이사였음에도 불구하고 사실상 거수기 역할만 했다.

포스코는 창업 30주년인 1998년에는 조강 생산 기준 세계 1위에 등극했었다. 2005년에는 영업이익률이 27퍼센트에 달했으나 2011년에는 11퍼센트, 2012년 8퍼센트, 2013년에는 7퍼센트로 낮아졌다. 2014년에는 매출 29조 2,000억 원으로 글로벌 5위 수준을 유지하고 있다.

2007년 36조 3,000억 원이었던 포스코의 총자산은 2014년 말 현재 85조 3,000억 원으로 늘었다. 7년 사이에 2.3배 확대된 것이다.

문제는 부채이다. 포스코의 2014년 말 총부채는 2007년 11조 1,000억 원의 3.6배인 40조 원이다. 7년 사이에 29조 원 정도 증가했다.

포스코의 실적 하락은 경쟁사 현대제철의 등장, 중국 철강기업들의 약진, 세계적인 불경기의 지속 등이 요인이 되었다. 그러나 그보다는 YS 정권 이후 박태준과 같은 보호막이 사라지면서 발생한 정치적

외압을 근본 원인으로 꼽는다. 그러면서 그 대안으로 주인 찾아주기가 거론되고 있다.

전경련 산하단체인 자유기업원 김정호 전 원장은 "포스코나 KT 같은 기업들이 겪는 문제는 주인이 없는 데서 비롯된다. 두산중공업처럼 대주주가 분명하게 민영화된 기업의 경우 CEO 인사에 정부가 개입하는 일이 없다"고 이야기한다.[7]

현대제철의 입장에서는 철강업의 경영환경상 포스코를 인수할 수 있는 아주 좋은 기회를 맞이했다는 것을 인식시켜주고 싶다. 그들이 할 일은 무엇인가? 천재일우의 기회를 준비해야 된다. 기회가 왔는데도 살리지 못하면 바보 집단이 될 수도 있다.

물론 현대제철의 포스코 경영권 인수 거론은 아직 시기상조이며 포스코 자체의 개혁이 진행 중에 있어 많은 논란을 낳을 수 있다. 현대제철 역시 포스코보다는 재무 상태가 낫긴 하지만, 현대차그룹에 절대적으로 의지하는 매출구조의 획기적인 개선이 우선 과제이다. 현대제철은 선진 자동차업체인 도요타, 포드 등에도 냉연강판을 팔 수 있어야 한다는 과제를 풀어야 하는데 현대하이스코의 흡수 합병으로 가능해졌다.

현대제철이 포스코를 앞선 철강 기업으로 나서기 위해서는 사업장에서 일어나고 있는 후진적이고 반복되는 안전사고를 불식시키는 일에도 주력해야 할 것이다. 아무리 생산성이 높다 하더라도 인명을 경시한 기업은 그 존재 가치가 높을 수 없다.

철강에서 자동차 수직계열화까지

포스코 문제와는 별개로, 현대차그룹은 현대제철이 2013년 3고로의 가동으로 생산 물량을 확대하였고, 현대하이스코 냉연 사업을 인수하면서 자동차용 강재 조달의 내부 수직계열화를 완성했다. 특히 현대하이스코 냉연 사업부 인수로 현대·기아차의 자동차 강판 거래 물량을 고스란히 현대제철이 담당하게 되었다.

현대제철은 2014년 현대·기아차 등에 공급하는 자동차 강판 가격을 톤당 14~15만 원 인하하고도 포스코보다 높은 9퍼센트의 영업이익률을 올릴 수 있었다. 하지만 이는 지난해 철광석 등 원료 가격 약세의 영향이 크기 때문에 앞으로도 추세가 이어질지는 미지수다. 내부거래(captive market)에만 의존하면 위험하다. 세계적인 공급 과잉 위기를 돌파하고 품질과 차별화로 생존하는 방안을 강구해야 한다. 그렇지 못하면 2008년과 같은 글로벌 위기가 발생할 경우 동시에 몰락할 가능성이 있다.

철강 – 자동차 수직계열화의 사실상 유일한 벤치마킹 대상 기업은 1920~1930년대 포드의 루즈(Rouge) 일관제철소이다. 1927년 헨리 포드가 '철광석에서 자동차까지'라고 하는 발상에 근거해 일관제철소인 루즈를 설립하며 철강 – 자동차 수직계열화를 완성했지만 지나친 내부 의존, 물리적으로 한 공업단지 속에서 결속력이 강화된 노조에 의해 자체 경쟁력이 약해져서 종국에는 매각할 수밖에 없었다. 1930년대 전성기에는 10만 명이 근무했고, 600에이커(약 74만 평)의 부지에 전용 부두와 전용 제철소, 전용 유리공장을 갖고 있는 세계 최대의 공장이었다. 이 공장은 철광석에서 시작해 자동차에 들어가는 모든 부품을 자체 생산했다.

한편 자동차 소재에 있어 철의 비중이 점점 낮아지고 있다. 차량 원가 중 전장부품의 비중이 50퍼센트 이상되고, 철강 소재 비중은 20퍼센트 미만으로 떨어지고 있다. 아직은 가격 경쟁력에 있어 밀리기는 하지만 듀폰 등에서 개발하고 있는 엔지니어링 플라스틱(engineering plastics) 등이 대체재로 부상하고 있다. 자동차의 연비 경쟁은 차의 무게를 얼마나 줄일 수 있느냐에 달려 있는데 철판 대신 엔지니어링 플라스틱을 사용하면서 자동차는 또 한 번 기술적인 변화를 맞이하고 있다.

현대차그룹의 제철 사업 참여는, 철강 소비 기업으로서 포스코와 같은 제철업체의 갑질에서 벗어나기 위한 것이 동인이 되었다. 그러나 현대차그룹과 부품업체들의 관계를 살펴보면, 고객 입장이긴 했지만 이러한 을의 설움의 문화는 어디론가 가버리고 포스코 이상의 슈퍼 갑질을 하고 있는 것을 보게 된다.

또한 '철강-자동차 수직계열화=선'이라는 등식이 성립되어온 기업의 진화 과정을 냉정하게 살펴봐야 한다. 글로벌 자동차업체 어느 곳도 철강-자동차 수직계열화에 목을 맨 곳은 없다. 세계적인 흐름인 환경 규제의 강화는 연비 향상 경쟁으로 이어지고, 연비 향상은 차량 중량 감소 경쟁으로 이어지고 있다. 차량 무게 중에서 가장 많은 비중을 차지하고 있는 강판, 엔진을 포함한 구동장치 부문에서의 소재 경량화 역시 신소재 경쟁으로 전개되고 있다.

현대제철, 대우조선해양을 노릴 것인가

철강업과 깊은 관련이 있는 조선업은, 일본 조선회사들이 경쟁력을 회복하고 있고, 중국은 정부 주도로 조선소들을 통합하고 있다. 세계 최대의 조선소인 현대중공업은 2014년 3조 2,500억 원 규모의 사상 최악의 영업적자를 기록했다. 국내 조선업계도 사업재편 및 구조조정에 들어갔다. 조선업계는 근본적인 업황 구조조정이 뒤따르지 않으면 정부의 강제적인 산업합리화 조치가 따를 수 있다는 우려가 있다. 이런 흐름이 이어지면 전자 업종 위주의 사업 재편으로 선택과 집중의 방향을 잡은 삼성의 이재용이 2014년 11월 삼성종합화학, 삼성테크윈 등 4개사를 한화그룹에 매각한 것과 같은 조처를 단행할 수도 있다.

정부는 재정 건전성 강화를 위해 현재 공적자금관리위원회가 보유한 대우조선해양 지분 17.15퍼센트 외에도 최대 주주인 산업은행이 보유 중인 지분 31.3퍼센트도 한꺼번에 매각하는 방안을 검토하고 있다고 한다. 과거 포스코와 GS그룹 컨소시엄이 대우조선해양 인수를 추진한 적이 있듯이 일관제철소가 조선회사를 인수하는 것은 시너지 효과가 탁월하기 때문이다.

대우조선해양의 글로벌 경쟁자인 현대중공업의 최대 주주인 정몽준은 국제 스포츠계 양대 산맥인 FIFA 회장 선거 출마 의사를 밝히고 있다. 이는 한때 제3지대의 유력한 대통령 후보였으며 집권당의 당대표까지 지냈던 정몽준이 국내 정계 복귀를 포기한다는 뜻으로, 현대중공업이 그의 정치적 행보와 맞물려 호남과 충청권에 갖고 있는 사업장은 구조조정의 대상이 될 수 있다.

정몽구는 제철업과 수직계열화 및 시너지 효과가 높은 세계 2위의 조선소 인수에 달려들 가능성이 높다. 단, 정몽구가 지배소유 과정상에 혼란을 겪고 있는 삼성그룹을 누르고 재계 자산 규모 1위를 목표로 하느냐, 미래차를 염두에 둔 자동차업에 선택과 집중을 선택하느냐에 따라 방향은 달라질 수 있다.

대우조선해양은 2014년 매출 16조 7,863억 원, 영업이익 4,711억원, 수주액은 149억 달러의 실적을 올렸다.

정몽구가 박 대통령에게 광주 창조경제 혁신센터 개소식 전 두 번이나 찾아서 점검하고, 박 대통령의 브라질 방문시 브라질 현지 법인이 방탄 에쿠스 차량을 직접 제공하는 등 온갖 정성을 기울이는 이유가 명백해지고 있는데, 정부로부터 정의선으로의 경영권 승계에 대한 도움, 사정 정국 이후 전개될 수도 있는 각 산업 구조조정에서의 우위선점 등이 그 배경일 수 있다.

중국을 겨냥한 서해안 지역 경제 경쟁력을 고려하면, 현대제철 당진 공장을 중심으로 현대차그룹의 연구개발의 총본산인 화성 남양 연구소, 현대차 아산 공장, 기아차 화성 공장이 현대차그룹 복합체(Complex)를 구성하고 있다. 제철에서 자동차로 이어지는 업종별 수직계열화와 더불어 지역을 활용한 제조, 연구개발 사업장, 사회인프라인 평택항 등과의 시너지 효과를 낼 수 있는 방안을 강구할 필요가 있다.

제철 사업, 산업권력의 중심

현대차는 현재로서는 오너 리스크는 없다. 결과가 어떻게 나올지 모르지만 세계 자동차와 철강 산업사에 유례가 없는 철강 – 자동차 수직계열화 모델이 성공한다면, 일본 기업들로서는 도요타조차 현대차그룹을 쫓아가기가 쉽지 않을 것이다. 물론 도요타는 여전히 현재의 양산차 부문이나 미래차 부문에서 단연 앞서 있다. 어떻게 보면 현대차의 행보는 역사를 되돌아가는 것처럼 보인다. 쇳물을 부어서 핫코일을 만들고 이를 다시 판재로 만드는 철강업을 하고자 10조(110억 달러) 이상의 투자를 하고 있다. 특수강 또한 자동차의 엔진과 변속기를 만드는 소재이기 때문에 계열화 사업군에 포함시켰다.

현대차그룹 정몽구 회장의 제철 사업 참여와 확대는 창업주 정주영 회장이 1992년 신당을 만들어 대통령 선거에 출마한 것과 맥락을 같이한다. 창업주는 권력에 대한 인간적인 욕심도 있었지만 기업가로서 당대 정치권력과 대항했을 때에는 을의 한계를 벗어날 수 없었다. 이를 극복하기 위한 방안으로 직접 현실 정치에 뛰어들었다.

마찬가지로 현대그룹은 오래전부터 대부분의 사업이 중공업으로서, 소재 부문인 철강 공급을 받기 위해서는 역시 절대적인 갑의 위치에 있던 포항제철과의 관계에서 을일 수밖에 없었다. 그래서 창업주는 박정희 시대부터 제철 사업 참여를 노렸던 것이다. 정주영, 정몽구 부자는 자동차를 중심으로 철강에 대한 수요 규모가 커지면서 이러한 산업권력 구도에서 을의 위치에서 탈피하고자 했다. 그래서 처음부터 사업 규모의 한계가 있는 전기로나 공정상의 일정 부분만 담당하는 가공 철강업의 한계를 벗어나 일관제철소를 지향한 이유이다.

또한 대형 일관제철소라는 업의 특징은 가동률 100퍼센트를 유지하기 위해서 철광석이나 기타 부산물의 확보가 필수적이기 때문에 해외 자원개발 사업으로 범위를 확대할 수밖에 없다. 그렇기에 향후 이 부분에 대한 과제를 안고 있다고 볼 수 있다.

자동차에서
금융, 건설까지

현대차그룹은 자동차 판매 부문과 필수불가결의 관련성을 맺고 있는 자동차 할부금융뿐만 아니라, 중후장대형인 제조업 편중의 사업 구조를 다각화하기 위해 금융 사업 부문을 확대했다. 또한 일부 비난이 있긴 했지만 현대그룹의 정통성 확보 차원에서 현대그룹의 모태인 국내 제일의 건설업체 현대건설을 인수했다.

취약한 금융 사업 부문 보완

현대그룹은 1993년 자동차, 주택 할부금융 사업부를 독립시켜 현대오토파이낸스를 출범시켰으며, 1995년 현대할부금융, 1999년 현대캐피탈로 사명을 변경했다.

현대차그룹은 2001년 다이너스카드코리아를 인수해 현대카드를 설립했고, 2004년부터 2006년에 걸쳐 현대캐피탈 지분 43.3퍼센트를 GE캐피탈에 매각하며 전략적 제휴를 맺었다. 현대카드 또한 GE 소비자금융(GE머니)에 지분 43퍼센트를 매각했다. 그 덕분에 현대카드, 현대캐피탈은 GE의 대외 신인도를 기반으로 자금 조달이 용이해졌고 선진 마케팅과 금융기법을 전수받아 빠르게 자리를 잡았다.

당시 현대자동차 홍보실 출신으로 현대캐피탈 카드의 전무로 있었던 김상욱의 소회는 대단히 인상적이다. "다이너스카드를 인수하고 보니 적자가 900억 원이었다. 연간 적자 규모인 줄 알았더니 한 달 적자 규모가 그렇게 되었다."

당시 금융업에 대한 이해가 적었던 현대차로서는 상당히 당황스러운 상황이었을 텐데 GE의 대규모 자본 참여로 경험 및 자본 부족에서 벗어날 수 있었다.

제조업 중심의 현대차그룹으로서는 자동차 할부판매 때문에 어쩔 수 없이 신용카드업에 참여했으면서도 부실채권 리스크에 대해서는 전혀 고려하지 않고 사업에 뛰어들어 발목이 잡힐 판이었다. 정몽구의 사위인 정태영 부회장의 활약이 눈부셨다. 또한 운좋게도 GE가 중국 진출을 염두에 두고 있었으며 파트너의 경영권 간섭도 받아들인 현대차 측의 개방성이 성공을 이루어낸 것이다.

현대캐피탈은 2007년 상용차, 건설기계 등 산업재 금융업체인 현대커머셜을 분사했고, 현대차그룹은 2008년 신흥증권(현 HMC투자증권), 2011년 녹십자생명(현 현대라이프)을 차례로 인수했다.

현대그룹의 정통성 확립을 위하여

                 2010년 11월 16일 현대건설 채권단은 현대그룹을 우선협상대상자로 발표했다. 그러나 현대그룹의 자금 조달 실행 능력에 의문이 제기되면서 예비협상대상자였던 현대차그룹이 인수했다. 당시의 인수 과정이 MB 정권의 외압이라는 의혹이 최근 국내 모 언론에서 제기되고 있어 관심을 끌고 있다.

    현대건설 인수전과 관련하여 2010년 12월 22일자 〈월스트리트 저널〉에 '현대차그룹이 현대건설 인수에서 손을 떼야 한다'는 내용의 기사가 나왔다. 〈월스트리트 저널〉은 "현대건설 인수 드라마와 혼란에서 멀어지는 것이 정몽구 회장의 회사와 주주들에게 더 좋은 결과를 가져올 것"이며, "여유 자금은 현대건설 인수가 아니라 주주들이나 자동차 연구와 개발, 사업 확장에 쓰는 게 낫다"고 밝혔다. 또한 현대차그룹의 현대건설 인수 이유를 "옛 현대그룹 제국에 대한 향수 때문"이라고 분석하고, "현대차그룹이 시너지가 거의 없는 건설사를 인수하려는 것은 불명확한 전략이며, 정 회장은 현대건설을 인수하려는 잘못된 생각에서 벗어나야 한다"고 논평했다. 한편 〈파이낸셜타임스〉는 "현대차가 자동차 시장에서 성장세를 구가하고 있으나 현대건설 인수 추진은 이러한 모멘텀을 유지할지에 대한 의문을 키우고 있다"고 지적했다.

    한국기업평가는 2011년 1월 18일자 보고서에서 "현대차 컨소시엄의 풍부한 현금유동성을 고려하면 현대건설 인수에 따른 재무 부담 요인은 제한적"이라면서도 "대규모 현금성 자산 보유가 중요한 완성차업체 특성상 현금유동성 감소는 부담"이라고 지적했다.

　이처럼 자동차기업의 건설회사 인수는 부적절하다는 국내외 평가가 일반적이었다. 하지만 정몽구는 자신이 현대그룹을 잇는 적자라는 정통성을 확립하는 게 필요했다.

현대건설과의 시너지

　　　　　　1947년 설립된 현대건설은 1978년 월성 고리1호 핵발전소를 건설했다. 68년간 건설업계의 선두주자로 자리했으며 2013년 업계 최초로 해외 누적 수주 1,000억 달러를 돌파했다. 2014년까지 3년 연속 해외 수주 100억 달러를 기록했다.

　현대건설은 2014년 수주액 27조 1,670억 원, 매출액 17조 3,870억 원의 성과를 냈다. 그룹 편입 전인 2010년과 비교해 수주액은 48퍼센트, 매출액은 73.8퍼센트 늘어난 것이다. 그룹에 편입된 이후 2015년 상반기까지 현대건설의 수주액은 100조 원을 넘어설 것으로 보인다. 2014년 영업이익도 9,589억 원으로 '영업이익 1조 원 클럽' 진입을 눈앞에 두고 있다. 현대건설의 수익성이 크게 개선된 것은 저가 수주의 덫을 피해갔기 때문이다. 수주심의위원회 기능을 강화해 최소 6~8퍼센트의 수익이 보장되지 않으면 수주를 포기했다.

　정몽구 회장은 원가 관리도 '자동차 스타일'로 바꿨다. 원가 표준화를 추진하고, 구매와 외주 프로세스 시스템 개선, 간접비 절감 등으로 원가 경쟁력을 높여 경영 손실을 줄였다. 그는 현대차의 경영권을 맡은 직후부터 연구소 개발실 엔지니어들에게 원가 개념을 다음과 같이 설명한 바 있다.

"자동차 품질은 개발 단계에서 잡아야 합니다. 초기 단계에서 품질을 잡으면 비용이 1이 들어가지만 한창 양산하는 중에 고치면 10으로 늘어납니다. 그런데 이미 판매된 차를 리콜하거나 애프터서비스를 하게 되면 그 비용이 100으로 늘어납니다. 그러니 반드시 개발 단계에서부터 모든 문제를 걸러내십시오."[8]

현대건설의 해외 수주 규모는 2012년부터 다시 커졌다. 중동 지역 중심의 수주 전략에서 탈피해 중남미, 독립국가연합(CIS) 지역 등 신흥 시장을 개척하는 데 집중한 덕분이었다. 2010년에는 전체 수주액에서 중동·아시아 지역이 차지하는 비중이 89.1퍼센트나 됐지만 2014년에는 38.4퍼센트까지 떨어졌다. 그 대신 신시장 비중이 60퍼센트를 넘어섰다. "안 되는 사업은 과감히 버려라"라는 정 회장의 주문에 맞춰 수주 가능성이 높은 분야로 선택과 집중을 한 결과다.

특히 현대·기아차의 네트워크와 글로벌 인지도가 현대건설의 해외 사업에 직접적인 도움이 되고 있다. 현대건설이 2013년 7월 7억 달러(약 7,700억 원) 규모의 터키 보스포루스 제3대교 건설 공사를 따내 유럽 건설 시장에 처음으로 진출한 데는 1997년 설립된 현대차 터키 공장의 인지도와 현지 네트워크가 큰 도움이 됐다. 중남미 진출 과정에도 현대의 브랜드 힘이 컸다. 현대차가 칠레, 브라질, 콜롬비아 등에 17개 차종을 수출하며 선두업체의 위상을 확보하고 있기 때문이다.

얼마 전 스위스에서 미국과 이란의 핵협상 타결 뉴스를 보고, 현대차그룹은 운이 좋은 것 같다는 생각이 들었다. 현대차그룹 산하의 현대건설은 1970년대 국내 원전 건설과 관련 원전 사업부를 운영해왔다. 또한 과거 아랍 국가들에서의 건설 경험 등도 떠오른다. 이란은 이슬람 국가이지만 아랍 국가는 아니다.

한편 이란에는 현대차그룹 편입 전 기아차가 현지 조립·생산하기도 했고, 그 이전 완성차로 수출한 프라이드가 대중차이다. 프라이드 현지 조립차 브랜드는 '사바'이다. 기아차는 합작 프라이드 조립 공장을 운영하다가 이란의 핵개발이 불거지자 2005년 철수했다. 공장을 넘겨받은 국영기업 사이파가 프라이드 부품을 들여와 만드는 차가 사바다. 이란 시장의 40퍼센트 정도를 차지하고 있어서 현대차그룹이 진출하기에 유리하다.

세계를 향한 전략

현대차그룹의 생산·판매 규모는 2005년 335만 대로 세계 7위의 업체로 랭크되었다. 이후 2006년 412만 대, 2008년 550만 대, 2010년 650만 대로 그 규모를 늘려 도요타, GM, 포드에 이어 세계 4위로 올라서는 것을 목표로 삼았다.

해외 생산 확대 전략은 1990년 정세영 회장의 주도로 2000년대를 향한 현대자동차의 비전이자 경영 혁신 운동인 '글로벌 톱 10' 운동이 태동하면서 시작되었다. 이는 당시 국내외 경영환경에 영향받은 바 크다. 글로벌 톱 10 운동은 2000년까지 생산, 매출, 이익, 기술, 사원 복지 등 경영 전 부문에서 세계 10대 기업에 진입하는 것을 기본적인 이념으로 삼았다.

캐나다 브르몽의 현지 공장 설립 방식을 통한 진출이 실패한 후, 본격적인 해외 진출은 1990년대 후반 국내 시장의 성장세가 둔화되면서부터 시작됐다.

한편으로는 지역 경제의 블록화와 보호 무역의 강화에 따라 완성차 수출이 어려워진 것도 원인으로 작용했다. 1993년 아프리카의 보츠와나, 짐바브웨, 이집트 등으로의 KD, CKD 방식으로의 현지 조립 생산도 시작하였다. 국내 업계에서 이러한 KD 방식의 수출 선두주자는 기아차였다.

현대차는 글로벌 경영이라는 뚜렷한 목표가 있었다. 해외 판매 비율이 70퍼센트 이상으로 지역 공동체 구축과 무역 규제에 능동적으로 대처하며, 환율로 인한 위험을 감소시키기 위해서는 해외 생산 거점을 늘리는 글로벌 생산체제 구축이 필수적이라고 말한다.

2005년 기준 세계 1, 2위 업체인 도요타와 GM은 각각 자국 내에 11개와 20개의 공장을 보유한 반면 해외에서는 33개, 41개의 공장을 가동하고 있었다. 사업 초기부터 해외 지향적이었던 혼다는 2004년 생산한 327만 5,000대 중 61.2퍼센트에 달하는 200만 5,000대를 해외에서 생산했다.

세계 자동차업계의 재편

세계 자동차업계는 수년 전부터 격렬한 구조조정 태풍에 휩싸여 있다. 2008년 3월 포드는 재규어·랜드로버의 주식을 인도의 타타에 넘겼고, 스웨덴 상용차업체인 스카니아를 포르쉐 계열에 매각했다. 2006년 닛산은 상용차 전문업체인 닛산디젤을 볼보에 매각했다. 2006년 하반기부터 조정에 들어간 북미 시장은 2008년부터 GM, 포드, 도요타, 닛산의 현지 공장 가동률이 80퍼센트 이하로 내려갈 것으로 예상되면서, 인력에 대한 구조조정, 공장 폐쇄가 진행되었다. 2004년 다임러 크라이슬러로부터 30억 달러 규모의 투자계획 철회를 통보받은 미쓰비시자동차는 살아남기 위해 프랑스의 푸조시트로엥(PSA) 그룹과 합작 사업을 모색하기도 했다. 유럽 자동차업계의 구조조정 과정에서는 포르쉐가 폭스바겐을 정점으로 아우디를 핵심 계열사로 두면서 람보르기니 등 슈퍼카 업체 및 스카니아를 자회사로 거느린 유럽 최대, 세계 4위의 자동차그룹이 됐다.

업체 간 전략적 제휴를 통해 위기를 극복하려는 노력도 진행되었다. 크라이슬러와 닛산은 2008년 4월 대형 픽업트럭과 고연비 소형 승용차를 생산해 상대 회사에 공급하기로 합의했다. 북미 픽업트럭 시장에서 고전하고 있는 닛산과 소형차 시장 진출을 노리는 크라이슬러의 이해관계가 맞아떨어진 결과다.

세계 자동차 시장 1, 2위를 다투는 도요타와 GM은 2008년 3월로 만료된 첨단기술 교류 협약을 연비 개선, 배기가스 저감, 안전 분야 등에서 2년간 연장키로 합의했다. 다임러 벤츠와 BMW는 2008년 3월 하이브리드 차량에 탑재할 신형 리튬이온 전지를 공유키로 결정했다. 하이브리드카 시장을 독식하고 있는 도요타를 견제하기 위한 유럽 업체 간 연대 강화 조치다.

2000년대 중반 중국, 인도 업체들은 다중 제휴선을 확보했다. GM 대우의 마티즈를 복제했던 중국 치루이자동차는 2007년 크라이슬러와 전략적 제휴를 맺은 데 이어 2008년 초 이탈리아 피아트와도 손을 잡았다. GM, 폭스바겐과 협력관계인 상하이자동차는 2007년 말 영국 MG로버를 사들인 중국 업체 난징차도 인수했다. 인도의 타타자동차는 재규어·랜드로버를 합병함과 동시에 피아트, 크라이슬러와의 협력관계를 강화했다.[9]

현대차 터키, 인도 공장

해외 현지 공장 설립은, 현지 시장의 수입 규제와 물류비 경쟁력 필요에 의해 이루어진다. 먼저 현대차의 터키 합작 공장은 1997년 9월 액센트 4만 대, 그레이스 2만 대의 연산 6만 대 규모로 준공되었다. 현대앗산자동차로 명명된 터키 합작 공장의 총투자 금액은 1억 5,000만 달러로 현대자동차와 터키 키바 그룹이 각각 50퍼센트씩 투자했다. 현재는 현대차가 70퍼센트의 지분을 갖고 있다.

인도에서는 1996년 12월 타밀나두 주 동부 항구도시인 첸나이에 100퍼센트 단독 투자로 공장 기공식을 가졌다. 당시 인도 정부는 외국 기업과 자국 기업과의 합작을 허용하지 않았다. 100퍼센트 자기 자본만으로 공장을 설립하는 것은 현대차가 뭔가에 쫓겨서 추진했다는 것인데, 정세영은 캐나다 브르몽 공장의 실패 이후 초조한 상태였다. 첸나이 공장의 설비는 캐나다 브르몽 공장 설비를 뜯어 옮긴 것들이었다. 1998년 5월 준공되었으며, 생산 초기에 소형차 액센트를 생산 검토했으나 현지 시장 상황에 맞지 않다고 보고, 경승용차 아토즈를 개량한 '상트로'를 생산하기로 결정했다. 이후 2006년 12월 30만 대 규모의 제2공장을 기공하여 도합 60만 대 생산체제를 갖추었다. 인도 자동차 수출량의 65퍼센트를 현대차가 담당하고 있다.

러시아 상트페테르부르크 공장

현대차 상트페테르부르크 공장은 2010년 9월 완공돼 2011년 1월부터 본격 생산에 들어갔다. 총 5억 달러(5,800억 원)가 투입된 이 공장은 전체 약 200만 제곱미터(60만 평)의 부지에 프레스, 차체, 도장, 의장 공정 등 총건평 10만 제곱미터(3만 평) 규모로 건설됐다.

현대 베르나를 개조한 '쏠라리스'와 기아 '뉴리오'(국내명 프라이드) 등 2개 차종을 함께 생산하고 있다. 뉴리오는 현지에서 CKD로 수출되어 조립되기 때문에, 국내에서 조립 비중이 높아 환율 영향을 많이 받는다.

공장은 현지에 진출한 외국 자동차업체로는 처음으로 프레스 – 차체 용접 – 도장 – 의장 조립 등 전 공정을 하나의 공장에서 수행하는 완성차 공장(Full-cycle plant) 설비를 갖췄다. 11개 부품 협력사도 동반 진출해 현대차를 지원하고 있다. 현재 현대차 생산라인에서 2,100여 명, 협력업체에서 4,900여 명 등 약 7,000명의 러시아인이 일하고 있다.

그런데 최근 러시아의 통화 및 경제 불안이 심화되면서 글로벌 자동차업계에 비상이 걸렸다. GM과 닛산이 러시아 공장을 닫기로 한 가운데, 러시아 자본이 대주주인 세계 5위 타이어업체 피렐리의 경영권이 중국 국영기업으로 넘어갔다. 이에 반해 현대자동차는 시장이 어렵지만 상트페테르부르크 공장 가동을 이어가면서 러시아 전략 모델인 쏠라리스를 중심으로 마케팅을 강화하고 있다. 최근 러시아 모스크바에 모토스튜디오를 개관하기도 했다.

차이나 드림과
차이나 리스크

현대차의 독자적인 중국 진출이 본격화된 것은 1992년 정세영 회장의 하얼빈 방문 시점부터이다. 당시 하얼빈 시 정부와 샤오치훼이 헤이룽장 성 성장은 현대차 유치를 위해 온갖 정성을 기울였다. 그러나 며칠간의 협상을 통해 확인된 결론은 중앙정부의 '3대 3소정책'•이 유지되는 한 승용차 공장 건설은 불가능하다는 것이었다.

샤오 성장은 나중에는 승용차가 아닌 미엔바오(빵이라는 뜻, 빵같이

•3대 3소 정책: 중국 정부가 취약한 자국 자동차 산업을 보호하기 위해 2005년까지 3대(大) 3소(小) 2미(微) 등 8개 자동차 회사만 선정, 육성하기로 방침을 정한 정책이다. 중국 중앙 정부에 3개의 큰 자동차 메이커를 두고, 지방성에 3개의 작은 자동차 메이커를 둔다는 정책. 이후 3대3소2미 정책으로 바뀌어 더 작은 규모의 자동차 메이커 2개가 추가되었다. 베이징 정부의 힘이 강했을 때 3대 정책이, 지방정부의 힘이 상대적으로 강해졌을 때 3소2미가 정책으로 자리를 잡았다. 3대 업체는 다이, 둥펑, 상하이이고 3소 업체는 텐진, 베이징, 광저우이며 2미 업체는 창안, 구이저우이다. 현재 중국 자동차 산업은 이를 근간으로 발전해왔다.

생긴 소형 상용차)라는 소형 미니버스라도 합작 생산하자고 제안했지만 정세영의 목표는 오로지 승용차뿐이었다. 샤오 성장은 훗날 중앙정부의 기계공업부 부장으로 영전되어 국가의 자동차 산업정책을 주관하는 인물이 됐다.[10] 1996년 기아자동차는 옌청의 열달기차와 합작, 프라이드 해치백을 승용차가 아닌 미니버스로 등록시켜 생산키로 한다. 당시 주룽지 총리의 한국 방문 후 성사되었다.

한편 2002년에서 2003년경 샤오 기계공업부 부장의 아들을 서울에서 만난 적이 있다. 정치인인 친구가 당시 중국 옌벤대학교에 적을 두고서 하얼빈을 자주 다녔는데, 그곳에서 기계부장의 아들을 알게 되었다. 하얼빈은 인구 3,000만 명이 넘는 헤이룽장 성의 중심 도시이다. 헤이룽장성은 무한한 자원 때문에 향후 중국 발전의 견인차 역할을 할 지역으로 기대되는 곳이다. 게다가 전국인민대표회의(전인대) 의원이면서 기계부장의 아들이면 무시할 수 없는 존재인데, 이 아들이 내 친구에게 기아차 현지 딜러권을 요구했다. 마침 친구는 이한동 계열이었다. 경복고 출신의 이한동 전 총리는(당시 총리 이전) 정몽구의 친구인 K를 내 친구에게 소개시켜주었다.

K가 정몽구 회장에게 부탁해서 하얼빈 지역의 기아차 딜러권을 주었다고 한다. 큰 변화가 없었으면 전 헤이룽장 성 성장의 아들이 여전히 기아차 딜러를 하고 있을 것이다. 당시에 만났을 때도 혼다 및 볼보 등의 딜러권을 갖고 있었던 인물이다. 그만큼 당시 헤이룽장 성 성장의 기아차에 대한 관심이 높았고, 시장 가능성을 높이 보고 있었다.

현대·기아차, 중국 진출과 속사정

2001년 11월 현대차에 흡수 합병된 기아자동차는 중국 3대 자동차회사 중 하나인 둥펑기차집단과 제휴를 맺고 현대차그룹의 본격적인 중국 자동차 시장 공략의 첨병으로 나섰다. 기아차는 중국 현지에서 현대·기아차 중국 사업 담당 설영홍 본부장과 둥펑의 주문걸 구조조정 본부장이 참석한 가운데 제휴 조인식을 갖고 기아의 중국 합작법인 위에다그룹 – 기아자동차(YKMC) 지분 가운데 20퍼센트를 둥펑이 인수키로 했다. 이전까지 YKMC는 중국 정부가 공식 승인한 업체가 아니어서 프라이드만 생산할 수 있었다.

양측은 둥펑의 자본 참여 외에 기아차의 최신 승용차 모델 생산, 5만 대 수준이던 생산 규모를 30만 대로 확대하는 계획에 합의했다. 지분 비율은 기아차 50퍼센트, 위에다 30퍼센트, 둥펑 20퍼센트로 설정하고, 새 합작회사명은 둥펑위에다기아로 정했다.

둥펑은 기아, 둥펑, 위에다 3사가 새 합작회자의 자주적 경영권과 독립적인 생산·판매 활동에 합의함으로써 기존 생산하고 있는 시트로엥과 별도로 자사 브랜드로 중국 내수 시장에 참여하는 효과도 거뒀다. 한편 기아차는 중국 대륙에서 반일감정이 가장 강한 난징에 판매본부를 두고 중국 시장을 본격적으로 공략한다.

2002년 현대차는 베이징기차와 5 대 5 합작으로 베이징현대기차 유한회사(BHMC)를 설립했다. 베이징 인근에 뉴EF쏘나타, 아반떼XD 등 연산 20만 대 규모로 공장을 짓고 10월부터 생산키로 했다. 앞서 밝힌 대로 현대차는 중국의 3대3소 정책 때문에 독립적으로는 현지 투자가 불가능했다. 어쩔 수 없이 중국 자동차회사와 합작으로 막차를 탄 셈이나 마찬가지이다. 자동차 사업은 분명히 진입 장벽이 있다. 폭스바겐과 비교해서는 30년 뒤늦게 중국 시장에 참여한 것이다.

그런데 여전히 의문으로 남은 것은, 바로 중국 시장의 3대3소 정책을 어떻게 뚫고 진입했는가 하는 점이다. 크게 보면 장쩌민 주석과 이전 현대그룹과의 좋은 관계가 바탕이 되었을 것이다. 다른 관점에서 이를 들여다볼 수 있는 경험담을 소개한다.

2007년 1월 말, 친구인 A를 통해 해외 자원개발을 하는 O 회장을 만났다. A는 골프 전문기자이다. 나는 홍보대행사를 운영하면서 골프장 홍보를 맡은 적이 있는데, 골프 및 골프장에 대해 알아야 했다. 그래서 지인을 통해 20년 넘게 골프 전문기자로 일한 A를 소개받아 수년째 친구로 지내오던 중이었다. 나는 O 회장을 만난 날 충격적인 이야기를 들었다. 그는 자신이 중남미 카리브국가인 벨리제의 수상과 절친한 사이였다고 한다. 광산업을 하던 그는 벨리제의 광산 한 곳을 개발 중이었다. O 회장은 당시 여수엑스포 유치위원회 최한영 사무국장(당시 현대차 부사장)과 연결이 되었다. 정몽구 회장으로서는 카리브연안 21개국 회원들을 한자리에 다 모을 수 있기를 희망했다. 인접국인 멕시코 주재 한국 대사, 영사가 외교통상부의 국장과 같이 들어와 확인했다. O 회장은 정상회담에 참석한 21개국 정상들에게 한국 유치위원단이 홍보 활동을 할 수 있게 적극적으로 지원했고, 정몽구 회장도 만났으며 정 회장이 자신의 광산업에 관심을 보였다고 했다. O 회장은 박람회 유치를 위해 4억 7,000만 원의 경비를 사용했고,

비용 중에는 고가의 경품도 있었다고 한다. 그러나 어찌된 일인지 박람회 개최지는 상하이로 결정되었다. 사무국 내지 현대차 측이 지불해주기로 한 경비도 오리무중이었다. 그래서 여러 번 최한영에게 재촉했으나 반응이 없자 현대차를 상대로 소송을 제기하기 위해 변호사까지 선임했다며 나에게 소장까지 보여주었다. 그는 카리브해 회원국들과의 회동 이후 현대차가 중국 베이징기차와의 합작을 두고 상하이박람회를 딜했다고 주장했다. 상해해양박람회 개최 결정과 현대차가 베이징기차와 합작, 중국에 본격 진출하기로 발표한 간격이 불과 2개월여 차이다. O 회장과 현대차 간 소송이 진행되었는지, 현대측으로부터 배상을 받았는지는 알지 못한다. 다만 몇 가지의 팩트와 정황 등으로 미루어 보아 충분히 가능성이 있다고 생각할 뿐이다. 무엇보다 당시 국가가 대기업에 위임한 국책 사업을 기업 이익을 위해 경쟁국이 제시하는 프로젝트와 맞바꿨다는 의심을 가질 만한 중차대한 사안이었음을 기억한다.

바보짓 하는 현대차

현대·기아차는 급증하고 있는 중국 내 수요량을 맞추기 위해 신공장 건설 프로젝트도 잇달아 추진하고 있다. 현대차는 2016년 2분기 중국 수도권의 허베이 성 창저우 시에 중국 4공장과 3분기 중 중서부 내륙의 충칭 시에 5공장 건설에 잇달아 착수하기로 했다. 허베이 성은 중국 수도인 베이징, 직할시인 톈진과 가까운 수도권 지역으로 최근 중국 정부의 개발 정책에 따라 대규모 경제권역으로 급부상하고 있는 곳이고, 충칭 시는 중국 중서부 유일의 직할시로 중국 내륙 개발의 핵심으로 떠오르고 있다. 현대차는 2016년 2분기 중 창저우 시에 20만 대 규모의 공장 건설에 착수해 2016년 하반기부터 소형차를 생산하고 이후 30만 대 규모로 확대할 계획이다. 이어 3분기 중 충칭 공장 건설에 나서 2017년 상반기부터 중소형 차량 등을 생산할 예정이다.

원래 현대차는 허베이가 아니라 내륙 진출을 위해 충칭에 4공장을 짓고 싶어 했다. 그러나 스모그를 줄이려고 허베이 성의 오염 공장을 대거 철거한 중국 정부는 그 보상으로 허베이에 대규모 첨단 공단을 유치할 필요가 있었다. 결국 중국 정부와 현대차는 허베이에 4공장을, 충칭에 5공장을 거의 동시에 착공하기로 타협했다. 허베이 공장은 현대차보다 중국이 더 원했던 측면이 있었던 것이다.

여하튼 2015년 4월 3일 허베이 성 창저우에서 중국 제4공장 착공식을 가졌다. 이날 정의선 현대차 부회장, 장공 베이징 시 부시장, 장제후이 허베이 성 부성장, 쉬허이 베이징현대 동사장(회장)이 참석했다. 쉬허이 사장은 베이징 시 고위 관리 출신으로 중국 자동차업계의 '파워맨'으로 불린다. 그는 2013년 4월 초 한 컨퍼런스에서 "아시아의 실물경제를 다지는 것이 중요하다"고 강조한 바 있다. 즉 2008년 글로벌 금융위기 이후에도 아시아 경제가 버틸 수 있었던 비결은 탄탄한 실물경제라는 설명이다. 그는 아시아 국가의 경쟁력 근간은 전자, 자동차 등 제조업이며 미국이 최근 제조업 투자를 늘리지만 아시아 국가들을 따라올 순 없을 것이라고 했다. 또한 서방세계는 아시아 국가들이 저부가가치 산업에만 머무르게 하려고 하고 있다며 아시아 기업들이 미래 기술을 확보해 대응해야 한다고 강조했다. 여러 다국적 기업이 하나의 연구개발 기관을 만들어 신산업으로 꼽히는 리튬전지, 전기제어 분야 등에서 기술을 개발해 지적재산을 공유해야 한다는 주장이다. 이 내용이 중요한 까닭은 파트너인 현대차를 대하는 그의 의중이 드러나기 때문이다. 즉 베이징기차는 현대차와의 협력관계를 통해 앞서 있는 현대차의 기술을 같이 나누어 쓰자는 의도라는 뜻이다.

베이징자동차그룹은 폭스콘과 공동으로 헨유(Henyu)를 설립하고 전기차 렌탈 서비스에도 나설 것이라고 한다. 헨유는 차량 렌탈로 사업을 시작해, 향후 거대한 전기차 렌탈 공장을 중국에 설립할 계획도 갖고 있다. 폭스콘그룹의 모기업인 홍하이그룹의 궈타이밍과 베이징자동차그룹의 쉬허이 회장은 이미 이 파트너십에 대한 논의를 끝냈다. 이는 향후 배터리, 차량 신기술, 차량 부품, 전기차 제어시스템, 자동차 애플리케이션에 이르기까지 두 회사가 협력관계에 나설 수도 있다는 뜻이다.

베이징자동차그룹은 또한 베이징전공과 함께 SK이노베이션과 전기차 배터리 합작법인 설립을 위한 투자의향서를 체결했다. 베이징전공은 LCD, 집적회로 등 전자소재를 생산하는 중국 1위, 세계 5위의 LCD패널 메이커다. 3사의 합작사는 배터리팩 생산을 시작으로 향후 배터리 생산 전 공정까지 사업 분야를 확장할 것이라고 발표했다. SK이노베이션은 합작법인이 자체 생산기반을 구축할 때까지 한국의 서산 전기차 배터리 공장에서 생산하는 배터리셀을 합작법인에 배타적으로 공급한다. 또한 베이징전공은 배터리팩 생산을 맡고, 베이징자동차는 전기차 개발을 주도하는 역할을 맡는다.

이처럼 현대차의 파트너인 베이징기차는 미래차 부문에서 폭스콘, SK그룹과 연합하는 모양새이다. 잘 알려져 있는 것처럼 폭스콘은 전기차업체의 아이콘인 미국 테슬라와 제휴하고 있으며, SK그룹의 지주회사격인 SK C&C와도 자본제휴관계에 있다. 결국 베이징기차는 완성차업체인 현대차, 벤츠 등과 제휴관계를 맺고 있기 때문에 국제 제휴관계에 있어 중심 위치에 서고, 현대차는 변방으로 밀려나는 꼴이다. 2002년 베이징기차가 벤츠와 제휴하는 과정에서 현대차와 벤츠의 기술 및 자본제휴는 결렬된 바 있다. 현대차 입장에서는 베이징기차와의 협력 확대는 자칫 핵심 역량을 빼앗기면서 바보짓을 하는 것일 수도 있는 형국인 셈이다.

미래차 개발·생산은 한국 내에서 이루어져야

베이징기차는 중국 정부로부터 독자기술을 인정받은 자동차회사이다. 현대차와의 제휴는 그 목적이 명백하다. 내수 시장 투자 확대 자금 확보, 한국차 메이커의 강점인 생산기술 습득 등이다. 베이징기차는 현대차를 기반으로 세계 시장으로 뻗어나가고 있다. 도요타가 왜 한국 기업에 기술이전을 하지 않았는지 역으로 생각해보면 된다.

현대차가 해외 공장을 확대하는 것은 어쩔 수 없는 측면도 있지만,

현대차그룹은 한국 경제의 먹거리가 될 미래차의 개발·생산을 국내에서 시행해야 할 것이다. 당장은 경기도 판교의 테크노밸리와 화성 현대·기아차 남양연구소를 묶은 미래차 전문 산업단지도 구상할 수 있다. 그러나 수도권 인구집중, 지방과의 지역 균형발전을 위해서는 수도권 이외에 미래차 산업 연구개발단지의 조성도 바람직하다. 지역적으로는 뚜렷한 선두 그룹에 올라와 있는 지역은 없으나 최근 광주광역시가 '반값 임금'을 앞세워 '연간 자동차 생산 100만 대'를 캐치프레이즈로 내세운 것은 주목할 만하다. 광주시는 기아차 광주 공장과는 별도의 제3지대에 공장 신규 설립이 가능하다고 주장한다.

삼성전자는 경박단소형 제조기업이다. 유행을 타는 경박단소 전자업종은 인건비나 전기료 등 원가 경쟁력 측면에서 해외에 대량 생산기지를 운영하는 것이 불가피한 측면이 있다. 그러나 자동차는 국가를 대표하는 브랜드이다. 국가 및 지자체가 총력 지원하는 한국 내 핵심 생산기지 운영이 절실하게 필요하다.

현대차가 참고할 만한 모델로 국제적인 기계공업단지로 발전한 중국 상하이 인근의 쑤저우 공업단지와 창원 기계공업단지의 사례를 살펴볼 수 있다.

중국이 본격적으로 서방세계에 개방을 알리던 시기인 1978년 11월, 당시 중국 부총리 덩샤오핑이 싱가포르 서부공단을 찾았다. 세금 우대와 규제 간소화로 외국 자본을 끌어들여 공장을 짓고 이익을 얻는 걸 보았다. 덩샤오핑은 다음 달 개혁·개방을 내걸고 당의 주도권을 잡았다. 싱가포르 총리 리콴유는 싱가포르개발청을 앞세워 쑤저우 신도시 개발에 착수했다. 그것이 중국-싱가포르 쑤저우 공업원구이다.

이는 중국에 본격적인 투자를 해도 좋다고 서방세계에 알리는 시그널이기도 했다. 지금 쑤저우는 1,200여 개의 외국 기업이 들어와 있다. 한국에서도 1974년 창원 국가 산업단지와 조선 산업 합리화 조치에 이어 거제 조선 산업단지를 조성했다. 박정희는 파독 광부 및 간호사들이 송금한 돈과 월남 파병 이후 불어온 중동 건설 붐으로 벌어들인 달러를 투자금으로 사용해 성공적으로 공단을 조성할 수 있었다.

현대자동차의 본거지가 있는 울산은 시설 확장이 가능한 부지 확보가 사실상 어렵다는 점을 생각한다면 이런 사례에서 해법을 모색해볼 수 있을 것이다.

전환점에 선 중국 경제의 함정

중국의 시진핑 주석은 2014년 말 뉴노멀(New normal) 시대, 즉 신창타이(新常態) 시대를 공식 선포했다. 리커창 총리 역시 2015년 3월 5일 전인대 개막식에서 경제성장률 목표치는 2014년(7.5퍼센트 안팎)보다 대폭 낮아진 7.0퍼센트 안팎을 제시함으로써 중국이 본격적인 신창타이 시대에 접어들었음을 선언했다.

시진핑 정부 경제정책 슬로건인 신창타이의 핵심은 성장률을 낮추고 내수 진작에 치중한다는 것이다. 투자 대신 소비라는 새로운 불쏘시개를 통해 경제 성장을 이끌겠다는 것이다. 양적 성장 대신 신상품과 하이테크 제품으로 질적 성장을 도모해, 낮은 성장률에도 비슷한 수준의 일자리를 만들어내기 위해 서비스 분야의 업그레이드도 도모하고 있다. 소비 진작과도 일맥상통해 좋은 제품이나 서비스를 소비자에게 원활하게 공급하는 새로운 루트 출현으로 이어지고 있다. 글로벌 기업의 성패는 중국이 좌우한다. 저마다 'Made for China'와 'R&D for China'에 나설 정도로 중국 내수 시장 개척에 전력을 다하고 있다. 중국 정책도 내수 시장 확대여서 한·중 FTA가 더욱 요긴해 보인다.[11]

전 세계 자동차 시장도 휴대전화 시장과 흐름이 비슷하다. 현대·기아차가 최고급 차량과 함께 중저가 차량까지 전략적 신상품 생산에 적극 나서야 하는 이유이다. 특히 '자동차의 샤오미'를 대비해야 한다. 전 세계 시장은 물론 세계 최대 자동차 소비 시장인 중국을 겨냥하지 않을 수 없기 때문이다. 2014년 중국에서 184만 대를 판매한 현대·기아차의 중국 비중 23퍼센트가 올해는 25퍼센트에 육박할 전망이라니 더욱 그렇다.

중국 공업정보화부가 발표한 2014년 자동차 공업 경제의 운영 상황을 보면 중국산 자동차의 무서운 성장을 확인할 수 있다. 2014년 중국 자동차 생산 대수는 2,372만 2,900대로 전년 대비 7.3퍼센트 증가, 판매 대수는 2,349만 1,900대로 전년 대비 6.9퍼센트 늘었다. 대륙별 생산·판매 부문에서 모두 세계 1위 자리를 유지했다. 중국은 소득 수준 향상과 함께 자동차 보급이 계속 확대되는 단계에 있다.

이처럼 장기 고성장 중인 중국의 자동차 시장을 기반으로 중국 자동차업체들도 급성장을 거듭하고 있다. 중국 자동차 시장 1위인 상하이자동차를 비롯해 둥펑자동차, 디이자동차, 비야디(BYD) 등 중저가 자동차업체도 급성장하고 있다. 특히 상하이자동차는 2014년 중국 내 판매 대수가 500만 대를 돌파해 558만여 대를 기록했다. 상하이 자동차가 현대차를 쫓아오는 데까지 오래 걸리지 않을 것이다.

베이징 특파원을 지낸 오종석 〈국민일보〉 산업부장은 중국 시장에 대한 현대 측의 적극적인 대응이 필요하다고 지적한 바 있다.[12]

현대·기아차가 세계 자동차 시장에서 성장할 수 있었던 것은 '좋은 품질에 착한 가격' 때문이다. 하지만 이제는 도요타 등 선진 자동차회 사와 중국 자동차회사 사이에서 협공당할 수도 있다. 특히 가격 경쟁력 을 가진 상하이자동차 등 중국 자동차업체들이 좋은 품질까지 따라온 다. 현대차가 중국에 생산 공장을 처음 세울 때부터 현장에서 근무하다 2014년 퇴임한 베이징현대차 노재만 전 사장은 적극적인 대응 전략을 주문했다. 그는 "다양한 고객 스펙트럼에 맞게 최고급부터 중저가까지 끊임없이 신상품을 개발, 생산하지 못하면 낙오될 수 있다"고 경고했다.

현대차는 2005년 중국의 자동차 대중화(모터리제이션)가 본격화하 기 직전에 공장을 지어 적기 투자가 이루어졌다. 그렇다 해도 다른 외 국 업체보다 늦게 중국 시장에 진출한 현대차가 단기간에 시장점유 율 3위(10퍼센트)까지 오른 것은, 최신 제품을 바로 투입하고 중국인 의 의견을 반영한 중국형 모델을 개발한 적극적인 현지화 전략이 주 효했다. 위에둥(중국형 아반떼)의 경우 차량 앞부분의 라디에이터 그 릴과 램프를 중국인 취향에 맞춰 크고 화려하게 바꾼 것 등이 그 예 이다.

하지만 여기서 멈춰서는 안 된다. 현존하는 위험에 대한 대비도 분명 필요하다. 1992년 한·중 국교 수립 후 기다렸다는 듯 섬유업, 방직업 등 경공업을 중심으로 국내 기업들은 중국 진출에 나섰다. 그러나 10여 년 전부터 봉제업을 중심으로 저임금의 현지 가공업체들이 철수하기 시작했다. 23년이 흐른 지금 수만 개의 기업이 진출했으나 성공했다는 기업 얘기를 들어본 적이 있는가. 물론 시장이나 중국 현지 경영환경 탓만 할 일은 아니다. 대부분 해외 사업 경험이 전무했던 우리 기업들의 능력이 첫 번째 문제였을 것이다.

2014년 중국 정부는 메르세데스 - 벤츠, BMW, 아우디, 크라이슬러 등 외국 자동차회사를 반독점법 위반 혐의로 조사했다. 미쓰비시전기 등 일본 자동차부품업체에는 벌금을 부과했다. 반도체 정보기술(IT) 등 중국의 기술력이 부족한 분야만 사업을 허가해주고 자신들이 따라잡을 수 있는 부문에서는 제동을 거는 식이다. 이런 게 바로 한국 기업에 불어닥칠 수 있는 차이나 규제 리스크다.

한국의 내수 시장도 마찬가지이다. 서울 및 수도권, 제주, 부산의 유통업계는 요우커가 점령하고 있다. 호텔업계 및 관광업계에서는 어느 날 갑자기 요우커가 사라질 수 있다는 우려가 있다. 중국은 공산당이 지배하는 사회주의 국가라는 것을 잊는 경우가 많다. 한국은 먹고사는 문제에 있어 중국, 일본과 밀접할 수밖에 없다. 먹고사는 문제 측면에서라도 차이나 규제 리스크를 고려하여 중국과 가까워지는 만큼 미국, 유럽, 일본의 경제권과도 더 가까워질 필요가 있다. 실제 서울에서의 중동호흡기증후군(MERS, 메르스) 확산으로 6월 초 신촌, 홍대입구 등 중국인들이 자주 찾던 부도심 등지에서 요우커들이 격감하고 있지 않은가.

향후 전개될 수 있는 차이나 리스크가 지금 드러나고 있는 삼성 리스크나 정몽구 회장의 건강 이상 등 현대차 리스크와 겹칠 수도 있다는 만약의 상황도 대비해야 된다.

인구 540만 명인 핀란드는 국가 경제에 절대적인 영향을 미쳤던 글로벌 기업 노키아의 몰락에 따른 후유증을 겪고 있는 와중에 인접국인 러시아가 미국, 유럽연합의 경제제재로 직격탄을 맞고 있다. 또한 핵심 산업인 제지업의 부진도 겹쳐있다.

한국은 산업 연관 효과가 큰 조선, 철강, 석유화학, 전자에서 글로벌 경쟁에서 밀리고 있다. 정체를 알 수 없는 차이나 리스크에 대비해야 되는 상황으로 빠져들고 있다.

관시의 역설

수년 전 GS홈쇼핑의 허태수 사장을 만났다. 홈쇼핑은 케이블TV 인프라가 깔려있어야 론칭이 가능한 사업이다. 중국은 우리처럼 공중파 시스템이 아니고 케이블TV 시스템이 중심이고, 사회주의 국가인 중국에서는 홈쇼핑 방송도 우리나라 공중파 수준의 통제를 받는다. 때문에 중국 정부로부터 인허가를 받기가 대단히 어렵다. GS홈쇼핑은 중국 내륙의 중심 도시인 인구 3,000만 명 규모의 충칭에 홈쇼핑 사업 허가를 따냈다. 허 사장은 자신의 시행착오로, 약 3년여간 인허가 때문에 시간과 많은 돈을 허

비했다는 얘기를 들려주었다. 중국 특유의 관시(關係, 관계) 때문에 많은 돈을 들여 로비스트들을 활용해봤으나 가장 좋은 방법은 직접 정부의 말단 담당 공무원부터 차근차근 올라가는 게 핵심이었다고 한다. 관시는 일정한 테두리 안에서 서로가 연결돼 일종의 윈윈관계로 발전한 인적 네트워크를 뜻한다.

한편 2006년 GS칼텍스의 중동 담당 고문 L은 두바이 공항에서 인천으로 들어갈 비행기를 기다리고 있었다. 그는 만보계를 차고 공항 로비를 왔다갔다 하는 허동수 회장에게 불려갔다. L은 자신의 동생이 베이징대학교 출신이고, 당시 중국 권력 서열 7위 오관중 당기율 서기의 아들과 친분이 있다고 밝혔다. 이 얘기를 들은 허 회장은 부사장을 불러 비행기 표를 바꾸고 L과 같이 퍼스트클래스를 타고 베이징으로 향했다. 베이징 캠핀스키호텔에 도착한 허 회장은 오관중의 며느리가 막 설립한 로펌과 컨설팅 계약을 맺었으며 선불금으로 50만 달러를 주었다. 허 회장이 허씨 일가 자금과 중동국 오만 제휴선으로부터 투자받은 7억 달러 투자 규모의 방향족 공장은 수개월 후 정상 가동을 할 수 있었다. GS칼텍스가 직접 세운 칭다오 리동화공유한공사에서는 파라자일렌 70만 톤, 벤젠 24만 톤, 톨루엔 16만 톤 등 연간 110만 톤 규모의 방향족 제품을 생산할 수 있었다. GS는 당초 이 프로젝트는 지방정부의 허가만으로 설립·가동될 줄 알았으나 베이징의 국가계획위원회의 승인이 필요하다는 것을 공장 준공 무렵에서야 알았다. 당시 오관중 당기율 서기는 우리로 치면 감사원장과 국정원장을 겸하는 중국 최고의 권력자였다.

방향족은 페트병을 만드는 재료이다. 오관중 며느리가 대표로 있는 로펌에는 총 500만 달러 정도의 컨설팅비 명목의 현금이 건네진 것으로 추정된다.

2014년 독일로 이주한 L은 최근 필자와의 서울 회동에서, 당시 칭다오 건은 컨설팅비로 최소 자신과 자신의 팀들이 500만 달러 이상 별개 프로젝트로 진행할 수 있는 상황이었다면서 1년짜리 고문직이 최소 3년 이상은 연장될 줄 알았으나 임기만료와 동시에 정산통보를 받고서야 자신이 노회한 허 회장에게 당했다는 것을 알았다고 씁쓸하게 회고했다.

MK의 결단으로 지킨
북미 시장

현대차는 미국 시장 진출 3년 만인 1988년에 26만 대를 팔아 말 그대로 '엑셀 신화'를 만들어냈다. 미국 시장에는 엑셀의 차급인 1,500cc의 경쟁 차종이 아예 없었기에 성공이 가능한 일이었다.

그러나 신화는 단 3년뿐이었다. 1989년부터 추세가 꺾이기 시작했는데, 품질이 도마 위에 올랐다. '싼 게 전부인 최악의 차'로 인식이 급변했고 이미지는 악화일로에 놓였다. 가장 큰 소비자 불만은 자동차에서 가장 중요한 내구성 부족과 엔진 출력이었다.

쏘나타가 1989년 미국 시장에 론칭됐지만 소비자들의 반응은 차가웠다. '현대차는 싼 차'라는 이미지에서 벗어나기가 힘들었다. 1990년 스쿠프, 1991년 엘란트라가 잇따라 출시됐지만 1990년대 중반까지 현대차의 북미 시장 판매 대수는 10만 대 수준에 머물렀다.

급기야 1998년 현대차의 북미 판매 대수는 9만 대로 사상 최저치를 기록했다. 무언가 결단이 필요했다.

10년 또는 10만 마일 워런티(보증수리)

미국 현지법인을 중심으로 회의적인 시각이 대세였지만 정몽구 회장은 1998년 12월 10년 또는 10만 마일 보증제를 도입하기로 최종 결론지었다. 물러나면 태평양 바다에 빠질 수밖에 없는 말 그대로 배수의 진을 쳤다. 이 전략은 차량 품질에 웬만한 자신감이 있다 해도 시장에서는 구사할 수 없는 전략이다. 회사의 재무적인 공포감을 브랜드 확보라는 마케팅 전략으로 맞바꾼 전략으로, 심지어 국내에서는 정몽구 회장이 의사결정 과정상에 정신적인 결함이 있는 게 아닌가 하는 평도 있었다. 절박한 상황에 내린 용단이었다. 정 회장의 과감한 결단으로 현대차 미국 판매법인(HMA)은 기적적으로 회생했다.

'2년 2만 4,000마일 보증'이 일반적이던 시절이었기 때문에 현대차의 전략은 파격적인 것이었다. 시행 초기 도요타, 혼다 등의 일본 경쟁사들은 '미친 행동'이라며 현대차를 비웃었다. 상식적으로 생각해도 차량 판매원가를 정할 때, 판매 후 평균 3년 미만의 무상 공급하는 소모성 용품 등 애프터서비스 비용을 감안한다. 그런데 차량 판매 후 10년 또는 주행거리 10만 마일(16만 킬로미터) 범위 내 무상 수리 조건은 누가 봐도 미친 짓이 분명했다. 하지만 세간의 우려를 뒤엎고 대성공을 거두며 오히려 일본의 자동차업체들까지 품질보증 수준을 높이는 견인차 역할을 해냈다. 이런 대담성을 통해 2004년에는 현대의 쏘나타가 미국 JD파워 품질조사에서 일본 도요타를 제치는 쾌거를 이룰 수 있었다.

하지만 일각에서는 미국 수출 시장 돌풍의 주역인 '10년 또는 10만 마일 보증' 정책이 결국 현대차의 미래에 잠재적 부실 원인이 될 수 있다고 우려했다. 이에 대해 현대차 김동진 전 부회장은 중고차로 전매되는 차에 대해서는 적용하지 않는 보완책을 마련하였고, 원천적으로 보증에서 문제가 생기지 않도록 현대차의 품질을 획기적으로 향상시키는 계기가 된다는 점을 강조하였다.

사실 당시 미국에 사는 한국인 교포들조차 도요타의 캠리를 많이 구매하던 시절이었다. 교포들 사이에서는 차를 살 때부터 폐차할 때까지 도요타의 차는 엔진룸을 한 번도 열어보지 않아도 된다는 품질에 대한 신화가 있었다. 게다가 1980년대에서 1990년대까지 일본의 자동차업체들은 계열 자동차 할부금융사들과 제휴하여 최고 80개월에 이르는 할부상품을 내놓아 소비자들을 유혹했다. 소비자가 차를 최종 구매할 때까지 약 7년 가까이 할부금을 부어야 하는 구조인 셈인데 이 과정에서 할부금융사들은 이자를 챙겼다. 이런 방식은 일본 업체들뿐 아니라 미국 자동차업체들까지 일반적으로 사용하던 마케팅 전략이었다. 그런데 현대차는 이런 파이낸스 기법을 적용치 않고 품질 전략으로 승부함으로써 미국 내 시장점유율을 파격적으로 올리는 결과를 낳았다.

하지만 이런 정책에도 양면이 있어서 국내 소비자들을 역차별한다는 비판에서 자유롭지 못한 게 현실이다.

약 10년 가까이 미국 진출이 답보 상태였던 현대차는 엑셀로 인해 많은 교훈을 얻었다. 사람의 생명과 관련된 자동차는 품질이 우선이어야 하고, 시장으로부터 한 번 신뢰를 잃으면 엄청난 대가를 치른다는 것을 알았다. 그래서 현대차는 이후 미국 시장 재진출을 서두르지 않았던 것이다.

미국 시장에서 환영받는 현대·기아차

1999년 미국 앨라배마 주에서 정 회장에게 '현지 공장을 지어달라'며 러브콜을 보냈을 때 정 회장은 브르몽 공장 실패의 경험 때문에 깊은 고민에 빠졌다. 하지만 정 회장은 특유의 결단력으로 '때가 왔다'며 미국 공장 건설을 밀어붙였다. 품질에 대한 자신감이 있어서였다. 2002년 앨라배마 공장을 착공했고 2005년에 완공했다. 총 11억 달러가 투자된 앨라배마 공장은 1,744에이커(210만 평) 부지에 건평 5만 6,340평 규모로 설립돼 연산 30만 대 생산능력을 갖췄다. 현대차는 앨라배마 공장을 준공함으로써 명목상으로는 그해 1월 설립한 로스앤젤레스 기술연구소 및 디자인센터, 캘리포니아 주 수천만 평 규모의 모하비 사막의 주행시험장, 디트로이트 기술연구소를 연계한 개발 - 생산 - 마케팅 등으로 이어지는 자동차 전 부문의 현지화 시스템을 구축했다.

미국 앨라배마 주에는 인구가 5만 명인 몽고메리 시가 있다. 앨라배마 주지사가 현대자동차를 유치, 인구 2만 명이던 도시를 인구 5만 명의 도시로 만들었다. 앨라배마 주지사는 현대자동차를 유치하기 위해 한국을 세 차례 방문했다. 또 현대자동차가 들어올 땅을 무상 제공하고 도로, 상하수도, 전기, 수도 등 간접시설과 근린시설은 모두 주정부가 지원해주었다. 현대차 유치 성공을 통해 도시가 활력을 찾은 후 주지사는 삼선까지 할 수 있었고, 이후 현대차는 미국 시장을 확장하는 데 도움을 받을 수 있었다. 30만 대 생산 규모의 현대차 미국 제2공장도 앨라배마에 2015년 내에 착공 가능할 전망이다. 제2공장은 싼타페 등 미국에서 인기 높은 SUV 모델 생산을 담당할 것으로 보인다. 현재 현대차의 산타페는 인근 기아차 조지아 공장에서 위탁 생산하고 있다.

현지 지자체로서는 지역민들의 직접적인 고용 증대로 지역의 소득 수준이 올라가는 효과가 있으며, 한국의 완성차 생산라인 및 협력업체들이 현지 진출함에 따라 주재원들의 주택 수요 발생, 현지 간접업무 지원, 현지금융 발생 등의 부가가치를 가질 수 있다.

한편 앨라배마 주지사가 성공한 것을 보고 깜짝 놀란 것은 이웃 조지아 주의 주지사였다. 주지사는 한국을 세 차례나 방문하여 기아자동차를 유치했다. 애틀랜타와 몽고메리 중간 지점인 라그란지에 현대차 몽고메리 공장과 마찬가지로 연산 30만 대 규모의 자동차 공장을 건설했고, 몽고메리 시와 똑같은 지원을 했다. 그 역시 이에 힘입어 삼선까지 성공한 바 있다.

한편 현대차 앨라배마 공장과 기아차 조지아 공장의 시간당 생산 대수(UHP)는 각각 73 대 68로, 40대 수준인 현대차 울산 공장보다 70퍼센트 높다. 이 같은 효율성은 생산시스템 개선과 주야 3교대 도입으로 가능해졌다. 특히 도요타의 JIT(Just In Time, 적기 공급)를 보완한 RPCS(혁신적 생산통제시스템)은 기아차 미국 공장에서만 볼 수 있는 생산시스템이다. 협력업체와의 집적도 역시 생산 공장의 효율성과 직결된다. 현대차 앨라배마 공장에서 기아차 조지아 공장은 85번 고속도로를 타고 약 1시간 30분이면 도달할 수 있는 거리로, 이 고속도로 인근에 화신, 만도 등 한국 자동차부품업체들이 들어서 있다. 60개에 가까운 협력업체가 이 부근에 포진해 앨라배마, 조지아 공장과의 시너지 효과를 높이고 있는 것이다. 이 같은 품질과 효율성에 근거한 현지 공장의 기반 위에서 현대·기아차는 미국에서 품질로도 인정받고 수익성도 늘어나고 있다.

실직하면 차를 되삽니다

한편 현대차는 세계 금융위기 직후인 2009년 미국 시장에서 소비자가 차를 구입한 후 1년 이내 실직하면, 현대차가 차를 되사주는 '바이백(buyback)' 프로그램을 실시했다. 이 프로그램은 언제 해고 통보를 받을지 모르는 직장인들에게 큰 호응을 얻었고, 지금까지 기업 마케팅의 모범 사례로 회자되고 있다.

당시 〈파이낸셜타임스〉는 우려를 표시했다. "올해(2009년) 미국의 자동차 반납 비율이 10퍼센트 정도 된다고 가정할 때 현대차는 차량을 종합 관리해주는 플리트 리스 차량을 중심으로 5만여 대 정도를 되사들여야 할 것"이라고 전망하면서 "이럴 경우 현대차는 이 마케팅을 통한 판매에 부담을 느낄 것"이라며 결국 담보 가치 하락과 대손상각, 그리고 신용등급 하락에 따른 유동성 위기로 이어질 수 있다고 지적했다.

이에 대해 현대차는 "반납 차 1대당 7,500달러까지 손실을 보더라도 보험으로 완전히 충당된다"고 반박했다.

바이백 프로그램은 2011년 3월 종료되었다. 이 프로그램으로 혜택을 본 소비자는 약 350명 정도로 실제 현대차가 떠안은 부담은 많지 않았다. 반면 현대차에 대한 이미지를 개선하는 데 큰 도움을 주면서 홍보 효과를 톡톡히 누린 것으로 평가받고 있다.

해외 생산 네트워크의 방점

현대차는 2012년 11월 세계 4대 자동차 시장인 브라질 상파울루 주 삐라시까바 시에서 7,700억 원을 투입해 연산 15만 대 규모의 완성차 공장을 완공했다. 이로써 유럽, 북미, 중국에 이은 해외 생산네트워크 구축에 방점을 찍었다. 브라질 전략 차종인 HB20가 브라질 시장 전체 판매를 견인하고 있는데, 소형 해치백 모델로 출시 2년 8개월 만에 세단 모델인 HB20S를 포함해 40만 대 판매를 넘어섰으며, 현대·기아차의 브라질 전체 판매량 중 67.5퍼센트를 차지하며 성공을 거뒀다.

기아차는 2016년 상반기 연산 30만 대 공장 본격 가동에 앞서 2015년 7월부터 포르테(국내명 K3)를 중심으로 멕시코 시장에서 판매를 시작할 계획이다. 현대차그룹이 멕시코에 적극적으로 나서고 있는 까닭은 멕시코에 공장을 갖고 있는 업체인 경우 현지 생산량 가운데 10퍼센트까지 무관세 수입쿼터를 받을 수 있기 때문이다. 기아차 입장에서는 최대 3만 대까지 관세 없이 멕시코에 수출할 수 있는 것이다.

현대모비스는 기아차를 지원하기 위해 2015년 1월, 현지 주정부와 4억 1,770만 달러 규모의 투자계약을 맺었다. 현대모비스는 차량용 모듈과 램프 등 핵심 부품을 이 공장에서 생산할 계획이다. 공장이 들어서는 지역은 이미 착공한 기아차 공장과 근거리이다. 또한 현대위아 역시 같은 지역에 엔진 등 자동차부품을 생산하는 공장을 건설하기로 현지 정부와 투자계약을 체결했다. 현대하이스코, 현대다이모스, 현대파워텍 등 주요 소재 계열사도 현지 법인을 새로 설립하거나 공장을 확충하는 등 그룹 차원에서 현지 완성차 공장 가동을 위한 기초 작업을 마친 상태이다.

유럽 최대 생산 거점, 체코 공장

현대자동차의 유럽 최대 생산 거점인 체코 공장은 2008년 체코 3위의 도시 오스트라바 시 인근 노소비체에 설립됐다. 양산 4년차인 2012년 생산량이 연 30만 대를 넘어섰고, 2013년 상반기 기준으로는 생산 누계 100만 대를 달성했다. 최근에는 현대모비스가 자동차 램프 생산 공장 설립을 위한 투자 계약을 맺음으로써 그 영역을 더욱 확장했다. 현대모비스는 오스트라바 시의 북동쪽 외곽 지역에 75만 대 분량 규모의 자동차 램프 생산 공장을 설립할 계획이며, 약 9,600만 유로를 투자할 예정이다. 이 공장은 2017년부터 가동되어 현대차 체코 공장과 기아차 슬로바키아 공장에서 생산되는 현지 차종에 들어가는 헤드램프와 리어램프의 생산을 담당하게 된다. 현지에서 생산되는 차는 유럽, 중동, 아프리카, 라틴아메리카 등 총 55개국에 수출하고 있으며 2014년 현대자동차의 체코 시장 점유율은 9.97퍼센트로, 폭스바겐 계열의 자국 브랜드인 스코다의 30.8퍼센트에 이어 2위를 차지했다.

기술 독립의 꿈

    2000년 9월 현대차가 다임러그룹에 지분 10퍼센트를 넘기고 다임러 측은 이사진 1명을 파견했다. 당시 다임러는 크라이슬러와 미쓰비시자동차 경영에 참여하고 있었다. 다임러는 이후 2013년 베이징자동차그룹과 합작을 발표했는데 현대차와의 제휴를 모방한 형태였다. 당시 현대차·다임러는 전주의 상용차 공장을 지분 50 대 50 합작법인으로 전환하고 기술 교류도 추진하기로 했다. 하지만 2002년 설립하기로 했던 합작법인이 무기한 보류되면서 다임러그룹은 베이징자동차와 승용차 합작 생산 계약을 체결했고, 현대차와의 파트너십은 2004년 5월 다임러가 현대차 지분을 전량 매각하면서 끝났다. 이와는 별개로 현대차는 같은 해, 독자 개발한 세타엔진을 크라이슬러와 미쓰비시에 기술이전을 하기로 하고 5,700만 달러의 로열티를 받았다.

    현대차는 포드, 미쓰비시, 다임러그룹 등 영국, 일본, 독일과 같은 주요 자동차 선진국 제조사와의 제휴를 경험했다. 그 사이 '기술 독립'의 의지도 굳어져갔다. 이후 현대차는 공식적으로 어떤 완성차업체와도 기술·자본제휴나 합작, M&A를 추진하지 않았다. 그런데 실상은 현대차가 글로벌 기업으로 등장함에 따라 제휴를 못하고 있다는 것이 정확한 표현이다.

현대차의 고민, 상용차

통상 자동차의 수익은 승용차보다는 상용차 부문이 크다. 승용차는 대규모의 투자비가 드는 반면에 성공에 대한 위험도가 크다. 대신 한 차종이 히트를 하면, 그 수익은 엄청나다. 자동차 회사들이 위험도가 큰 데도 승용차 개발에 몰두하는 이유이다. 한편 다임러는 세계적인 상용차업체이다. 특히 대형 상용차 부문이 그렇다. 차의 핵심 기술은 엔진이다. 현대차가 승용 부문에 집중하는 이유는 상용차 부문의 핵심인 경쟁력 있는 디젤엔진 기술을 가지고 있지 못하기 때문이다. 디젤엔진의 기술 발전은 100여 년 전으로 거슬러 올라간다. 유럽의 유수한 자동차 메이커들은 세기를 건너뛰는 기술 개발의 역사가 있다. 그런 기술을 소형 승용차 부문에서 세계적인 업체로 성장한 현대차에 작은 로열티를 받고 넘겨줄 자동차 회사는 없다.

현대차의 가장 깊은 고민이 상용차 부문에 있다. 정몽구 회장의 최측근인 최한영 전 부회장 역시 상용차 부문을 오래 책임지면서도 결국 해결하지 못해 퇴임하고 말았다고 봐야 한다.

여하튼 현대차가 새로운 성장 동력을 확보하기 위해서는 변화된 글로벌 소비자들의 요구에 맞춰 획기적인 신차 개발에 나서야 한다는 주장들이 나오고 있다. 더 이상 환율 효과를 누리지 못하는 글로벌 경영환경에서 승용차와 SUV 차량 위주의 한정된 모델들로는 살아남기 어렵기 때문이다.

중국 업체들은 현대차의 반값에 대형 SUV를 출시하고 있다. BMW는 2억 원대의 i8을 출시하면서 현대차를 멀리 따돌리고 있다. BMW의 전기차 i8은 고성능 스포츠카에 PHEV라는 친환경성을 접목했으며 날개처럼 위로 열리는 시저(Scissor) 도어가 적용됐다.

승용차와 상용차라는 이분법적 사고에서 벗어나는 독특한 세그먼트(segment)*의 제품도 있다. 바로 픽업트럭이다. 픽업트럭 시장은 미국만의 라이프스타일에서 나타난 차종이다. 미국인들은 긴 휴가 기간 동안 자동차 여행을 즐기는데, 각종 레저 기구들을 차와 연계해서 가지고 다닌다. 미국의 픽업트럭 시장 규모는 350만 대이다. 포드의 F시리즈로 대표되는 미국 빅 3는 시장의 70퍼센트, 일본 업체들이 15퍼센트의 점유율을 보이고 있다. 제조업체 입장에서 픽업트럭은 승용차와 달리 많은 투자비가 들지 않으면서 마진율이 높은 차종이다. 현대차는 2015년 1월 디트로이트에서 열린 북미국제오토쇼에서 픽업트럭 콘셉트카를 공개했다.

---

* **세그먼트(segment):** 통상적으로 차량 배기량에 따른 차급을 구분하는 마케팅 용어.

현대차 VS. 도요타

1970년대 초반 국내 자동차 메이커 선두는 신진자동차였다. 신진은 도요타와 기술제휴, 자동차 양산을 준비 중이었다. 그런데 1970년 중국의 저우언라이가 '중국은 한국과 대만을 돕는 회사와는 교역하지 않는다'는 내용을 담은 이른바 '주4원칙(周四原則)'을 발표했다. 이에 따라 도요타는 1972년 신진과의 제휴 계약을 파기하고 한국에서 일방적으로 완전 철수했다. 도요타는 거대 시장 중국을 노리기 위해 한국 정부가 인가하고, 기업 간에 맺은 국제적인 계약을 파기하는 몰염치를 저질렀다. 일본의 자동차업체들은 1970년대 초반 이후 중국 시장에 바로 진출하지 못했다. 도요타를 비롯해 일본 업체들은 대만에 1990년대 중반까지 총 11개 업체(상용차, 자판회사 포함)가 진출, 대륙 상륙을 준비했다.

독일의 대표적 소형 승용차 메이커인 폭스바겐은 1960년대 진출한 미국 시장에서 실패하고, 1970년대 초반 생산라인을 중국으로 이전 투자했다. 연간 신차 수요 2,000만 대 이상으로 성장한 중국 시장에서 폭스바겐이 우월적 지위를 누리는 이유는 오랜 시간 중국에 투자해오면서 쌓은 중국 정부와 시장으로부터의 신뢰 때문이다.

1980년대 후반 한국 정부의 수입차 자유화 조치 이후에도 도요타는 과거 한국에서의 잘못 때문에 한국 시장에 바로 들어오지 못하고 오퍼상들을 통해 미국 도요타 공장에서 승용차 아발론을 먼저 테스트용으로 투입시킨 뒤, 도요타 상표가 부착되지 않은 세컨드카인 렉서스를 들여오는 중간 과정을 거쳤다. 도요타 상표의 양산차는 가장 마지막에 들여왔다.

불과 7~8년 전만 하더라도 독도 문제가 불거지면 골목에 주차되어 있는 일본차들에 대한 공격 행위가 종종 있었다. 지금은 이런 일이 없다. 현대차가 한국 대표 브랜드이듯 도요타 역시 일본 대표 브랜드이다. 도요타가 기업 간의 신뢰를 무시하고 한국 기업에게 뒷통수를 쳤지만 한국인들은 도요타를 용서했다. 일본인들은 현대차가 과거 도요타와 같은 일을 저질렀다면 현대차를 용서했겠는가.

아베 정부의 보수극우적인 정책 기조에 따라 위안부 문제에 대한 일본 정부의 공식 사과가 전혀 없어 한일관계가 극도로 경색되어 있다. 그럼에도 불구하고 국내에서는 아베를 비난하기보다 박근혜 정부의 편협함을 탓하고 있다.

이런 사안과 달리 일본의 기업문화는 한국의 기업문화에 많은 영향을 미쳤다. 일본의 과거 기업문화는 봉건제의 주군을 신봉하는 체제이다. 이러한 일본인들의 사고, 태도가 한국 기업의 경영주에게도 그대로 적용되어 기술이전 및 경영 노하우를 전수하는 데도 긍정적으로 기여했다. 삼성이 그렇고 롯데가 그렇다. 그러나 정주영은 필요에 의해 일본의 기술을 받아들이면서도 다른 한켠에서는 기술 독립을 준비하고 있었다.

얼마 전 일본 정부는 세계를 상대로 일본의 지원 덕에 한국의 경제 발전이 가능했다는 식으로 홍보를 해, 국내 보수 반일 단체들로부터 반발을 샀는데, 한국의 기술이 전무하던 시절에 기술원조를 통해 한국의 경제 부흥에 이바지했다는 논리였다. 그런데 현대자동차나 기아자동차의 경우 미쓰비시와 마츠다가 기술이전은 했지만 무상으로 한 것은 아니었을 뿐 아니라 기술이전에 있어서도 제한적이었고, 한국 업체에 대한 경계가 강했다. 다만 현대자동차와 미쓰비시는 중대형 엔진 공동개발 수준까지 관계를 발전시킨 선례를 남기기도 했다.

도요타 따라잡기 가능한가

2009년 이후 현대·기아차의 미국, 중국 판매 대수 및 점유율이 급상승했는데, 그 이유는 단연 GM과 도요타의 위기다. 경영난과 리먼 브라더스 파산 후 미국발 금융위기가 겹쳐 2009년 파산보호를 신청한 후 워크아웃을 거친 GM은 2010년 11월 재상장하는 등 빠른 회생을 보였지만 글로벌 시장 위축이 불가피했다.

세계 1위의 자동차 회사 도요타는 2009년에서 2010년 미국, 유럽,

중국 등에서 총 1,000만 대의 차량을 리콜 조치했다. 그 원인은 협력 업체에서 조달받은 부품 결함 때문이었다. 경제적 손실은 차치하더라도 품질 신화 도요타의 이미지에 큰 타격이 아닐 수 없었다. 도요타는 2009년부터 급발진 문제가 제기됐는데 아무런 문제가 없다고 주장하다 큰 역풍을 맞았고, 도요타 아키오 사장이 미국 의회 청문회에 불려나가 눈물을 흘리며 사과를 했다. 도요타 리콜 사태로 GM이 2011년 잠시 세계 1위 자리로 복귀할 수 있었다. 도요타는 극한적 원가 절감을 추구하는 '가이젠(改善)' 신화를 바탕으로 2008년 부동의 1위였던 GM을 제치고 세계 1위의 자동차 회사에 올랐다. 그런데 이 가이젠이 스스로 발목을 잡는 덫이 되어버렸다. 2013년 이 문제로 소송을 제기한 소비자들에게 10억 달러(약 1조 800억 원)를 보상하기로 한 데 이어, 2014년에는 벌금 12억 달러를 내는 조건으로 4년간 진행된 급발진 사고 조사를 마무리하기로 미국 법무부와 합의하며 리콜 사태에 종지부를 찍었다. 도요타는 문제를 숨기고 소비자를 보호하지 않은 잘못을 인정했다. 현대·기아차는 도요타 리콜 사태로 미국 시장에서 반사이익을 누렸다는 게 업계의 평가다.

현재 시점에서의 평가는 현대·기아차가 수년간 해외 공장 설립을 독자적으로 추진해 최근 세계 자동차업계 재편 과정에 참여한 타 업체들보다 투자비용 등 경쟁력 면에서 불리하다는 의견이 지배적이다. 다만 현대·기아차는 시장이 이미 포화 상태인 선진국보다는 시장 확대 가능성이 높은 중국, 인도, 브라질, 러시아 등 신흥 시장을 차별적으로 공략한다는 전략이다. 그러나 이들 지역 또한 환율 등 리스크가 상존한다.

도요타는 약 20년 이상 지속되어온 엔고를 통해 체질이 강화되었다. 2010년 도요타 리콜 사태를 겪은 후 2년 전부터 엔저를 등에 업고 세계 시장에서 부동의 1위 자리를 굳건히 하고 있다.

이런 외부 환경과 더불어 현대차그룹의 근본적인 문제는 아직 표면화하고 있지 않다. 영국 옥스퍼드 경영대학원에서 〈국제 자동차 기업간 제휴〉로 학위를 받은 이남석 박사(전 대한방직 대표)는 "현대차그룹의 해외 투자 전략은 도요타 따라하기 전략"이라고 평하면서 "현대차의 문제는 폐쇄적이고 불안정한 경영권 지배구조에서 불거져나올 가능성이 있다"고 우려를 표한다.

승부처는 미래차다

현대차와 도요타에 대한 미래를 전망하는 데 있어서 중요한 쟁점 중 하나는 바로 미래차다. 도요타는 하이브리드 기술을 GM에 이전한다고 발표했다. 도요타가 파산보호신청을 한 GM에 하이브리드 기술을 제공하겠다는 것은 도요타의 하이브리드 기술을 향후 세계 표준화하려는 의도로 판단된다. 향후 미국, 일본 간 통상 마찰을 미연에 방지하고자 하는 뜻도 있을 것이다. 전반적으로 현대·기아차는 세계 완성차업체들과 M&A를 포함하여 제휴 전략에서도 한참 뒤처지고 있다.[13]

도요타는 최근 수소연료전지차인 미라이를 2016년 시판하겠다는 당초 계획을 앞당겨 2015년 중 일반 대중에게 판매하겠다고 밝혔다.

미라이의 출시 가격은 723만 6,000엔(약 6,800만 원)으로, 3분 1회 충전으로 약 650킬로미터(일본 기준)를 주행할 수 있다. 현대·기아차의 수소연료전지차인 투산ix와 비교하면 주행거리는 비슷하나 가격이 절반이다. 도요타가 보유한 수소연료전지차 특허 경쟁력도 무시할 수 없다. 최대 자동차 시장인 미국에서 수소연료전지차와 관련된 등록특허가 685건에 이른다. 현대·기아차 역시 수소연료전지차 양산 시스템 구축에 필요한 기술 개발로 최근 미국 등록특허가 빠르게 증가하고 있으나 도요타의 20퍼센트도 미치지 못한 수준이다. 도요타는 하이브리드 특허는 공개하지 않은 채 수소연료전지차 특허 5,680개를 오는 2020년까지 한시적으로 무상 제공하겠다고 선언했다. 이런 상황에서 현대·기아차라는 개별 기업의 입장에서는 물론이고 국가적인 차원에서 미래차 성장 동력 개발을 위한 대대적인 전략이 필요한 시점이다.

대담한 품질 경영

정몽구 회장은 현대차 경영을 맡은 1999년 수출 현장 점검차 미국을 방문했다. 당시 현대차는 품질 문제로 미국 소비자의 리콜 요청이 쇄도했다. 충격에 빠진 정 회장은 귀국하자마자 글로벌 자동차 품질 조사기관인 JD파워에 품질 컨설팅을 받도록 지시했다.

현대·기아차가 본격적으로 '품질 경영'에 나선 것은 같은 해 '그레이스 슬라이딩 사건'의 영향이 컸다. 울산 공장을 방문한 정 회장이 승합차 그레이스의 슬라이딩 도어를 20여 차례 반복해서 힘껏 여닫자 문짝이 '덜컹' 하며 슬라이딩 레일에서 이탈했다. 정 회장은 지켜보던 경영진을 향해 "다시 처음부터 똑바로 만들라"고 지시했다. 이후 현대·기아차는 품질에 문제가 있으면 곧바로 생산라인을 세웠고, 신차 출시도 품질 검증 과정에서 문제가 생기면 일정을 연기했다.

모듈화 시스템 도입

정 회장의 품질 경영은 부품을 집약해 공급하는 '모듈화'와 직접적인 관계가 있다. 원래 철도 차량은 자동차나 항공기처럼 10만여 개의 많은 부품들을 조립하는 산업이다. 현대정공 시절(현재는 현대로템으로 독립) 철도차량 제작 사업을 하면서 관련 부품업계의 취약으로 말단 부품업체에게서 직접 부품을 공급받지 못하고, 중간 부품업체들이 부품들을 조립해 모듈(module)을 만들고 현대정공이 그 모듈들을 조립하는 방식을 택할 수밖에 없었다. 현대차그룹에서는 이 중간 부품업체의 역할과 역량을 현대모비스가 담당한다.

모듈화 유무는 품질에 큰 차이로 나타난다. 모듈화 이전까지 현대·기아차는 자동차 한 대에 들어가는 수천 개의 부품을 협력사에서 공급받아 자동차 조립라인에 일일이 투입했다. 이는 조립 시간뿐 아니라 인력 투입 면에서 비효율적이다. 특히 부품의 성능을 모두 점검하기도 사실상 불가능했다. 부품의 불량 여부 검증은 조립이 완전히 끝난 다음 이뤄지는 최종 검사라인에서나 가능했다. 이 단계에서 결함이 발견되면 차를 분해해 결함 부품을 빼내고 새 부품을 다시 끼워 넣어야 했다. 멀쩡한 새 차를 분해하는 만큼 품질이 나빠지는 게 당연했다. 또 부품 교체를 위해서 별도의 인력이 필요했다. 소위 '품질비용'이 증가한다. 이런 측면에서 모듈화는 매우 획기적인 아이디어였다.

하지만 모듈화 사업 추진은 생각보다 만만치 않았다. 모듈에 맞게 공장 설비를 대대적으로 교체해야 하기 때문에 자금 부담도 컸다. 전

공정을 모조리 바꿔야 하는 대공사인 만큼 내부에서도 반대가 심했다. 특히 노조의 반대는 극에 달했다. 2002년 노조는 '모듈화가 로봇 도입을 늘려 결국 근로자의 고용안정성을 해칠 것'이라면서 파업 움직임을 보이기도 했다.

난항 끝에 2004년 마침내 현대차 최초의 모듈화 설비가 미국 앨라배마 공장에 들어섰다. 앨라배마 공장은 현대차가 이상적으로 추진해 온 모든 첨단 설비의 집합체였다. 공장은 작지만 모듈 작업을 통해 효율성을 높였다는 평가를 받았다. 이후 현대·기아차는 신차를 출시할 때마다 단계별로 모듈화를 도입했고, 국내 공장도 점차 바뀌었다. 모듈화 이후 생산 대수가 증가하면서 노동자들의 반발도 수그러든 덕분이었다.

한편 모듈화와 관련해 정 회장은 의미 있는 인사를 실시하는데, 바로 기아차 김진상 전무를 현대·기아차 품질 경영 지원 팀장(전무)으로 보임시킨 것이다. 이후 김 전무는 정 회장에게 포드에 대한 벤치마킹, 품질 관련 개인 과외 교사 역할을 담당한다. 김진상 전무는 1942년생으로 연세대 전자공학과 졸업 후 도미, 신학을 공부했다. 1969년 미국 포드에 생산 기술 엔지니어로 입사한 후, 1990년 포드의 소형차 센터 한국 국제 사업 개발부 매니저(상무급)를 지냈으며, 포드의 자본 제휴선인 기아자동차 소하리 공장에 파견되어 포드에 OEM으로 납품되는 페스티바(프라이드의 수출명)의 품질을 담당하는 임원을 거쳤다. 기아차와의 인연은 이때 시작되어 1996년 10월 기아그룹 김선홍 회장이 그룹 품질본부장(전무)으로 영입, 기아의 소형차인 아벨라 개발에 참여했다. 이후 1997년 2월 기아차 품질 경영 팀장(전무)으로 고속 승진을 했다.

이렇게 선진 기업인 포드의 강점을 정확히 알고 있고, 국내에서도 품질 경영을 담당했던 김진상은 정몽구 품질 경영의 비밀병기였던 셈이다. 김진상은 정 회장에게 현장 방문시 점검해야 할 항목을 명기한 휴대용 품질 매뉴얼을 만들어주기도 했다. 이후 그는 2002년경 현대차 계열의 현대다이모스의 품질 고문으로 영입되어 현대차 및 정몽구 회장에게 품질 경영과 관련된 이론적 근거를 제공하였다. 정몽구 회장은 그에 대한 신임이 두터워 각별하게 챙겼다고 한다. 그는 이후 현대차가 미국 디트로이트에 세운 제2기술연구소의 지사장으로 부임하여 정몽구 회장이 공을 들인 연구개발 인력 1만 명 확보 프로젝트를 위한 현지 인력 채용의 최전선에 섰다. 이렇게 주요한 인물이었으면서도 김진상은 포드, 기아차 출신으로 현대차그룹 주류 세력 간의 파워게임에서 제외되어 있었기 때문에 정몽구 회장에게 더 긍정적인 영향을 끼칠 수 있었다.

하지만 이렇게 품질 경영에 총력을 기울였음에도 불구하고 현대차는 2014년 비상이 걸렸다. 2013년 글로벌 시장에서 제품 리콜 횟수가 잦아지더니, 2014년 들어서는 품질 논란에 휩싸였다. 미국 〈컨슈머리포트〉가 2014년 2월 발표한 브랜드 인지도 평가에서 2013년보다 네 계단 하락한 19위에 그쳤다. JD파워가 내놓은 차량 내구 품질 조사에서는 2년 연속 하락해 전체 31개 브랜드 중 27위에 머물렀다.

현대차는 현재 해외 공장 건설과 각 단위 공장의 자동화율 제고에 힘을 쏟고 있다. 높은 자동화율은 생산성을 끌어올리지만, 최고의 품질을 보장하는 건 아니다. 세계 1위 자동차인 도요타의 일본 공장 자동화율은 현대차보다 낮지만, 숙련공 덕분에 생산성과 품질이 뛰어나다.

품질 경영의 중심, 현대모비스

현대모비스는 2014년 미국 주간 자동차전문지 〈오토모티브 뉴스〉가 발표한 '글로벌 부품업체 순위'에서 6위에 올랐다. 글로벌 선진 부품업체보다 역사는 짧지만 놀라운 성과라고 할 수 있다. 그런데 현대·기아차의 글로벌 판매량 800만 대 돌파 이면에는 현대모비스의 모듈 공급이라는 기반이 자리하고 있다. 현대모비스는 1999년 현대자동차그룹의 생산 합리화 전략에 따라 기존 부품 조달 체계의 부분적 보완이 아닌 자동차 공정의 주요 부분을 전담하는 모듈화라는 새로운 패러다임을 국내에 도입했다.

자동차 산업 분야의 세계적인 석학인 도쿄대학의 후지모토 교수는 자동차 산업이 '조율형 아키텍처' 성격을 갖고 있다고 설명한다. 이는 부품 간 복잡한 메커니즘으로 인해 서로 미세한 조절이 이루어지지 않으면 전체 시스템으로서의 성능이 발휘되지 않는 제품을 의미한다. 반면 PC와 같이 표준화된 부품을 조립해 제품이 완성되는 것을 '모듈형 아키텍처'라고 한다. 현대모비스는 조율형 아키텍처인 자동차를 모듈형 아키텍처의 중간 단계화하고 있다.

모듈화의 강점은 품질 관리가 용이하고 효율적 재고 관리가 가능해져 생산성과 품질이 혁신적으로 향상된다는 것이다. 모듈은 원래 건축물을 지을 때 기준으로 삼는 치수로 가장 먼저 사용됐다. 그러나 지금은 산업 전반에 걸쳐 '기능 단위로서의 부품 집합'이라는 의미로 통용된다. 즉 모듈이란 그 자체로도 특정한 기능을 수행할 수 있는 하나의 단위이면서, 각기 다른 모듈이 결합해 완제품을 구성하는 하나의 부품이다.

모듈화는 플랫폼 공유에서 출발한다. 플랫폼 공유는 기본이 되는 차대(파워트레인과 서스펜션 기본 구조) 하나에, 외형 디자인이 다른 모델을 여러 가지 생산해 원가를 절감하는 방식이다. 현대차가 기아차를 인수 후 같은 쏘나타 플랫폼으로 기아차 옵티마를 만든 것을 예로 들 수 있다. 모듈화는 플랫폼을 좀 더 세분화시켜 파워트레인, 앞 서스펜션, 뒤 서스펜션, 히터에어컨 모듈 등 차의 주요 구성 요소를 모듈로 독립시킨 것을 말한다.

모듈화를 이루면 세그먼트를 뛰어 넘어 소형차에서 대형차까지 같은 모듈을 사용할 수 있고, 그만큼 규모의 경제를 이룰 가능성이 높아진다.

현대모비스는 1999년 10월 현대차 트라제에 섀시 모듈을 공급한 것을 시작으로 본격 모듈 생산에 돌입했다. 2000년에는 운전석 모듈을, 2003년에는 프런트엔드 모듈을 생산하며 자동차 3대 핵심 모듈에 대한 생산체제를 모두 구축, 모듈 경쟁력을 상당한 수준으로 끌어올렸다. 섀시 모듈은 자동차 하부에 위치해 자동차의 뼈대를 이루는 부분이고, 운전석 모듈은 각종 계기판, 오디오 등 전장부품과 에어컨 디셔닝 등으로 구성된 부품 조립 단위이며, 프런트엔드 모듈은 차량 앞부분에 위치한 캐리어, 헤드램프, 라디에이터그릴 등으로 구성된 단위다.

현대모비스는 모듈 경쟁력을 바탕으로 국내 6개, 해외 8개국 11개 거점 등 전 세계 총 17개 거점에 모듈 생산 공장을 짓고 현대·기아차에 모듈을 공급하고 있다. 2005년에는 크라이슬러에 컴플리트 섀시 모듈을 공급하는 계약을 체결하여 현재까지 공급을 이어오고 있다. 2013년에는 현대모비스가 모듈 생산 14년여 만에 글로벌 모듈 생산 1억 세트를 달성했으며, 크라이슬러에 공급하는 컴플리트 섀시 모듈의 누적 생산 대수도 100만 대를 돌파했다.

2014년 매출은 36조 1,850억 원으로 전년 대비 5.8퍼센트 증가했다. 영업이익도 3조 706억 원으로 2013년보다 5퍼센트 늘었다. 모듈 사업부는 현대모비스 매출의 80퍼센트를 담당하고 있다.

모듈 공장 해외 동반 진출

현대모비스 역시 현대차그룹의 글로벌 생산계획에 발맞춰 모듈 공장 동반 진출을 추진하며 글로벌 생산거점 확대에 적극 나섰다. 그리고 첫 해외 진출 시장이 바로 중국이다. 2002년 중국에 진출해 베이징과 장쑤 지역에 섀시, 운전석, 프런트엔드 모듈을 생산하는 모듈 공장을 세웠다. 장쑤 생산 제품은 둥펑위에다기아에 공급하고 있다. 베이징과 장쑤 모듈 공장들은 완성차 생산라인과 불과 1킬로미터 정도 거리에 위치하고 있어 물류비용 절감 효과와 신속하고 원활한 부품 공급을 가능하게 하고 있다.

이외에도 우시, 상하이, 텐진에 CBS, 에어백, 램프, 오디오 등 핵심 부품을 만드는 생산 공장 등 모두 5개에 이르는 생산법인을 운영하고 있다. 이를 통해 현지에서 모듈화 생산시스템과 글로벌 부품 공급망을 구축하고 있다.

이와 같이 현대모비스는 중국에서 5개 생산법인을 통해 현지에서 모듈화 생산시스템과 글로벌 부품 서플라인 체인을 구축하고 있다. 특히 해를 거듭하며 다듬어진 모듈화 및 부품 공급 시스템 기술력을 바탕으로 현대·기아차의 품질 경쟁력 강화에 크게 기여하고 있다는 평이다.

미래 성장 동력에 대한 투자

자동차 기술의 진화는 부품 기술의 진화와 일맥상통한다. 그렇기 때문에 글로벌 자동차 메이커들이 높은 기술력을 가진 부품업체들을 찾아나서는 것이다.

현대·기아차는 글로벌 시장에서 대중 브랜드이면서 프리미엄 브랜드를 지향한다. 도요타의 렉서스, 닛산의 인피니티, 혼다의 아쿠라와 같은 신규 프리미엄 세컨 브랜드를 론칭하는 전략보다는 현대 브랜드를 활용한 럭셔리 세그먼트의 확장으로 방향을 잡고 있다. 그렇기 때문에 부품 또한 품질 수준 향상에 대한 요구가 더욱 높아지고 있다.

최근 글로벌 자동차업체들의 트렌드는 편의성과 친환경성이다. 편의성의 궁극적인 지향점은 자율주행차이다. 이를 위해서는 전장부품의 역할과 기능이 절대적으로 중요하다. 전장부품은 자동차에 들어가는 전자장치를 말한다. 스마트하며 효율적으로 자동차 운행을 돕는 것이 핵심적인 역할이다. 그만큼 전장부품은 해당 자동차의 가치를 높이는 중요한 요소다.

프리미엄 브랜드인 BMW는 전 세계 자동차 브랜드 중 전장부품을 가장 먼저 도입했으며 사용 비중이 가장 높다. 그러나 BMW가 처음부터 소비자들을 만족시켰던 것은 아니다. 전장부품의 품질 수준이 낮아 고장 또한 잦았다. 1990년대 말만 하더라도 한국 내에서 전장 부문에 대한 애프터서비스 기능이 완벽하지 않아 차체를 독일 현지로 보내곤 했다.

한편 현대·기아차도 신형 제네시스와 LF쏘나타를 중심으로 전장부품의 비중을 높이고 있으며, 현대모비스가 주체가 되어 융합형 전장부품, 친환경차 부품 개발에 총력을 기울이고 있다. 이를 통해 적응형 순항 제어장치(SCC), 차선이탈방지 및 제어 장치(LDWS&LKAS), 상향등 자동전환 장치(HBA) 등의 기술을 확보했다. 또 자동 긴급 제동시스템(AEB), 전방추돌 경보시스템(FCW), 액티브 시트벨트(ASB), 보행자보호에어백(WAB), 어라운드 뷰 모니터링 시스템(AVM), 스마트 주차보조시스템(SPAS) 등 안전 편의 기술을 개발해 양산에 들어갔다.

친환경차 핵심 부품에 있어서는 2013년 초 수소연료전지차의 개발에 성공해 양산에 들어갔는데, 핵심 부품인 구동모터, 전력전자부품, 리튬배터리 패키지, 연료전지 통합모듈 등을 개발했다.

또한 통신기술을 이용해 차량을 온라인으로 연결하는 텔레매틱스 부품의 자체 개발을 추진하고 있다. 차량용 통신모듈을 독자적으로 제작하겠다는 장기 목표를 세우고 있는데, 이 기술은 차량에 3G 혹은 LTE 기반 통신기술을 적용해 자율주행, 안전경보, 위치추적을 구현할 수 있는 시스템으로 스마트차의 필수 요소로 꼽힌다. 소기의 성과로 2014년 보행자 인식, 전방 차량 추월, 상황별 자동제동 및 가감속 기능 등을 구현하는 자율주행 시스템과 원하는 장소의 빈 공간을 찾아 스스로 주차하는 자율주차 시스템 시연에 성공했다. 2020년이면 상용화를 완료하고 자율주행 분야에서 우위를 선점하겠다는 계획이다.

일본 방송 NHK의 관심

2008년 NHK의 한국 에이전시로부터 연락이 왔다. 나에게 인터뷰를 요청하는 것이었다. 현대자동차에 대한 취재 요청이었다. 질문지를 받아보니 현대모비스 모듈시스템에 대한 질문이 핵심이었던 것 같다. 아마도 당시 〈시사저널〉에 자동차 산업 관련 칼럼을 1년 이상 쓰고 있었는데 이를 관심있게 지켜본 것 같았다. 나는 NHK 서울특파원이 인터뷰를 요청한 줄 알았다. 실제 촬영을 하러 온 팀은 일본에서 온 국제부 소속 기자 및 카메라팀이었다. 당시 홍보대행사를 운영하고 있었던 삼성동의 허름한 사무실에서 약 3시간에 걸쳐 인터뷰를 가졌다.

한국에 세 번째 온다는 국제부 여기자의 진행으로 인터뷰가 시작되었다. 현대모비스의 모듈 시스템에 관한 질문으로 초점이 모아졌다. 현대차 모듈 시스템에 대한 질문이 반복되었다.

인터뷰를 하면서 1995년 1월 겨울이 생각났다. 당시 삼성의 자동차 TF팀은 정부로부터 인허가를 받는 데 유리한 여론 조성을 하기 위해 EBS의 '세계의 자동차 산업'이라는 프로그램에 협찬했다. 1994년 12월 7일 삼성은 정부로부터 이미 자동차 사업 인허가를 받았기 때문에 그 방송 촬영 및 이후 방송에는 한결 여유가 있었다.

우리는 선진 기업들에 대한 생생한 정보가 필요했다. KBS와 MBC 등이 촬영 요청을 하면 대부분의 기업들로부터 거절을 당했다. 그러나 EBS가 촬영의 목적이 학생 대상 방송으로 교육용이라고 접근을 하니까 허가가 났다.

약 한 달간의 촬영기간 중 나를 포함해 기획팀 일부가 방송팀원으로 가장해 현장에 참여하기로 했다. 당시 나는 홍콩을 거쳐, 인도네시아 자카르타 인근 GM 공장에 촬영을 갔던 일이 있다. 당시 가장 핵심 시설인 도장라인을 카메라에 담을 수 있었다. 그때쯤 쌍용차 후배가 미국 출장을 갔다가 우연히 GM 전시장에서 굴러다니던 GM의 마케팅 매뉴얼을 구해왔다. 나는 이것을 전달받아 삼성차 마케팅 담당 임원에게 주었고, 직원들이 약 2달여간 번역 작업에 매달려 10여 권에 이르는 소중한 선진 기업의 노하우를 습득할 수 있었다.

나는 NHK 인터뷰에 대답을 적당히 할 수밖에 없었다. 현대차의 모듈 시스템에 대해 100퍼센트 알지도 못했지만 국가적인 차원에서도 NHK에 주요 정보가 새나가면 안 된다는 생각을 했다. NHK의 관심은 곧 도요타의 관심일 것이기 때문이다.

4장

현대 자동차를 말한다

현대차를 주제로 다루면서 굳이 삼성을 언급하는 이유는, 2014년 5월 이건희 회장이 쓰러진 뒤 이재용 체제로의 경영 승계가 우리 사회의 별다른 저항 없이 실현되는 것을 보면서, 우리 사회가 감당할 '삼성 리스크'가 곧 닥쳐올 것이라고 보기 때문이다. 한국 사회 전체가 감당해야 될 삼성 리스크의 상당 부문을 초글로벌 기업인 현대차그룹이 떠맡을 수밖에 없는 상관관계를 얘기하고자 한다.

현대차와 삼성

———

"현대는 다음 행보가
어디로 어떻게
움직일지 알 수가 없다.
일본이 가장 두려워하는
기업은 현대다."

경쟁을 넘어
융합으로

　현대자동차그룹과 삼성을 단순하게 비교하는 것은 별 의미가 없었다. 현대차는 자동차 업종에, 삼성은 전자 업종에 속해 있기 때문이다. 그러나 자동차와 전자 IT가 통합·융합하면서 이런 구분을 넘어서야 할 시점에 이르렀다. 자동차와 전자의 융합은, 거대 IT기업인 애플과 구글이 스마트폰 운영체제를 자동차에 접목시키려는 것과 자율주행차 개발에 독자적으로 뛰어들었다는 사실을 통해서도 극명하게 드러난다.

　2015년 3월 열린 세계 5대 모터쇼인 제네바 모터쇼에서도 애플과 구글이 전통적인 자동차 메이커들을 제치고 주인공 자리를 차지했다. 폭스바겐 마틴 빈터콘 회장은 "애플과 자동차 제조기업이 협업하면 애플 제품을 많이 사용한 '아이폰 세대'인 젊은 소비자를 자동차 시장으로 끌어들이는 데 큰 효과가 있을 것"이라며 "어떻게 협력해 최고의 제품을 만드는지가 관건"이라고 말했다. 또한 "만약 애플과 구글이 단독으로 전기차를 만들고자 한다면 지금보다 더 빨리 만들 수 있을 것"이라고 말했다.[14]

애플은 '타이탄(Titan)'으로 명명된 자동차 프로젝트에 수백 명의 인원을 투입한 상태로, 2020년경이면 전기차를 생산하기 시작할 것이란 전망이다. 구글은 2014년 12월 '구글카'로 이름 붙인 무인자동차 시제품을 공개했다. 구글은 일반 승용차를 무인차로 개조해 고속도로에서 주행 테스트를 진행하기도 했다.

전 세계적으로 이미 자동차에 IT기술을 채택하는 일이 보편화되고 있다. 자동차를 제어하는 기술 자체가 전자기술로 모두 바뀌고 있는 추세이며, 이를 전용하는 차가 바로 스마트카이다. 이미 자동차가 전자제품이 되어가고 있다. 자동차업계에서는 자동차부품 가운데 가격 기준으로 35퍼센트 정도를 전장부품들이 차지하고 있는데, 2020년경이면 50퍼센트가 넘어갈 것으로 보고 있다. 하이브리드카는 이미 50퍼센트를 넘어섰기 때문에 전자제품이라고 불러도 무리가 아니다. '자동차는 전자제품이'라는 의미는 자동차를 제어하는 데 필요한 소프트웨어 기술들이 대량으로 적용되고 있기 때문이다.

현대차, 애플과 경쟁

무엇보다 삼성은 자동차(완성차) 및 전통적 의미의 자동차부품업에 대한 경험이 있다. 삼성과 현대차는 모두 다른 국내 대기업군과는 뚜렷하게 구분되는 초글로벌, 즉 한국에서 탄생한 다국적 기업이다. 양 기업군을 단순하게 비교, 또는 통시적인 관점에서 살펴보는 것만으로도 의미는 충분하다고 본다. 우선 삼성의 자동차 사업을 살펴봄으로써 삼성과 현대차의 앞날을 예측해보고자 한다.

우선 두 기업은 매우 상이한 문화를 가지고 있다. 각 기업의 발전 과정이 다르고, 오너들의 성장 과정, 사고방식, 행동 양식, 라이프스타일조차 판이하게 다르기 때문에 어쩌면 당연한 결과일 수 있다.

현대차를 주제로 다루면서 굳이 삼성을 언급하는 이유는, 2014년 5월 이건희 회장이 쓰러진 뒤 이재용 체제로의 경영 승계가 우리 사회의 별다른 저항 없이 실현되는 것을 보면서, 우리 사회가 감당할 '삼성 리스크'가 곧 닥쳐올 것이라고 보기 때문이다. 한국 사회 전체가 감당해야 될 삼성 리스크의 상당 부문을 초글로벌 기업인 현대차 그룹이 떠맡을 수밖에 없는 상관관계를 얘기하고자 한다.

나는 삼성 리스크의 뿌리를 보고자 한다. 지난날 삼성이 자동차 사업을 접지 않고 계속했더라면 스마트폰의 대안으로서 역할을 할 수 있었을 것이다. 현재 삼성의 경쟁자는 애플, 구글과 또 새롭게 떠오른 강자인 중국의 샤오미, 그리고 전통적 강자였던 일본 가전업체들이다. 전통적인 소비자용 가전업체였던 파나소닉(구 마쓰시다)은 차량 인포테인먼트 및 전지, 주택용 솔루션회사로 변신했다. 히타치는 세계적인 수준의 고속철도기업으로 변신했고, 도시바 역시 비메모리반도체 부문에서는 여전히 세계적 강자이다.

삼성은 애플과의 경쟁에서 사실상 패배했다. 삼성은 제품의 시장

점유율에서는 여전히 세계 1위이지만, 애플은 2014년 전 세계 스마트폰 시장 영업이익의 90퍼센트를 가져갔다. 세계 1위의 기업 애플은 스마트폰에서 구축한 경쟁력을 바탕으로 미래차 부문의 경쟁에 뛰어들었다. 다시 말해 현재 글로벌 자동차 시장에 구축된 경쟁구도는 도요타, 폭스바겐 등 현대자동차가 지금껏 경쟁해온 경쟁기업뿐 아니라 미래차 부문에서는 애플과도 경쟁해야 하는 형국이다.

그리고 이는 삼성에게도 분명 시사하는 바가 있다. 스마트폰 시장에서의 패배를 벗어나 전자업의 특성을 기반으로 빠른 시간 내 성과 도출이 가능한 전기차 분야와 같은 미래 환경차 부문에서 생존을 건 싸움을 해볼 수 있다는 의미이다. 한국이 낳은 초글로벌 기업으로서 삼성의 역할이 중요한 시점일 수 있다.

삼성이 스마트폰에서 패배했다는 사실을 인정하지 않으려는 독자들도 있을 것이다. 삼성은 중국 시장에서 자신들이 4위로 밀린 것 등에 대해 별 관심이 없다. 오로지 이재용 중심의 경영지배구조 변화에만 관심이 있을 뿐이고, 그룹의 모든 역량을 여기에만 쏟고 있다.

삼성 자동차업의 모든 것

1993년 9월 1일 삼성자동차 TF팀에 입사했을 때, 남대문빌딩에는 약 40여 명이 근무하고 있었다. 현대차 마북리 연구소장 출신인 정주화 전무(1993년 말 부사장으로 승진)를 필두로 1984년 삼성이 크라이슬러와 제휴를 통해 승용차 사업에 참여하면서 피지빌리티 스터디(feasibility study, 사업수익성 조사)를 진행했던 팀원들이 팀장을 맡았다. 나는 자료부터 만들었다. 한국자동차공업협회 자료실에 가서 정기간행물 리스트를 카피해왔다. 1993년에는 삼성생명의 기아자동차 주식 매집 사건이 있었다. 언론에서는 삼성의 자동차 사업 참여 시도로 보았고 비판이 쏟아졌다.

사실 삼성의 자동차 사업 추진 역사는 그로부터 20년 정도 거슬러 올라간다. 삼성 이병철 회장은 자동차가 경공업 중심의 그룹 사업방식을 중공업으로 바꾸는 중심 아이템이라고 여겼고, 또한 국가적인 소명이라고 생각했다. 경쟁자인 정주영 회장이 이미 1967년 현대자동차를 설립, 자동차 사업을 운영하고 있던 시절이었다. 그런 면에서 본다면 이병철은 어쩌면 정주영에 대한 열등감 차원에서 자동차 사업을 추진한 것일 수도 있다.

삼성은 이미 1974년 정부의 권유로 아시아자동차에 대한 인수를 검토했었고, 1978년에는 신진자동차, 도요타, 폭스바겐과 접촉하며 자동차 사업을 모색했다. 1984년에는 크라이슬러와의 합작 사업을 위해 TF팀을 구성했다. 당시 크라이슬러는 소형 승용차 경쟁력을 갖춘 일본 업체에 대항하기 위해 해외 제휴선이 필요했다. 윤정호(전 르노삼성차 부사장)를 비롯한 TF팀이 미국 크라이슬러에 1년간 연수를 했다. 이후에도 1989년 포항제철 출신이던 비서실의 신영무 부장이 혼다, 폭스바겐 등과 접촉하는 일을 맡았다.

삼성의 목표는 시판 초기에 대중화를 위해 택시용으로 적합한 차종을 찾는 것이었는데 성과를 거두지 못했다. 또한 당시 독일 업체들의 CAD 설계방식 등에서 한국인 엔지니어들과의 현격한 차이 등 난

항을 거듭하다 결국 협상을 중단했다.

그러던 중 1990년 정주화를 스카우트하면서 물꼬가 트인 것이다. 당시 현대차에서 정주화 전무가 활동하는 것을 적극적으로 저지하는 통에 6개월간 미국으로 피해 있기도 했다. 삼성은 이후 1994년 삼성중공업 자동차 TF팀 신영무 상무 주도로 닛산과 기술제휴 계약을 위한 협상에 들어갔다. 당시 삼성은 기술제휴를 위해 푸조와 닛산을 상대로 협상을 벌였는데, 닛산의 경우는 당시 엔고로 일본 자동차업계가 어려울 것으로 알고, 마루베니상사를 통해 닛산 해외사업부장과 연결을 한 것이었다. 당시의 연결고리는 1984년 크라이슬러 TF팀 멤버였던 박종대와 진영균이었다. 일본 현지에서의 접촉은 삼성 본사로 파견되었던 진영균이 담당했다. 여러 차례에 걸친 협상 끝에 기술제휴 계약을 체결했다. 계약 실무를 맡은 신영무 상무는 경주현 삼성중공업 부회장으로부터 "넌 대체 누구 편이냐!"라는 얘기까지 들으면서 계약 실무자로 고생이 많았다.

한편 삼성 유럽 본부의 양해경 전무는 카레이서 출신인 독일인 고문 미스터 바이어를 통해 아우디와의 기술제휴를 타진했다. 20여 년 전의 아우디는 막 세계화 전략을 추진한 벤츠와 마찬가지로 폭스바겐의 100퍼센트 자회사로 프리미엄 브랜드를 지향하고 있었다. 아우디는 자신들과의 기술 제휴로 삼성 자동차 사업 참여시 영업을 맡을 예정이었던 삼성물산에게 아우디 브랜드에 대한 아시아 전체 판매권을 주겠다는 조건을 내걸었다. 하지만 당시 이러한 움직임은 삼성차 TF팀에는 거의 전달이 되지 않았다.

지승림의 고민

삼성그룹 자동차 사업의 최종 책임자였던 비서실 기획팀장 지승림은 기술 종속, 비용 증가 등 삼성이 신규 기술제휴를 통한 단독 사업을 할 경우의 위험성을 알고 있었다. 그래서 승용차 라인업을 완성해가고 있었던 주인 없는 기아차를 인수하는 방안을 가지고 있었으나 이건희 회장을 포함한 그룹 차원의 지지를 받지 못한 것으로 보인다.

1993년 삼성생명이 기아차 주식의 매집을 통해서 경영권을 확보, 자동차 사업에 진입하려 한다는 사회적 비난에 직면한 적이 있다. 삼성은 이때 해외 선진 메이커와의 제휴를 통한 자동차 TF팀을 운영하고 있었다.

삼성은 닛산과 기술제휴를 통한 단독 사업 론칭 이후에도 쌍용차 인수(쌍용이 선 제안) 등 여러 가지 방안을 고민한다. 삼성이 쌍용차 인수를 거절한 이유는 쌍용차가 승용차 라인업이 없다는 것과 쌍용차가 순진하게도 실상을 밝힌 분식회계 현황을 들여다봤기 때문이다. 쌍용그룹은 1991년 메르세데스 – 벤츠와 자본 및 기술제휴 이후 승용차 양산 시점인 1996년 이전에 이미 사업 포기를 결정한다.

삼성은 자동차 사업 론칭 전 이미 재무라인과 기획라인 간 힘의 균형이 무너졌다. 비서실 기획팀을 중심으로 한 삼성그룹 내 기획라인들(자동차를 포함한 중공업 라인)은 삼성이 자동차 사업을 본격적으로 론칭한 1994년 이전에 이미 힘을 상실하기 시작했다.

1990년부터 1991년까지 초창기에는 비서실 기획팀과 재무팀은 신규 사업을 공동으로 검토하는 등 관계가 좋았다. 이형도, 박영화, 지승림 등 기획라인들의 캐릭터가 보수적이었던 것도 원인이다. 재무팀은 자신들의 업무 역량을 과시하기를 좋아했다.

사업의 의사결정 과정에서 이해관계가 충돌할 때, 조직의 주요 캐릭터들이 어떠한가는 중요한 요인이다. 물론 가장 중요한 것은 오너의 의중이다.

한편 여기에 정치적인 논리까지 개입되면서 여러 가지 문제가 있었다. 김영삼은 1992년 대선에서 부산 경제를 살린다는 캐치프레이즈를 내걸고 대통령 선거에서 당선되었기 때문에 삼성으로서는 자동차 사업 추진 시 압박을 느낄 수밖에 없었다. 당초 공장 부지로는 충남 당진 고대지역 20만 평이 거론되었으나 정치권은 부산 신호단지를 제시했다. 당시 이 지역을 탐사했던 박종대는 신호지역으로 접근하는 도로조차 제대로 없어 낙동강 하구언을 따라 접근이 가능하며, 지질조사 결과 지표면에서 48미터를 내려가야 암반이 나올 정도로 악조건이라는 사실을 보고했다.

삼성은 결국 1994년 4월 닛산과 기술제휴 계약을 맺었다. 하지만 정부 인가도 즉각적으로 나지 않았다. 이는 호남 정서를 의식한 YS의 정치적 제스처로 봐야 한다. 삼성은 결국 광주로 삼성전자 수원 공장의 백색가전 부문을 이전하는 비용을 치러야 했다. 기본적으로 자동차 사업을 포함한 모든 중공업은 정치적일 수밖에 없다. 중요한 것은 정치적 환경보다는 기업의 의지이다. 이제 정치인이 기업인을 이용하는 시대는 지났다. 초권력화된 산업권력은 권력 집단의 영속성이 보장되지 않는 정치 환경을 적절히 잘 활용하고 있다.

비전문가 그룹

1995년 삼성차 초대 사장에 비서실 재무라인인 홍종만이 부임했다. 홍종만 사장 주도로 투자 규모 확정, 공장 설립 등 프로젝트가 실행되었다. 삼성자동차 임경춘 부회장, 홍종만 사장, 정주화 부사장 등 자동차 사업 실무 경영진 간 의견 차이가 심했다. 신진자동차, 현대자동차를 거친 엔지니어 출신의 정주화는 첫 투자 규모를 연간 12만 대 생산 규모로 해서 서서히 확장해나가자는 입장이었던 것에 비해 임경춘 등은 30만 대 이상의 대규모 투자를 주장했다. 정주화는 자신의 입장이 반영되지 않자 임원회의에도 불참했다.

임경춘 부회장은 연간 30만 대 규모의 오토트랜스미션(자동변속기) 공장을 설립하라고 지시했다. 임원회의 브리핑에서 박종대 부장은 오토트랜스미션은 전량 아웃소싱하면 된다고 밝혔다. 임 부회장의 얼굴이 노래질 수밖에 없었다. 공개석상에서 실무자가 반기를 들었으니 말이다. 박 부장은 담당 임원인 박완혁 전무에게 보고도 하지 않은 채 일본 자트코로 가서 기술공여를 취소한다는 데 사인했다. 박 전무는 노발대발했으나 홍종만 사장은 박 부장을 불러 잘했다고 격려했다.

한편 임 부회장은 부산 공장 본사 관리동을 15층으로 지어 부산의 랜드마크로 삼겠다는 계획을 가지고 있었다. 하지만 실무자는 3층으로 지어도 충분하고 회사의 성장 과정을 통해 증축하겠다고 보고했다. 지반은 당초 설계대로 다져졌다.

1995년 이후 삼성전자 생산기술센터(금형 공장)장 출신인 한정빈

부사장이 삼성자동차에 부임했다. 그는 기획부서에 금형 공장 설립 예산으로 2,500억 원을 올렸다. 당시 삼성전자 생산기술센터에 3,000억 원 규모로 투자한 경험이 있다. 기획부서의 프로젝트관리 수석부장이었던 박종대는 이를 150억 원으로 줄였다. 한 부사장은 박 부장에게 전화를 걸었다. 목소리가 떨리고 있었다. 이후 부산 사단 술집에서 이들은 만났다. 술이 오갔다. 박 부장은 자신은 아무 사감이 없음을 설명했다. "자동차업은 사기업이 투자하지만 국가 기간산업이다. 전후방 산업 연관효과가 매우 지대하다. 불필요한 투자를 줄여서 회사의 경쟁력을 높여야 한다"고 말했다. 아울러 자동차업계는 금형을 아웃소싱한다고 설명했다.

삼성의 자동차 사업은 뭐 하나 쉬운 것이 없었다. 자동차 사업 참여시 자동차업계의 반발을 무마하기 위해 써준 이건희 명의의 각서로 인해 인력 소싱, 협력업체 조달 등에서 난관에 부딪혔고, 사업 자체가 위기에 처하자 닛산과의 계약이 잘못되었다는 등 사업 실패를 뒤집어쓸 희생양을 찾았다. 1994년 당시 삼성그룹에는 18조 원의 가용 자금이 있었다. 물론 삼성전자의 반도체 등에 투입될 투자금을 포함한 것이지만 삼성이 자동차 사업에 제대로 투자할 의지가 있었다면 이 자금을 투자했을 것이다. 하지만 삼성그룹은 자동차 사업에 소요되는 자금의 대부분을 금융권에서 조달했다.

그룹은 전자 부문은 전자 부문대로 투자를 지속한다. 결국 '삼성은 자동차 사업을 포기하고 모든 역량을 결집해서 전자 사업에 전력투구했다'는 얘기는 한편으로는 맞는 얘기이면서 또한 틀린 얘기이다.

대통령 결단으로 가능했던 삼성자동차 매각

삼성 입장에서는 울고 싶은데 뺨 맞은 격으로 1997년 IMF 외환위기가 닥쳤고, 외국 기술을 들여와 양산 조립하는 방식의 사업은 한계에 부닥쳤다. 삼성은 기진입한 자동차 사업을 포기하기로 결정했고, 김대중 대통령은 기아그룹을 현대그룹에 넘겨줄 수밖에 없었다. 이미 많은 업종의 알짜배기 기업들이 외국 자본에 넘어갔는데 국가를 대표하는 완성차업체를 외국에 넘겨줄 수는 없었다. 이로써 현대차는 의도하지 않게 '규모의 경제' 경쟁력을 갖추게 되었다.

한편 삼성그룹 차원에서 자동차 사업은 내부 거래 효과가 큰 사업이었다. 삼성물산은 닛산으로부터 설비를 들여오면서 중개수수료를, 삼성SDS는 삼성자동차 전산시스템 구축을 명목으로 임원을 포함하여 대규모 인력을 삼성자동차에 파견하였으며, 공장 건설은 삼성건설이 담당했다. 또한 그룹 내 인사적체를 해소하는 등의 시너지 효과를 거뒀다.

이 과정에서 삼성은 커다란 실수를 했다. 그것은 완성차 사업은 처음부터 완벽한 의지가 없어서 그렇다 치더라도 자동차부품 사업을 포기한 것이다. 이는 현재의 스마트폰 이후 신수종 사업 부재에 따른 삼성의 위기와 직접적인 관계가 있다.

삼성이 완성차 사업을 했기 때문에 삼성전기가 GM에서 분리되어 나온 델파이와 기술제휴 계약을 체결할 수 있었다. 지금 전 세계적으로 회자되고 있는 전기차, 자율주행차, 사물인터넷, 자동차용 모바일

센서조차도 자동차부품 및 전장 부품들이다.

자동차부품 사업을 포기한 것은, 당시 재무라인 중심의 그룹 핵심들이 많은 돈을 들여 자동차 사업을 경험했음에도 불구하고 다가올 시대와 먹고사는 문제를 등한시했고, 학습한 게 전혀 없었다는 것을 보여준다. 결국 1998년 12월 7일 청와대에서 대우그룹과의 빅딜 선언 이후, 대우와의 협상에 실패한 삼성은 그룹 초유로 삼성자동차의 법정관리를 신청한다.

르노는 루마니아의 다이치를 인수한 후라 삼성자동차를 인수할 여력이 없었으나 르노-닛산 얼라이언스 경영에 참여하고 있던 닛산 관계자들로부터 삼성차에 대한 정보를 받은 후 인수 검토에 착수한다. 르노는 당초 삼성차의 기흥연구소 등은 인수하지 않으려 했으나 최신 연구시설을 실사한 르노 본사 관계자들이 인수를 결정했다.

한편 프랑스를 방문하고 있었던 김대중 대통령이 예정에도 없던 슈웨체르 르노 회장과 회동했는데, 당시 한국 정부는 외환위기를 겪고 있었던 터라 외국 기업의 과실송금을 제한하고 있었다. 이에 슈웨체르 회장은 김대중 대통령에게 직접 이에 대한 해제를 요구했다. 대통령은 동행했던 이기호 당시 경제수석과 의견을 조율해 허가를 내주는 등, 마침내 삼성차의 르노 매각이 성사되었다. 삼성차의 채권은행단 중 산업은행, 외환은행이 주도적으로 매각을 반대했으나 청와대에서 해결했다. 매각은 자산부채이전(P&A)방식으로 이루어졌다.

한편 정세영은 2000년에 발간한 그의 자서전에서 삼성의 자동차 사업에 대해 다음과 같이 평가했다.[15]

업계의 소문에 따르면, 삼성이 25만 대 규모의 공장을 짓는 데 적게는 2조 7,000억 원에서 많게는 3조 5,000억 원이 들었다고 한다. 우리로서는 이해가 가지 않는 대목이다. 우리는 아산에 최신 시설을 갖춘 25만 대 공장을 짓는 데 약 7,000억 원밖에 들지 않았다. 이미 업계에서 평가한 대로 아산 공장의 시설은 최신 시설을 갖춘 일본 도요타의 규슈 공장하고 맞먹는 정도의 첨단 수준이다. 그런데 시설 수준에 대한 평가는 차치하고라도 삼성이 25만 대 규모의 공장을 짓는 데 그처럼 많은 투자를 했다는 것이 도통 납득이 가지 않았다.

성과에 매몰된 무리한 투자

이 문제에 대해서 자세하게 다룬 까닭은 삼성이 최근에도 같은 투자 스타일을 보여주고 있기 때문이다.

언론에 따르면, 삼성은 스마트폰 주력 기종인 갤럭시S6의 프레임을 플라스틱에서 메탈 소재로 전환하면서 이를 가공하기 위해 대당 1억 원짜리인 CNC(컴퓨터 수치제어) 공작기계를 2만 대나 일본 화낙에서 들여왔다고 한다. 2조 원을 그야말로 쏟아부은 것이다.

스마트폰 케이스의 소재는 시장 상황에 따라 변하는 것으로 메탈 소재가 시장에서 영구히 사용되는 것이 아니다. 그렇다고 아웃소싱하자니 워낙 규모가 커서 이 공정을 따로 맡기기에도 한계가 있었을 법하다. 삼성은 당초 애플 아이폰의 하청업체인 폭스콘에 이 공정을 아웃소싱하는 것도 검토해보았다고 한다. CNC가 특별히 첨단기기가 아니라는 것은 널리 알려진 사실이다. 메탈로 결정된 게 2014년 여름이고, 수주를 받아 베트남 공장에 설비 세팅한 게 2014년 연말인데, 이 발주량을 맞춘 화낙이 대단하다는 생각이 든다. 이런 사실은 2015년 4~5월 언론을 통해 밝혀졌는데, 기사 이면을 보면 이같은 의사결정이 이재용 부회장의 결단이라는 것을 보여주면서, 동시에 신종균 사장 이하 임원들은 책임을 회피하기 위한 목적이었던 것으로 보인다.

삼성자동차 투자 때를 보더라도 2,500억 원짜리 오토트랜스미션 설비를 실무자가(부장) 반대해서 무산시켰고, 역시 수천억 원이 들어가는 금형 공장 투자를 실무자가 몇백억 원대로 축소시킨 바 있다. 삼성전자 엔지니어들은 막나가는 것 같고 전통적으로 프로젝트에 대해 책임지지 않는 재무라인들은 이를 통제할 의지가 없는 것 같다.

갤럭시S6의 곡면 디스플레이 생산을 위한 삼성의 설비 투자 역시, 천문학적인 규모일 것으로 추정된다. 갤럭시S6가 실패하면 삼성그룹 전체적으로 피해가 막심할 것이다. 그런데 CNC는 한때 삼성전자와 삼성중공업이 공동으로 개발한 바 있다.

현대차그룹의 현대위아는 상당한 수준으로 CNC를 만들어내고 있다. 현대자동차가 이러한 투자를 한다고 가정해봤다. CNC 공작기계 사업부를 만들어서 자체에서 '현대 속도'로 생산해낼 것이다. 경박단소형의 사업구조를 가지고 있는 삼성전자의 도박과도 같은 투자의 끝이 어딜지를 가늠해본다.

삼성은
5년 안에 망한다

미스터 B는 70세이다. 2014년 10월경 B를 필자의 지인이 베를린의 고적한 카페에서 만났다. B는 눈물까지 글썽였다. 자신은 이건희 회장과 죽을 뻔한 적도 있다고 했다. 약 20년 전 자신의 포르쉐를 이 회장이 한번 몰아보기를 원했다. 자신은 이건희 회장을 보스로 모시는 입장이었기에 거부할 수 없었는데, 운전대를 넘기고 나서 순식간에 사고가 일어났다. 이 회장이 길을 잘못 들어 역주행을 했다. 정면에서 차들이 주행하는 것을 본 이 회장이 차를 틀었고, 가드레일을 건너 뛰어 도로 밖 농지에 처박혔다. 둘 다 몸이 붕 떴다고 한다. 다행히 크게 다치지 않았고, 삼성 유럽본부의 전 직원이 동원되어 차량 사고 신고조차 되지 않았다. 나중에 사무실 복도에서 마주친 이 회장이 자신보다 세 살 아래인 독일인 친구에게 최고라면서 엄지손가락을 치켜들었다고 한다.

갤럭시를 사용하던 이 독일인 삼성맨은 얼마 전 아이폰으로 바꾸었다. 그는 "이재용은 자기가 무언가를 결정할 수 있도록 훈련되지 않았으며, 이재용의 삼성은 5년 안에 망한다"고 주장한다. 이건희 회장에 대해서는 카리스마가 넘쳤고, 항상 고민하던 경영자로 기억했다. 그는 이 회장이 컬렉션 했던 클래식카를 가지고 있다. 이 회장이 그에게 선물했는지는 알 수 없다.

미스터 B는 세계적인 수준의 수소전지연료차 레이싱 대회를 준비 중에 있다. 그는 수소차 개발의 글로벌 리더인 현대차가 이 대회의 메인 스폰서를 맡아주기를 원한다.

이재용의 삼성에 대한 부정적 의견은 이뿐이 아니다. 한국에 인터넷을 도입한 전길남 KAIST 명예교수는 한 인터뷰에서 "어떻게 해야 삼성이 걸출한 IT 기업으로 발전할 수 있을까?"를 묻는 기자에게 다음과 같이 답했다.[16]

"구글러한테 물어봐라. 너희 사장 어떻게 생각하냐고. '굉장한 사람이다, 존경한다'라고 얘기할 거다. 삼성 사람한테 물어봐라. 너희 오너어떻게 생각하나. 주식투자 잘한다고 할 거다. 구글에서 일하는 사람이 래리 페이지를 존경하는 것처럼 삼성 직원이 이재용을 존경할까. 이런 게 없으면 조직의 마인드 자체가 달라진다. …… 삼성이 구글을 견제하려면 하나가 돼야 한다. 만일 삼성을 위해 이재용이 잘 못하면 파면시킬 수 있어야 한다. 구글 래리 페이지가 그 자리에서 일을 제대로 못하면 앞으로 그 자리에 있을 수 없다. ……

개인적으로 이건희 회장이 굉장한 사람이라고 생각한다. 우리나라

회사가 세계 최고가 될 수 있다는 걸 증명한 사람이다. 이건희 회장 전에는 한국 회사가 세계에서 최고가 되는 건 불가능했다. 2·3·4등은 할 수 있었지만 1등은 못했다. 그런데 삼성 이건희 회장이 그걸 해냈다. 스마트폰 시장점유율에서 1등이 됐고 반도체도 그렇다. 그러니까 삼성이 굉장하다고 생각한다. 하지만 이건희 회장이 차기 사장이 될 기회를 아들에게만 준다면, 그게 삼성의 한계일 거다. 스티브 잡스가 아들에게 사장을 시키고 다른 사람은 그 자리에 못 앉게 하면 애플이 지금 같은 회사가 될 수 없었을 거다. 삼성의 공은 한국 회사도 세계 최고가 될 수 있다는 점을 보여준 것이다. 이 정도로 삼성의 미션은 끝나면 된다. 앞으로 구글, 페이스북 같은 회사를 만들 수 있을지는 젊은 사람들 손에 달렸다."

미래 세대는 지금의 삼성전자, 현대차 수준의 회사에 머물러서는 안 된다. 그 이상을 경험할 수 있어야 한다.

정몽구와 이건희

정몽구 회장과 이건희 회장의 공통점은 강력한 카리스마이다. 유교 문화를 바탕으로 한 부권의 독선적 권위 같은 것인데, 한국 재벌의 유난한 면이기도 하다. 일단 이 두 사람에게 그런 카리스마가 존재하는 배경은 둘 다 장자가 아니라는 데서 비롯되었다는 것이 대체적인 의견이다. 이건희는 창업주 이병철의 지원이 있었다 하더라도 장남 이맹희와 권력 다툼 과정을 거쳤다.

정몽구 역시 창업주 정주영의 지원이 있었다 하더라도 장남 정몽필의 사망 후 1996년 현대그룹 회장에 취임(정몽헌은 그룹 부회장)하였고, 현대차의 실질적인 경영자인 삼촌 정세영을 밀어낸 과정이 있었다. 즉 자신들의 정통성 부족을 강력한 카리스마로 극복하려고 했다.

정몽구는 이건희와 달리 1.5세라고 칭하는 것이 옳다. 현대차와 기아차를 물려받기 전까지 정몽구는 1970년대부터 현대차써비스를 창업했고, 현대정공을 설립하여 독자적인 경영을 해왔다. 물론 정주영과 정세영으로부터 일정 사업 부문의 이관이나 지원을 받았지만 전폭적인 지지를 받지 않았던 기간이 상당하다. 또한 현대정공에서 철도차량 사업을 하면서 부품의 모듈화에 눈을 떠 글로벌 메이커들이 도입한 모듈화와는 상이한 독립된 부품 모듈 공급시스템을 정착시켰다.

하지만 이건희와 정몽구는 사람을 쓰는 용인술에서는 극명한 차이를 보인다. 이건희는 믿고 맡기는 스타일이다. 은둔형 경영자이며 위임형이다. 오죽하면 이학수 전 그룹 전략기획실장이 그룹 경영을 위임받았다는 얘기가 나돈 적이 있을 정도이다. 이와 반대로 정몽구는 현장 경영을 바탕으로 세세한 것까지 직접 챙기는 스타일이다. 앞서 살펴본 것처럼 2인자를 두지 않는 경영으로 후계자인 정의선 부회장조차 2인자라는 표현을 붙이지 않는다. '수시 인사'는 직접 경영의 다른 표현이다.

3세 경영권의 승계 방식에서도 차이가 난다. 이건희는 2014년 갑자기 쓰러지면서 이재용으로의 경영권 승계가 급속하게 이루어졌다.

사회적으로 별다른 저항없이 실질적으로 이재용으로의 경영권 승계가 완료되었다고 봐야 한다. 삼성은 이건희의 유고 상황을 사생활이라는 이유를 들어 이 회장의 건강 정보를 언론을 포함해 완벽하게 통제했다.

한편 정몽구가 경영에 나선 1999년, 아들 정의선 역시 경영 참관을 시작했으며 승진은 초고속으로 이뤄졌다. 이재용의 직급 승진이 완만하게 이루어진 것과는 대조적이다. 경영 승계 작업은 이재용이 급속하게 진행된 것에 비해 정의선으로의 경영 승계 작업은 순조롭지 않다. 정몽구는 현대모비스, 현대글로비스에 일감을 몰아주면서 정의선의 재산 상속을 위한 현금 확보에 주력하고 있다.

물론 현 시점에서 이 두 사람의 가장 확연한 차이는 2014년 5월 이후 이건희는 유고 상황이고, 정몽구는 건재하다는 사실이다.

삼성 리스크의 징조들

삼성은 가공할 수준의 물적 · 인적 자원을 동원하여 이재용 체제를 홍보하고 있다. 그러나 그 어디에서도 이재용 체제에 대한 긍정적인 신호는 보이지 않는다. 그 첫째가 경영실적이다. 이재용 부회장이 주력하고 있는 삼성전자의 2015년 1분기 실적은 매출 47조 원, 영업이익 5조 9,000억 원으로 이 회장 입원 직전인 2014년 같은 기간에 비해 각각 12퍼센트, 30퍼센트씩 줄었다. 주력 사업인 스마트폰 부진이 결정적인데, 최근 출시한 갤럭시S6 시리즈도 초반 흥행에서 부진하다는 평가이다. 삼성은 이를 메탈 프레임, 곡면 디스플레이의 수율 부족에 따른 공급 지연이라고 에둘러 이야기하고 있다.

이재용 체제에서 가장 중요한 스마트폰 사업은 그룹이 총력을 펼쳤음에도 글로벌 시장에서 한계에 도달했다. 세계 제일의 시장인 중국에서 1위를 독주하던 삼성전자가 샤오미와 애플의 협공에 밀려 2014년 4분기에 시장점유율 3위로 밀려난 데 이어 2015년 1분기에는 샤오미, 화웨이, 애플에 이어 4위로 추락했다. 샤오미는 삼성을 밀어내고 2014년 3·4분기 연속 시장점유율 1위를 차지한 데 이어 2015년 1분기에도 1위를 차지했다. 애플도 아이폰6의 인기에 힘입어 시장점유율이 지난해 3분기 5퍼센트에서 4분기 10.9퍼센트로 껑충 뛰어 2위를 차지했다.

이 같은 부진에 대해 중국 현지 전문가들은 삼성의 제품 및 브랜드 전략에 문제가 있다고 지적한다. 애플이 자신들만의 정체성이 녹아 있는 문화를 시장에 이식하기 위해 노력한 반면, 삼성은 중국 내 유통망을 개혁해 직판체제를 강화함으로써 위기를 타개하려 한다는 것이다. 즉 삼성은 유통망 개혁 이전까지 아이스더(AISIDI), 텐인통신(Telline), 중유푸타이(PTAC) 등 전국 총판을 맡은 유통회사들만을 상대했다. 휴대폰 판매 사업을 B2C로 인식한 게 아니라 B2B로 인식한 것이다. 결국 전 삼성전자 전략마케팅 실장인 이돈주 사장 중심의 전면 쇄신파들의 주장이 맞아들어가고 있다. 현대차의 정몽구 같았으면 이 전 사장을 다시 복귀시켰을지도 모른다.

이외에도 삼성전자는 2015년 1분기에 TV 부문에서는 적자를 기록했고, 백색가전을 포함한 생활가전 부문에서는 1,400억 원의 영업 손실을 기록했다. 이는 생활가전 부문에서 TV 사업을 맡는 비주얼디스플레이 사업부의 실적이 나빠졌기 때문이다. 비주얼디스플레이 사업 부문의 매출은 6조 2,200억 원으로 전분기보다 36퍼센트 급락했다. 사실 삼성그룹의 계열사들은 전자 외에도 전반적으로 하락세이다. 2015년 1분기 실적은 삼성중공업(전분기 대비 74퍼센트 감소), 삼성물산(75퍼센트 감소), 제일모직(92퍼센트 감소), 삼성SDI(82퍼센트 감소), 삼성SDS(30퍼센트 감소) 등은 시장 예상치 범위를 넘어서며 '어닝쇼크(earning shock)'를 기록했다.

분기 실적이기는 하지만 그룹의 '대장격'인 전자에만 주력하고 나머지 계열사에 대한 무관심 내지 방임은 경영권 승계 과정에 있는 이재용의 그룹 전체를 아우르는 능력에 대해 의구심을 갖게 한다.

한편, 지난 2월 이재용 부회장의 일본법인 현지 방문 후 삼성은 도쿄 롯본기(六本木) 사옥을 매각하기로 했다. 일본 본사 사옥 매각은, 세계 TV 1위 업체인 삼성이 2007년 일본 TV 시장에서 철수해버린 것, 스마트폰 시장에서는 점유율이 5퍼센트대로 떨어져 있는 등의 흐름과 무관할 수는 없다.

이 빌딩을 완공한 2003년 당시 삼성은 소니, 파나소닉 등 일본 회사로부터 엔지니어들을 적극적으로 끌어 모으고 있었다. 일본은 삼성에게는 전통적으로 시장보다는 정보수집 및 제휴기업들과의 협력 거점으로 의미가 더 컸다.

이재용 부회장은 주요 글로벌 시장 간 균형이 필요하다는 측면 외에도 창업주 및 이건희 회장의 일본에 대한 전략적 관점을 갖지 못한 것 같다. 최근 삼성전자가 일본 시장에 출시한 갤럭시S6에는 'SAMSUNG' 로고를 찾을 수 없다. 글로벌 기업 삼성은 일본 시장에 재접근하면서도 가장 핵심 역량인 롯폰기 사옥을 매각하는 이중 잣대를 들이대고 있다.

삼성은 2015년 5월 26일 삼성물산과 제일모직 간 합병을 발표했다. 사업 간 시너지를 내고 중첩되는 조직을 리스트럭처링 하는 사업 경쟁력 강화 차원의 M&A 목적은 온데간데없고, 오로지 이재용 중심으로의 삼성전자, 삼성생명 경영지배권 강화라는 목적만 있다. 삼성물산은 경쟁력을 이미 잃어버린 상사 부문과 건설 부문의 사업구조이다. 이 두 사업 부문은 삼성그룹 전체 사업군 중에서 최우선으로 구조조정되어야 함에도 불구하고 이재용으로의 경영지배구조 구축 때문에 부활했다.

〈파이낸셜타임스〉는 2015년 5월 27일자 렉스 칼럼에서 이러한 합병에 관한 비판 글을 내놓았다. 삼성그룹은 "비전자 계열사들의 글로벌 경쟁력 향상과 각 사업 부문의 시너지 효과 극대화를 위해 추진된 것"이라고 설명하고 있지만 〈파이낸셜타임스〉는 "이런 구조조정이 어떻게 가치를 창출한다는 것인지 알기 어렵다"고 반박했다.

삼성 측은 2020년 '통합 삼성물산'의 매출이 60조 원에 달할 것이라는 목표치를 제시했다. 현재 제일모직과 삼성물산의 매출을 합친 것보다 70퍼센트가 많은 수준이다. 이에 대해 〈파이낸셜타임스〉는 "50개국에 걸쳐 있는 삼성물산의 글로벌 네트워크가 제일모직의 패션·식품 사업의 해외 판로 개척을 지원할 것이라는 전망 이외에 구체적인 근거가 없다"고 평가 절하했다.

삼성 리스크의 역설

삼성이 스마트폰에 꽤 오랜 기간 총력전을 펼치는 사이 전통적인 경쟁자였던 일본 전자업체들이 발빠른 사업 재편, 구조조정의 과정을 거친 후 엔저를 등에 업고 부활하고 있다.

스마트폰 시장에서 참패했던 소니는 그 와중에도 갤럭시, 아이폰 등에 쓰이는 이미지센서(CIS)에 과감한 투자를 계속했다. 그 결과 2014년 이미지센서, 디지털카메라 방송기기 등을 비롯한 디바이스 부문에서 무려 1,000억 엔에 달하는 영업이익을 올렸다. 반도체, 가정용 전기기기, 컴퓨터, 통신기기, 자동차용 전기기기, 터빈엔진, 철도 차량 등을 폭넓게 다루는 복합기업인 히타치 역시 2008년 위기 이후 상당한 매출을 내던 액정표시장치(LCD), 하드디스크드라이브(HDD) 사업을 정리하고, 사업구조를 철도나 송전시스템에 쓰이는 정보 제어 및 인프라 시스템, 건설기계, 고기능 산업재료와 중전(重電) 분야로 이동했다. 신사업 개발에는 공격적 투자를 단행해 이탈리아 철도업체 핀메카니카를 2,500억 엔에 매입하여 세계 철도 사업 시장에 강자로 부상했다.

삼성 비서실은 25년 전인 1990년에 고속철 사업 TF팀을 발족시켰고 안재학 당시 삼성중공업 기계 사업본부 대표를 팀장으로 포진시켰다. 이를 기획한 비서실 기획팀 박종대는 청와대 건설교통 수석비서관이었던 차동득 박사와도 컨텍한다.

고속철도 사업은 국가 및 기업의 중전기 분야 기술을 한 단계 발전시킨다. 프랑스의 잭 알스톰 사와도 기술제휴 예비 단계까지 진척시켰다. 토목 부문은 독일 엔지니어링 회사들과 접촉했다. 고속철도가 지나는 터널은 피스톨 압력을 견딜 수 있어야 된다는 기술분석도 마쳤다.

삼성의 미래전략실은 미래 먹거리, 혁신의 불씨를 당길 수 있는 기획 기능이 사실상 사라졌다. 삼성전자 중심의 오로지 전자, 전자 중에서도 통신기기, 가전 중심으로 그룹의 역량이 집중되는 비극을 맞고 있다. 자신들이 과거에 무슨 DNA를 가졌는지조차 잊어버렸다. 삼성은 야성을 잃어버렸다.

2000년 초까지 삼성 비서실에 근무하던 K는 최근 삼성 서초 사옥과 수원 삼성전자 사업장을 방문했다. 삼성 서초 사옥 로비에는 넓은 공간에 경직된 경비원들만 근무하고 있다. 방문객은 신분증을 제시하고 번거로운 절차를 거쳐 출입카드를 받아 엘리베이터를 타면 미쓰비시제의 저소음 고속 엘리베이터가 원하는 사무실로 신속하게 이동시켜준다. 삼성전자 수원 사업장 건물은 서초 사옥의 1.5배 규모의 사옥이 하나 더 들어섰으며, 그 옆에는 또 이 사옥의 1.5배 크기의 건물이 있다. 서초 사옥의 1.5배 건물의 한 개층은 관리직원만 약 400여 명 근무하고 있다. 서초 사옥이든 수원 사옥이든 15년 전 그대로의 인테리어와 사무공간 배치였다.

휴게실 및 식당, 화장실 등은 스티브 잡스가 창업한 애니메이션회사 픽사 건물 공간처럼 직원들 간 상호 교류할 수 있도록 층의 가운데 배치되어 있다.

K는 복도를 오가는 가운데 직원들이 한결같이 피곤해 보이고, 찌

들어 있는 모습을 보고 놀랐다.

이건희 회장이 쓰러진 지 1년이 지났고, 경영환경은 점점 나빠지고 있으며, 출근은 새벽 6시 반이다. 부사장급인 사업 부문장과의 미팅 중 수시로 직원들은 보고서를 들고 들어왔다. A4 용지에 파워포인트로 작성한 그래프가 잔뜩 있는 15년 전 그대로의 양식이었다. 삼성은 하드웨어는 최신식으로 바뀌었으나 일하는 소프트웨어는 그대로였다. 세상이 개벽했는데 삼성은 바뀐 것이 없었다. K는 삼성이 망할 수도 있다는 것을 직감한다.

현대차그룹도 고속철도 사업 부문인 현대로템을 가지고 있다. 공기업인 코레일(사장 최연혜)은 한국철도기술연구원(원장 김기환)과 시너지를 내면 고속철 사업 부문에서 세계적인 경쟁력을 가질 수 있다. 그러나 코레일은 국토교통부 산하이고, 한국철도기술연구원은 미래창조과학부 산하 단체여서 역량이 분산되어 있다. 이를 통합하는 것이 무엇보다 시급하다. 한국의 철도 산업은 내수 기반 취약, 부품업 생태계 고갈이라는 근본적인 한계가 있다. 그러나 고속철을 훼리에 실어 중국 횡단 노선(TCR)*에 연결하는 유라시아 철도와 같은 획기적인 사고의 전환이 이루어진다면 성장할 수 있다.

공기업이든 현대차그룹의 현대로템이든 삼성전자이든 이러한 외부의 혁신에 앞서 히타치와 파나소닉처럼 자신의 영역을 버리고 제3의 영역으로 나아갈 수 있는 내부 혁신이 전제되어야 한다.

---

* **TCR:** 중국 북부를 거쳐 신장 지역을 지나 중앙아시아를 관통하는 열차

이재용 라인, 지배권에 집착

2014년 11월 한화그룹에 방위산업 업체인 삼성테크윈 등 4개사를 넘기기로 한 결정에 대해 삼성 내외에서는 "수익성이 뒤떨어지는 비핵심 분야는 과감하게 정리하고, 나머지 사업에 역량을 집중하겠다는 경영 방침의 변화를 보여주는 것"이라고 설명했다. 사업 재편을 통해 경쟁력을 강화하겠다는 메세지이다.

삼성테크윈은 2015년 3월, 일반 도로뿐 아니라 산간 지역, 야지에서도 사람 없이 스스로 운행할 수 있는 무인차 스타엠(Star-M), 날개가 접히는 드론 '큐브 콥터'를 독자기술로 개발했다고 발표했다. 무인차와 드론은 최근 구글, 아마존, 알리바바 등 글로벌 기업들이 경쟁적으로 기술을 확보하고 시제품을 내놓는 등 시장 선점을 위해 적극 뛰어들고 있는 미래 기술 분야이다. 그런 사업 부문을 비주력 사업이기 때문에 매각했다고 말할 수 있을까?

사실 '이재용의 삼성'은 쉽게 포기해버리는 경향이 있다. 삼성의 경쟁사인 애플은 왜 당장 돈도 안되는 자율주행차 개발에 회사의 역량을 쏟는지, 아마존 역시 왜 돈도 안되는 드론 개발에 모든 역량을 동원하고 있는지 묻고 싶다.

핵심 역량이 될 수 있는 사업 부문의 매각 이면에는 형제간의 지분 싸움도 영향을 미친 것으로 보인다. 이건희 회장이 쓰러지기 전인 2014년 4월, 삼성종합화학은 삼성석유화학을 흡수 합병하면서 이부진은 지분 4.95퍼센트를 새로 획득했다. 이부진으로의 삼성종합화학

분할이 점쳐졌었다.

그러나 2014년 7월 1일, 삼성SDI의 제일모직 흡수합병으로 인해 삼성전자의 경영지배를 받는 삼성SDI는 삼성종합화학에 대한 보유 지분이 9.15퍼센트에서 13.09퍼센트로 높아지면서 이재용 중심의 지배구조가 강화되었다. 곧이어 2014년 11월 26일, 삼성그룹은 삼성 종합화학을 포함한 석유화학계열사, 방산업체인 삼성테크윈을 한화 그룹에 매각하기로 결의하면서 비주력 계열사 정리가 이재용 체제의 화두가 되었음을 보여주었다. 과연 그런가?

이재용의 참모들은, 삼성종합화학이 이부진에게로 경영권이 넘어 가면 석유화학업의 특성상 그룹이 계속 지원해줄 수밖에 없기 때문 에 그 싹을 미리 제거한 것으로 해석된다.

LG화학의 경우를 보자. LG화학은 옛 현대석유화학의 주력 공장이 었던 대산 공장 1단지를 2005년에 인수했다. 지난 10년간 대산 공장 의 매출은 1조 8,100억 원에서 5조 7,530억 원으로 3.2배 늘었다. 생 산능력도 연 218만 톤에서 468만 톤으로 2.2배 증가했다. LG화학은 같은 기간 대산 공장에 1조 7,500여억 원의 대규모 투자를 통해 부활 시켰다. LG화학의 대산 공장은 애초에 삼성종합화학과 같은 공정이 었다.

삼성종합화학 역시 마찬가지이다. 이부진으로의 분할 후 향후 치 열한 경쟁에 살아남기 위해서는 대규모의 투자가 이루어져야 한다는 것은 불문가지이다.

이병철 창업주가 살아 있을 때 호텔신라는 장녀인 이인희 현 한솔 그룹 고문이 경영하고 있었다. 그러나 재산 분할 과정에서 호텔신라는 이건희 회장 계열사로 남았다. 현재 호텔신라는 이부진 사장이 경영을 책임지고 있지만, 이 사장에게는 호텔신라 지분이 전혀 없는 상태다. 이건희 회장이 쓰러진 뒤 이재용의 참모진들은 이부진 사장에 대한 견제 수위를 높여왔다.

최근 이부진 호텔신라 사장은 시내 면세점 사업 신규 투자를 위해 현대산업개발 정몽규 회장과 손을 잡았다. 그 사업방식이 획기적이다. 경영권이 확보되지 않는 5 대 5 지분구조이고, 공동대표이사 체제의 운영이다. 오랫동안 금기처럼 내려온 삼성 순혈주의를 깨는 일이다. 이재용 일방 체제에 대한 반기이며, 향후 삼성 체제의 큰 변화를 나타내는 시금석이다.

이부진 사장과 이서현 제일기획 사장은 제일모직 지분 7.75퍼센트, 삼성SDS 지분 3.90퍼센트를 각각 보유하고 있다. 이서현은 지주회사 지분을 처분하고 자신의 남편과 공동 대표이사로 있는 제일기획의 지분을 취득하겠지만 이부진 사장은 다른 행보를 보이고 있다.

진정한 혁신

이재용의 삼성 경영지배 방식은 굳이 상속을 통하지 않고도 초글로벌 기업의 경영권 장악이 가능하다는 사례를 잘 보여주고 있다. 현재의 방식은 광의의 편법 상속이다. 사실상 식물인간인 이건희 회장이 법률적으로 생존해 있는 상태에서, 이 회장이 보유하고 있는 삼성전자, 삼성생명 등 주요 계열사의 지분을 양도 받지도 않은 채, 6조 원 규모에 이르는 상속세도 전혀 낼 필요도 없이 향후 30년 임기의 산업권력의 황제로 등극했다. 삼성의 무조건적인 직계 3세로의 지배체제 구축을 위해 우리 사회가 감당해야 되는 사회적 비용이 너무 크다.

이재용이 책임지고 있는 삼성전자의 실적 악화는 차치하고라도 불과 수개월의 시장 상황에 대응하기 위해 2조 원 규모의 범용 공작기계 설비 투자가 있었다. 또한 삼성전자 마케팅 부서의 전략 변화 요구를 무시하고 기능주의 기술파인 신종균 사장을 사업 부문장으로 앉혀 인사 및 전략상의 실패를 거듭했다.

창업주 이병철과 부친 이건희의 일본 중시 전략의 함의를 간과한 것은 중대한 경영전략상의 실수일 가능성이 있다. 또한 잠재되어 있는 형제간의 분쟁 가능성 등 삼성 리스크에 대한 문제의 접근도 여기서 출발했으면 한다.

1987년 이건희로의 2세 체제로 넘어갈 때의 삼성과 2015년 삼성은 그 위상을 비교하기조차 힘들다. 1987년 당시 9조 9,000억 원이었던 그룹 매출은 300조 원으로 늘었고, 시가총액은 1조 원에서 333조 원으로 광폭으로 팽창했다. 이건희는 1993년 신경영 선언 등 과감한 혁신을 통해 창업자 이상의 혜안과 집중력, 리더십을 발휘했다.

지금의 삼성 총수는 일개 사기업의 CEO 위상이 아니라 사실상 국가 지도자 수준의 위상이다. 지난 1년여 동안 이재용이 글로벌 기업의 CEO로서뿐만 아니라, 국가적으로 비전을 갖춘 지도자로서도 많이 부족하다는 점이 여실히 드러났다. 글로벌 금융위기가 덮쳤던 2008년 마이크로소프트 창립자인 빌 게이츠는 다보스포럼(세계경제

포럼)에서 "기업은 이윤 추구와 함께 빈곤층의 삶을 개선하는 데도 노력해야 한다"며 이를 '창조적 자본주의(creative capitalism)'라고 했다. 불평등을 해소하기 위해서는 자선만으론 안 되며 자본주의 시스템을 활용해야 한다고도 했다.

2005년 MBC의 단독 보도로 알려진 일명 '엑스파일 사건'과 2007년 김용철 전 삼성 법무실장의 폭로로 시작된 '삼성 비자금 사건'은 수사 및 그에 따른 법률적 결과에 상관없이 삼성그룹의 사회적 기반을 무너뜨리는 사건이었다.

이재용에게서는 선대의 공과 더불어 과를 짊어져야 할 책임이 있다. 하지만 그에게는 국가를 넘어서는 글로벌 기업의 수장으로서의 비전이 보이지 않는다. 그가 인식하고 실천해야 되는 행동을 하지 않고 있으며, 그럴 가능성도 보이지 않는다. 그는 오로지 삼성전자에 대한 지배권에만 집착하고 있다. 국가와 사회, 삼성 전체를 아우르는 안목의 부족이 적나라하게 보인다. 이는 결국 정치권 및 국민 전체의 기회비용으로 대두될 수밖에 없다. 최근 〈매일경제〉는 사설에서 이 같은 내용을 적시하였다.

'삼성 3세 시대'를 여는 이재용 부회장의 경영권 승계는 단순한 부의 승계, 거버넌스 안정 이상이어야 한다. 국민은 전임 세대를 초월하는 경영철학, 새로운 비전, 역동적인 글로벌 전략, 초일류다운 기업문화를 확인하고 싶어 할 것이다. 삼성의 안정적 승계와 발전이 한국 경제에 미치는 영향이 지대하기 때문이다. ……

삼성은 여전히 글로벌 기업과 한국 기업, 추격 기업과 선도 기업의 모호한 중간 위치에 머물러 있다.

〈매일경제〉, 2015년 5월 28일자 사설, 온라인에서는 동 부분 삭제

나는 삼성 리스크 때문에 현대차그룹에 대해서는 긍정적으로 얘기할 수밖에 없다. 한국 정치 및 외교 변수마저 불안한 현 경제 상황에서 글로벌 플레이어의 한 축만이라도 안정적인 경영이 이루어지기를 바란다.

한국 사회가 삼성 리스크를 줄이는 단기적인 방안은 이재용 부회장 자신을 포함하여 컨트롤타워인 미래전략실 최지성 부회장과 미래전략실 2인자인 장충기 사장, 삼성전자의 IM 부문의 신종균 사장 등 각 사업 부문장, 사회관계망 책임자 스스로의 인적 쇄신을 기대하는 수밖에 없다.

현대차와 삼성, 미래차에서 만난다

삼성과 현대차그룹은 삼성의 자동차 사업(완성차 조립) 재진출 여부와 상관없이 글로벌 시장에서 경쟁관계로 돌입할 것이다. 전기차의 전장부품 비중이 배터리를 포함해 최고 70퍼센트에 이른다. 어차피 삼성은 차량용 디스플레이, 자동차용 배터리로 사업의 방향을 틀어쥐고 있다. 현대차그룹은 순수 전기차보다는 수소차로 방향을 잡았다. 수소차는 환경이나 연비 면에서는 최고이나 안전성 측면에서는 검증이 끝나지 않았다. BMW i3에

삼성SDI가 배터리를 공급하고 있으나 아직은 프로토타입으로 저가로 공급하고 있다고 한다.

BMW 입장에서도 기술적으로, 원가 측면에서 경쟁력 있는 파트너를 확보하는 것이 전기차 사업의 승패를 좌우한다. 하지만 삼성은 그 반대이다. 기술적으로 의미 있는 발전의 변화가 보여야 되고, 완성차 업체에서 수익성이 보장된다는 확신이 서야 올인할 것이다.

삼성은 5G 기술 선점을 통해 그동안 단말기 제조에만 집중해온 사업 분야가 확대될 수 있다. 이동통신의 데이터 전송속도가 한계를 돌파하면 이전에는 상상만 했던 일을 현실에 구현할 수 있다.

5G 이동통신 기술이 실현되면 1초에 10기가비트를 전송할 수 있다. 4G의 최대 전송량인 초당 100메가비트의 100배에 이르는 속도다. 이 속도면 영화 한 편이 1초도 안되는 순간에 다운된다. 이 데이터 전송속도라면 차량이 외부 서버와 인터넷으로 교신하며 자율적으로 주행하도록 할 수 있다. 빠르게 주행하는 자동차가 교통신호, 보행자와 다른 차량을 비롯해 도로상의 고정돼 있거나 움직이는 사물을 빠르게 인식하고 그 정보를 클라우드서버로 보낸 뒤 서버의 지시에 따라 움직이려면 그 정도의 데이터 전송속도가 뒷받침돼야 한다. 자율주행차량 시스템을 개발하는 데 통신네트워크 장비 업체들이 참여하는 까닭이다.

자율주행차량 시스템은 메르세데스-벤츠와 닛산 등 자동차 제조업체와 구글 등의 인터넷업체에서 개발하고 있다. 여기에 중국 화웨이, 한국 삼성전자, 일본 NTT도코모 등이 5G 네트워크 기술을 개발하는 데 힘을 보태고 있다. 이 중 삼성전자는 최근 시속 100킬로미터 이상 주행하는 속도에서 초당 1.2기가비트를 전송하는 기술을 세계 최초로 시연했다고 발표했다. 정지 상태 전송속도 역시 초당 7.5기가 비트로 끌어올리며 세계 최고를 기록했다. 삼성전자는 2020년 5G를 상용화한다는 목표를 세웠으며, 5G 기술을 주도하기 위해 SK텔레콤과 기술 공동 개발을 위한 MOU를 체결했다.

현대차그룹과 LG그룹이 전기차의 핵심 부품인 배터리 부문에서 구체적인 협력을 맺었듯이 5G를 공동 매개로 삼성과 SK의 협력관계가 진전되기를 바란다. 통신업체인 SK는 제조 부문을 사업화하고 싶어 한다. 궁극적으로 삼성은 경쟁력이 떨어지고 있는 스마트폰 사업 부문을 SK에 매각하고 제3의 영역으로 나갈 수도 있지 않은가.

현대차의 특별한
기업문화

현대차의 기업문화는 크게 세 가지 정도로 구분해서 살펴볼 수 있다. 하나는 놀라운 속도전, 즉 엄청나게 빠른 대응력이고, 둘째는 앞서 잠시 언급한 수시 인사이며, 셋째는 토론문화이다.

가공할 스피드 대응력

현대차의 놀라운 속도에 대한 사례는 무궁무진하다. 여기서는 몇 가지 사례만 소개하려고 한다.

첫 번째 사례는 인도 첸나이 공장의 주력 차종 선정부터 파일럿카 선정까지의 과정이다. 현대차는 1996년 12월 인도 첸나이 공장의 기공식을 올렸는데, 당초 판매하려고 했던 액센트가 인도 현지 상황에

서는 고급차라고 결론을 내리고, 경승용차 아토즈를 판매 차종으로
바꿨다. 그런데 인도인들의 터번 높이를 고려하여 현지화된 모델이
필요했고, 불과 3개월 만에 아토즈 변형 모델인 '상트로'의 파일럿카
를 개발했다. 거기서 그치지 않고 양산까지 6개월밖에 걸리지 않았
다. 생산 시작 5년 후인 2003년 인도 현지 생산 부품 비율이 상트로
91퍼센트, 액센트 86퍼센트, 소나타 60퍼센트에 달했다.[17]

두 번째는 중국 진출에서 이른바 '현대 속도'라는 용어를 만들어낸
사례이다. 정몽구 회장이 2002년 5월 베이징 시 당서기인 자칭린(현
중국인민정치협상회의 주석)과 전략협의서를 맺으며 그해 12월까지 차
를 만들겠다고 약속했는데 이를 지켰다. 또한 2003년 베이징현대기
차는 2만 대 생산계획을 보고했는데, 정몽구 회장이 5만 대 생산을
지시했고, 실제로 그렇게 실행되었다. 이때부터 중국 자동차업계에서
는 유행처럼 현대 속도라는 말이 번지기 시작했다. 협력업체들이 자
체적으로 베이징현대기차의 양산일에 맞추어 생산라인을 가동하는
것도 부지기수였다.

세 번째는 4개월 만에 엔진을 개발한 사례이다. 현대차는 세타엔진
기술을 벤츠에 이전하던 2004년 당시 다이믈러 벤츠가 경영권을 가
지고 있던 크라이슬러에서 세타엔진을 거절했다. 자신들은 2,400cc
배기량을 요구한다는 것이다. 세타는 1,800, 2,000, 2,200cc로 설계
되었는데 2,200cc를 2,400cc로 늘린다는 것은 단순히 배기량만 늘리
는 문제가 아니었다. 설계도면, 금형 등 제작 공정의 모든 일을 새로
시작해야 하는 일이었다. 그런데도 현대는 4개월 만에 설계 변경뿐
아니라 금형까지 포함하여 엔진 시제품을 내놓았다. 그렇게 하여 결

국 세타엔진을 크라이슬러 차량에 탑재시켰다.

네 번째는 불과 몇 개월 만에 품질을 개선한 사례이다. 2010년 당시 현대차는 신형 쏘나타의 양산 초기였던 2월 미국 고속도로안전보험협회(IIHS)로부터 충돌테스트를 받았다. 전체 안전등급은 별 5개 만점에 별 4개였다. 하지만 이에 만족하지 않고 품질을 개선하여 그해 10월 '양산 초기 단계이고 이후 안전도 보강작업이 추가됐다'면서 IIHS 측에 재검사를 강력히 요구해 마침내 별 5개를 받아냈다.

수시 인사, 그리고 재복귀

앞서 언급한 것처럼 현대차의 인사 문화는 매우 독특하며 일정한 틀이 있다기보다 그때그때 상황에 맞춰 수시로 이루어진다. 더구나 다른 그룹사들과 달리 한 번 물러났던 임원들이 현장으로 다시 복귀하는 일도 심심치 않게 있다. 예를 들어 2013년 11월에는 권문식 연구개발 본부장(사장), 김용칠 설계 담당 부사장, 김상기 전자기술 센터장(전무) 등 R&D의 핵심 3인방을 한꺼번에 경질한 일이 있었다. 정기 인사를 불과 한 달반 정도 앞둔 시점이었다. 그런데 이듬해 2월 권문식 사장을 동일 보직에 재임용한 일이 있다. 2015년 5월 정몽구는 자신의 사위인 정태영 현대카드 사장을 부회장으로 승진시킨 지 며칠 후인 6월 5일, 권문식 사장을 보직 변경없이 부회장으로 승진시켰다. 한규환 전 현대로템 부회장처럼 고문 자리에서도 완전히 물러난 지 5년이 더 지난 후에 승진 복귀시킨 경우도 있다.

　이런 경우가 잦다 보니 현대차 CEO급들은 보직 해임이 되어도 심리적으로 완전히 그만둔 게 아닌 상태가 되고, 또 그러다 보니 정몽구 회장이나 회사를 향해 불만의 소리를 털어놓지 못한다.

계급장 뗀 토론문화

　　　　　　　　　　현대카드는 정해진 자리가 없는 회의실을 운영한다. 참석자들이 대학교 강의실처럼 들어오는 순서대로 원하는 자리에 앉는다. 회의실에서만큼은 참석자 간 상하관계를 따지지 말고 수평적 관계를 바탕으로 자유로운 의사표현을 하라는 뜻이다.

　현대카드 회의실에는 반대 의사 표현 장치도 마련되어 있다. 어떤 부서가 특정 안건을 발표하면 정해진 순번에 따라 다른 부서의 임원이 그 안건에 대해 반드시 문제점을 지적해야 한다. 반대자로 정해진 임원은 안건의 내용을 미리 확인해 사전에 충분히 검토한 후 참석하기 때문에 안건을 준비한 부서와 팽팽한 논리 대결을 펼치기도 한다. 이들의 갑론을박으로 분위기가 달아오르면 다른 참석자들도 자신의 의견을 내놓는 데 주저함이 없어져 회의는 역동적인 의견 교환의 장으로 변하게 된다.

　현대카드는 형식적인 반대를 방지하기 위해 반대 발표의 질적인 수준을 수치화해 임원 평가 때 반영하고 있다.

예측불허

　　　　　　　　　　　일본 기업과의 대외업무를 담당하는 현대차 직원이 이런 이야기를 한 적이 있다. "보편적인 일본 기업들의 임직원들이 보기에 삼성은 다음 행보가 어떻게 움직일지 대강은 알 수 있다. 그런데 현대는 다음 행보가 어디로 어떻게 움직일지 알 수가 없다. 일본이 가장 두려워하는 기업은 현대이다."

　당시는 현대차그룹이 분리되기 전이지만 지금도 이 범주에서는 크게 벗어나지 않는다는 게 필자의 생각이다. 자동차 산업 전문기자인 〈포브스〉 코리아의 김태진은 "일본 자동차업계는 세계 제1위의 도요타가 있기 때문에 그 아래에 있는 현대차그룹에 대해 별로 관심이 없다"면서 "삼성전자가 일본 기업을 꺾었기 때문에 삼성전자에 관심이 많다"고 말한다. 나는 그의 의견을 존중하지만 관점이 조금 다르다.

　일본학계나 업계는 현대자동차그룹에 대해 잘 모른다. 어떻게 알 수 있겠는가. 나는 현대자동차를 25년 이상 지켜봐왔다. 그럼에도 불구하고 나는 이 기업에 대해 잘 안다고 이야기하지 못한다. 이 기업은 기아자동차를 인수했고, 원래의 현대그룹에서 분리되었으며, 왕자의 난이라는 그룹 경영권 쟁탈전을 거쳐 재산 상속, 경영권 승계를 번복한 끝에 정몽구가 그룹을 분할했고, 한보철강의 인수와 동시에 제철 사업에 대규모 투자를 했으며, 현대그룹의 모태인 현대건설까지 인수한 복잡하면서도 실체를 정확히 파악하기 어려운 기업이다. 그런 기업에 대해 일본의 어떤 기업이, 어떤 학자가 정확하게 알 수 있을까?

　속을 알 수 없는 기업이라는 면모는 그 안에서 일하는 사람들의 모습에서도 나타난다. 2000년 초 현대자동차를 출입했던 〈이코노미스트〉 전 편집장 이기수가 중앙일보에 재직하던 당시 현대차 홍보실 직원들 회식에 동석한 적이 있었다고 한다. 식사와 술을 한 잔 한 뒤 다들 개방형 가라오케를 갔는데 노래를 먼저 부르겠다고 다툼이 벌어졌다고 한다. 급기야 마이크를 잡고 실갱이가 벌어졌고 주먹질이 오가는 상황에까지 갔었다. 외부 손님인 이기수는 머쓱해져서 그 자리를 피할 수밖에 없었다. 그런데 다음 날 출입처인 현대차 홍보실을 다시 찾은 그는 분위기에 너무 놀랐다고 한다. 전날 주먹질을 한 당사자 둘이 언제 그랬냐는 듯이 서로 거리낌 없이 대화를 하는 것을 보고 '이 집단들은 도대체 뭐야!' 하는 생각을 아주 오랫동안 가졌다고 한다.

5장

현대
자동차를
말한다

현대자동차는 삼성전자와 더불어 한국 제조업계의 얼굴이지만 몸통은 기업 수 기준으로 80퍼센트를 넘는 부품 하청업체 기업들이다. 이 기업들 가운데 일부 대기업 계열사를 제외하면 자재비, 인건비를 합한 매출원가 비중이 대부분 90퍼센트를 넘는다. 반면 판매비, 관리비 비중은 10퍼센트 수준에 불과하다. 고정비 성격의 매출원가가 높은 이유는 현대차 부품업체들의 원천기술력이 부족해 가격 경쟁력에만 집중하기 때문이다.

하청 경제와 지배구조

"기아차의 부진은
진작에 단행했어야 할
기본적인 전략 수립을
미뤄온 결과일지도
모른다."

한심한 부품
경쟁력

    현대차가 글로벌 기업으로 성장하게 된 데에는 자신들의 노력에 더해서 정부의 자동차 산업 육성정책, 중국을 중심으로 한 신흥 시장의 성장세가 영향을 미쳤고, 또한 2008년 글로벌 금융위기 이후 GM의 파산, 도요타의 리콜 사태 등 외부로부터 조성된 우호적인 환경에도 영향을 많이 받았다. 그런데 좀 더 자세히 실상을 들여다보면, 그 핵심에는 현대차 중심의 완성차와 부품업체 간 비대칭 수익구조에 기댄 면도 상당히 크다. 현대차, 기아차의 영업이익률의 절반 이상은 협력업체 옥죄기의 결과이다. 전 기아자동차 재무 담당 임원인 신동찬은 이를 개선하기 위해서 "정부의 재정정책 부서가 개입해야 하며, 자금력이 약한 부품업체의 금융권 대출 이자도 모기업이 부담해야 되는 게 원칙"이라고 말한다. 즉 금융감독원 등이 주거래 은행을 통해 개선책을 내놓는 등 정부 지도가 필요하다는 것이다.

현대자동차는 삼성전자와 더불어 한국 제조업계의 얼굴이지만 몸통은 기업 수 기준으로 80퍼센트를 넘는 부품 하청업체 기업들이다. 이 기업들 가운데 일부 대기업 계열사를 제외하면 자재비, 인건비를 합한 매출원가 비중이 대부분 90퍼센트를 넘는다. 반면 판매비, 관리비 비중은 10퍼센트 수준에 불과하다. 고정비 성격의 매출원가가 높은 이유는 현대차 부품업체들의 원천기술력이 부족해 가격 경쟁력에만 집중하기 때문이다. 그러다 보니 외부 환경 변화가 있을 때도 쉽사리 가격을 높일 수가 없다. 원자재 가격이 올라도 단가를 올리기 어려워 수익성이 떨어지는 것이다.

경쟁력 강화하는 해외 부품업계

반면 세계 자동차 부품업체들은 종속적인 완성차업체들과의 관계를 벗어나 독립적으로 차세대 기술 혁신을 주도하고 적극적인 M&A를 통해 규모의 경쟁력까지 갖추면서 완성차 업계에 미치는 영향력을 강화하고 있는 추세이다. 2013년 기준 전 세계 자동차 부품업체의 M&A 규모는 121억 달러로 완성차업체의 M&A 규모 48억 달러의 2배 이상을 차지할 정도다.

세계 1위 기업인 보쉬는 세계 최초로 미끄럼방지장치(ABS)와 차체자세제어장치(EPS)를 상용화했으며, ZF는 9단 자동변속기를 개발하기도 했다. 특히 ZF는 2014년 9월 미국의 전장부품업체인 TRW를 인수해 2013년 매출액 기준 세계 2위의 부품회사로 올라섰다.

최근 몸집을 키운 글로벌 부품업체들은 새 공장을 짓기보다는 완성차업체의 해외 거점에 있는 현지 부품업체를 인수하거나 조인트 벤처를 세우는 '브라운 필드(Brown Field)' 전략을 구사하고 있다.

단연 중국 자동차부품업체들의 대규모 해외 M&A가 주목을 끈다. 허베이링군은 150년 역사를 가진 세계 최대의 자동차 도어록 전문 기업인 독일의 키케르트를 인수했다. 인수 이전 보유하고 있던 특허 가 20개 미만이던 허베이링군은 이 M&A로 수백 개의 특허를 확보했 고 폭스바겐, GM, BMW, 포드 등에 납품하며 북미, 유럽 시장으로 영역을 넓혔다.

중국 최대인 자동차 새시 부품 제조업체인 완샹그룹 역시 최근 미 국의 친환경 자동차업체인 피스커오토모티브와 전기차 배터리업체 A123시스템스를 인수했다. 완샹그룹은 브랜드명을 'Elux'로 바꾸고 2016년 하이브리드차 'Elux Karma'를 미국 시장에 출시할 계획이 다. 피스커오토모티브는 하이브리드차를 출시하며 한때 테슬라 전기 차와 경쟁을 벌여온 회사이다. 이처럼 완샹그룹은 잇따른 M&A를 통 해 북미 친환경차 시장을 노리고 있다. 북미 지역은 중국을 제외하고 세계에서 가장 큰 시장이다. 전통적으로 글로벌 자동차업체가 되려면 미국을 포함한 북미 시장에서 성공해야만 한다. 피스커오토모티브가 테슬라와 맞먹을 정도의 회사였던 만큼 중국의 자본력이 더해지면 어떤 결과가 나올지 현지에서도 주목하고 있다.

그 외에도 자동차 플라스틱 연료탱크 제조업체 얍오토모티브는 ABC연료시스템을 인수했으며, 완펑은 전 세계 자동차 마그네슘 캐 스팅 산업 규모 1위의 머리디언을 인수했다. 양펑은 존슨컨트롤스와

75억 달러의 합작 투자 프로그램을 진행해 미국 현지에서 인테리어 부품을 만든다.[18] 중국 부품업체들의 원천 기술 확보와 대형화는 결국 중국 완성차업체들의 경쟁력 강화로 이어질 것이다.

한편 자율주행차, 전기자동차 등 미래차 부문의 핵심 기술을 가진 업체들 간의 짝짓기도 활발하다. 독일 콘티넨탈은 첨단운전자보조장치(ADAS) 관련 센서 기술 확보를 위해 2011년 마그나의 레이더 사업부, 2013년 ASL비전 등을 잇따라 인수했다. 일본 전자업체 파나소닉은 2015년 3월, 뛰어난 영상인식 기술을 보유한 스페인 회사 피코의 지분 49퍼센트를 인수해 유럽 완성차업체로 영업을 확대할 토대를 마련해 눈길을 끌었다.

이들 부품업체들의 대형화로 완성차업체에 대한 가격 협상력과 기술 주도권은 갈수록 강화될 전망이다. 이런 흐름에 대처하기 위해서는 현대차그룹 역시 전장 통합 시스템 개발능력을 내재화하고, 부품업체들은 차세대 자동차 기술 변화에 대응할 수 있는 융합형 M&A를 적극적으로 추진해야 된다. 하지만 부품업체들은 독자적으로 이를 추진할 능력을 갖추지 못하고 있는데, 이는 결국 완성차업체인 현대차 때문이다.

글로벌 수준의 부품 기업 육성 실패

지금까지 현대차그룹이 글로벌 경쟁력 강화를 명분으로 가해온 하청 부품업체에 대한 과도한 압박은 향후 현대차의 아킬레스건이 될 소지가 다분하다. 현대차 사업 구조의 근간을 이루며 고착화돼버린 부품업체들과의 종속적 하청관계는 문제가 심각하며 현대차그룹 발전의 한계를 여실히 보여주고 있다. 현대차는 50여 년간 사업 전개 과정을 통해 완성차만큼이나 중요한 부품업체의 질적 성장 도모나 육성에는 실패했다. 일본의 니혼덴소, 독일의 로버트 보쉬, 지멘스, 프랑스의 발레오, 미국의 델파이와 같은 초글로벌 부품 기업 육성에 실패한 것이다.

하청 부품업체들은 현대차 및 기아차의 요구에 따라 울며 겨자 먹기로 현지 공장 설립 및 운영에 참여하고 있는데, 해외 현지 부품 공장들은 현지 근로자들의 노동 습관에 대한 몰이해와 문화적 차이 등으로 인해 많은 갈등을 빚고 있다. 또한 모기업의 과도한 부품단가 인하 요구로 인해 2차·3차 협력업체들은 영업이익률 1~2퍼센트를 겨우 유지하고 있으며, 과도한 투자로 인해 재무 상태 또한 열악하다.

현대차는 부품업체들에게 기술 및 품질 지도를 통해 해외 동반 진출과 독자 해외 수출 등의 성과를 거뒀다고 주장하지만, 대부분의 현지 관리직은 글로벌 경쟁력이 전혀 없는 비전문가들로 구성되어 있다. 때문에 해외 선진업체들로부터 기술이전을 거부 당하고 있으며, 현대차그룹을 벗어난 공급 확대 등에서 한계를 보이고 있다. 이는 당연히 모기업 의존도를 심화시켜 수출 물량 대부분이 현대·기아차의 해외 공장 납품 물량이다.

이들 부품업체들이 독자적인 기술을 확보하기 위해서는 우수한 인재들을 유치해야 한다. 하지만 모기업의 옥죄기로 인해 높은 급여나 복지 혜택을 제안하지 못해 인재들을 유치하기 어려운 상황이고, 불안함을 느낀 모기업은 현대모비스를 중심으로 부품의 수직계열화에 치중하고 있다.

현대모비스는 규모 면에서는 세계 6위의 부품업체이지만 세계 자동차 부품업계를 선도할 기술력은 갖추지 못하고 있다. 미래차 개발은 부품업체들이 선두에 서고 있으나 한국 자동차 산업의 구조적인 문제로 인해 악순환만 거듭하고 있다. 독일은 완성차업체와 부품업체 간 급여나 복지 혜택의 차이가 없다.

현대·기아차에 자동차 키세트를 공급하는 D기업은 2014년 하반기 자금난에 허덕이자 현대차가 100억 원을 개발 지원금으로 공급했다. D사는 급한 임금, 협력업체 물품대금 등 긴요한 경비에 이 돈을 사용했다. 언뜻 보면 현대·기아차가 표방하는 공생이 실현되는 것 같아 보이지만 이는 미봉책에 불과하다. 원천적인 문제를 해결하려면 납품단가를 인상해주어야 하는데 눈 가리고 아웅 하는 격이다. 게다가 부품업체가 자체적으로 비용 절감 방안을 찾으면 납품단가를 깎으려고 하다 보니 부품업체들은 이를 자발적으로 선행하지 않는다.

또다른 문제는 정상적인 거래 외에도 담당 직원 접대비 명목의 비용이 줄지 않는다는 점이다. 현대차 출신으로 W업체의 대표를 지낸 P는 "대학 25년 후배인 현대차 직원에게 온갖 정성을 다해야 납품 관계를 유지할 수 있다"고 말한다. 현대차 구매부서의 부장급이면 웬만한 큰 협력업체 한 군데를 죽이고 살리는 것은 쉽다고 한다. 그러다 보니 담당 직원의 해외 동반 출장시 비용과 명절 때마다 수백만 원에 이르는 선물이나 골프 접대 등이 근절되지 않고 있다고 한다.

이처럼 수십 년간 계속되어온 끊임없는 단가 인하 압력으로 부품업체들의 2세, 3세 경영인들이 사업 승계를 포기하는 사례도 늘고 있다. 또한 현대차의 그늘 아래 있으면서도 사업 아이템을 현대차와 경쟁관계가 없는 전자부품으로 확대하여 현대차의 영향력에서 벗어나는 부품업체도 있다.

I사는 연 1조 5,000억 원의 매출을 달성한 상장 기업이다. J 회장은 상고 출신으로 당초 자동차부품회사에서 출발했으나 M&A를 통해 반도체장비 사업에도 참여했다. 자동차부품과 전자부품의 사업 비율은 5 대 5이다. 오너가 대외 교섭력이 뛰어난 것이 강점인데, 그럼에도 해외 현지 법인장은 모기업의 승인이 나야 임용할 수 있는 상황이다. 그나마 이 기업은 IT부품 비중이 늘어나면서 모기업인 현대차의 영향권에서도 많이 자유로워졌다.

향후 이런 기업들이 더 늘지 않으란 법은 없다. 현대차가 미래를 생각한다면 지금부터라도 부품업체들이 자립하고, 스스로 더 나은 기술력을 확보할 수 있도록 공존의 방식을 모색해야 한다. 그것이야말로 미래차의 경쟁력을 좌우하는 기본 요소이다.

도요타 리콜 사태의 시사점

도요타 리콜 사태는 현대차에도 시사하는 바가 크다. 대기업 생산 완제품의 부품을 조달하는 협력업체가 자동차 산업에서 얼마나 중요한지 보여준 대표적인 사례이기 때문이다.

세계 1위의 자동차회사 도요타는 2009년부터 2010년까지 미국, 유럽, 중국 등에서 총 18건, 1,000만 대의 차량을 리콜 조치했다. 그 원인은 협력업체에서 조달받은 부품 결함 때문이었다. 경제적 손실은 차치하더라도 품질 신화의 도요타 이미지에 큰 타격이 아닐 수 없었다. 도요타는 1990년대부터 세계 1위를 목표로 해외 생산을 급속히 확대하는 전략을 추진했다. 2004년 판매대수 672만 대이던 것이 2008년 891만 대까지 증가했다.

하지만 양적 팽창을 질적 안정이 따라가지 못하면서 문제가 누적됐다. 원가 절감을 위해 과거 일본 기업에서 조달하던 부품을 글로벌 소싱 체제로 전환했다. 부품의 공통 사용 비율이 높아지면서 일부 부품 불량이 전 차종 불량으로 확산될 수 있는 위험성은 더욱 커졌다.

해외 공장을 관리할 직원이 부족해지자 간부를 파견하던 곳에 신입사원을 내보내는 사례도 생겼다. 도요타 특유의 치밀한 관리에도 허점이 생긴 것이다. 이는 결국 품질 문제로 비화됐다. 1,000만 대를 웃도는 리콜 대상 차종 대부분이 2004년 이후 생산됐다. 5년 이상 누적된 문제가 뒤늦게 수면으로 떠오른 것이다.

현재와 같은 현대차그룹의 협력업체와의 전근대적인 하청관계는 언제든 도요타 리콜 사태와 같은 문제를 일으킬 수 있다. 특히 부품의 모듈화, 친환경차 시대의 도래 등 변화가 오더라도 '완성조립업체와 부품 공급업체' 시스템은 변화가 없다. 오히려 친환경차 시대에는 배터리 등 부품업체들이 연구개발의 선두에 서 있다. 애플, 구글, 화웨이가 자율주행차 개발에 들어갔어도 이들은 완성조립업체까지 겸할 생각이 없다. 거대 IT 개발업체에 공급할 수 있는 완성차 협력업체의 새로운 공급체인이 형성될 수 있다는 것을 염두에 둔다면 현대차가 향후 나가야 할 방향도 정할 수 있을 것이다.

가이드라인 제시의 함정

현대자동차가 가격과 품질 경쟁력으로 글로벌 기업으로 단시간에 성장하는 성공 신화를 이룩한 밑바탕에는 원청업체인 현대차가 하청업체에 끊임없는 품질 개선, 납품단가 인하, 이윤 독점 등을 반복해온 착취구조가 엄연히 존재한다.

한국 자동차 산업은 1997년 외환위기로 인해 대대적인 구조조정이 있었으며, 기술 및 품질경쟁력을 갖춘 부품업체들은 대거 해외 글로벌 기업에 경영권이 넘어갔다. 2008년 글로벌 금융위기는 국내 제조업의 양극화가 심해지면서 협력업체들은 성장의 과실을 제대로 향유하지 못하는 고착점이 되어버렸다.

창업 1세대인 정주영, 정세영 형제가 현대자동차를 경영하면서 파생된 부품업체들은 1세대 형제 및 혈연관계 회사들의 경영권이 정몽구에게 넘어가고, 형제 회사들도 2세로 넘어가면서 현대차와의 유대관계가 많이 약해졌다. 한라그룹 계열 부품회사였던 한라비스테온공조는 한국타이어그룹으로 경영권이 넘어갔고, 만도기계는 모기업인 한라그룹의 부실로 경쟁력을 상실했다. 성우그룹의 성우오토모티브, 정주영 창업자의 매제가 설립한 한국프랜지공업 등도 있다. 또한 정몽구 회장의 사위였으나 이혼한 신성재 전 현대하이스코 사장의 집안인 삼우, MB가 현대건설 사장으로 재직하던 때 정주영 회장의 배려로 MB의 큰형 이상은이 소유한 다스 등의 부품회사들도 특징적이다.

현대자동차의 협력업체들 중 상당수가 매출은 매년 20~30퍼센트씩 증가했어도 수익이 갈수록 악화되고 있다. 현대차와 협력업체 간 맺는 납품 계약은 현대차가 제시하는 가이드라인에 따른다는 것은 공공연한 비밀이다. 인건비는 현대차 직원의 80퍼센트, 관리비는 제품원가의 20퍼센트를 넘어서는 안 된다는 것이 가이드라인의 골자이다. 하지만 같은 현대차에 납품하는 기업이라도 현대모비스를 비롯한 현대차 계열 부품업체들은 2013년 평균 9퍼센트대의 영업이익률을 올려 모기업인 현대차가 올린 영업이익률(9.5퍼센트) 수준을 유지하고 있다. 이에 반해 비계열사의 영업이익률은 평균 3퍼센트 수준에 그치고 있다. 영업이익률 3퍼센트로는 은행 대출 이자를 감당하기 어려운 재무구조이다. 이런 상황에서 부품업체들이 미래 경쟁력 강화를 위해 자체적으로 연구개발에 투자하는 것은 불가능에 가깝다.

해외 동반 진출의 그늘

현대차는 주요 부품업체들과 동반해서 해외로 나간다. 겉으로 보기에는 도요타와는 다르게 보일 수도 있다. 그러나 본질은 같다. 현대차의 협력업체들 역시 현대차의 과도한 원가 절감 요구에 시달리고 있으며, 해외 현지 사업장을 효율적으로 통제하지 못하고 있다. 해외 현지 공장 투자 역시 능력에 부치는 일이다.

K 사는 사출업체로 현대차의 앨라배마 공장 진출에 따라 현지에 동반 진출했고, 현대차의 모듈화 정책에 따라 모듈 부품들을 현대모비스에 공급하고 있다. 국내 금융기관 및 현지 금융기관에서 대출을 받아 설비를 확장해왔다. K 사는 직원들에게 모듈작업 교육 훈련 등을 자체적으로 진행해왔다. 현지 직원들과의 의사소통 문제를 해결하기 위해 한국 직원이 필요하지만 현지에서는 좋은 인력을 구할 수 없어 높은 급여로 한국계 교포를 채용하고 있고, 각종 소송, PL법 등 소송 대응으로 현지 법인장은 정신적·육체적으로 소진, 한계상황에 이르고 있다. 현대차의 멕시코 공장으로의 설비 신규 요구에 응하기 위해서는 금융기관으로부터 추가 대출을 받아야 하는데 담보 한도 소진으로 더 이상 대출을 받을 수 없는 상황이라고 한다. 더욱이 현대차가 K 사의 영업이익률(3퍼센트 미만)을 정해주고 관리한다. 도요타의 현지 협력업체와 비교했을 때 경쟁력이 떨어지는 것은 당연하다.

현대차의 1차 협력업체 중 한 곳인 덕양산업 역시 상황은 마찬가지다. 이 회사는 크래시패드(운전석 앞부분에서 차체와 연결된 부분), 도어트림(문), 헤드라이닝(천장), 칵핏모듈(앞좌석의 운전석 부품을 조립한 것) 등을 생산하고 있다. 덕양산업은 현대모비스의 베이징 합작법인 지분 인수를 위해 베이징모비스중차기차와 MOU를 체결했다. 베이징모비스중차기차는 현대모비스와 중국화공장비총공사가 각각 6 대 4의 지분을 가지고 있는 합작법인으로 자동차의 범퍼, 콘솔, 중소형 플라스틱 사출품을 제조하는 업체다. 인수가 성사될 경우 콘솔 등 관련 사업은 자연스레 덕양산업 쪽에서 맡게 될 것이라고 한다. 이와 동시에 덕양산업은 현대차 중국 4공장 동반 진출 가능성도 제기되고 있다.

이러한 현대모비스와 협력업체 간 전방위적인 협력은 덕양산업과 현대모비스의 특수한 관계가 영향을 끼친 것으로 보인다. 덕양산업의 창립자인 고 윤주원 전 회장은 현대차의 창립에 깊게 관여한 인물로 1979년 현대차 수석부사장, 1980년 현대종합상사 사장을 지냈다.

내장재 공급업체인 한일이화그룹 역시 현대차가 중국 내 사업을 확장하면서 투자 확대를 요구하면 응할 수밖에 없을 정도로 현대차에 대한 의존도가 절대적이다. 그룹의 중국 매출이 2011년 2,410억원에서 8,957억 원으로 271.7퍼센트 증가했다. 2011년 한일이화는 스마트키 제조업체인 우창정기가 있음에도 불구하고 현대차의 요청에 따라 경영부실에 빠진 대동(구 신창전기)을 인수했다. 대동은 폴란드에도 자체 공장을 갖고 있어 졸지에 폴란드까지 진출하게 되었다.

K 사는 원래 현대차 1차 벤더였으나 지금은 2차 벤더이다. 부친이 창업해서 40년이 넘었다. 엔진블럭 및 엔진오일 펌프 가공업체이다. 매출 170여억 원에 부채 80억 원이고, 단기 부채가 40억 원이다. K 사 대표는 현대차 고위 임원 소개로 이 회사에 면접 보러 간 이에게, "당장 다음 달 4억의 부채를 갚아야 한다. (피면접자가) 2억 투자하고 내가 2억 내어 갚자"고 주장한다. 중국에 20여억 원을 투자한 공장이 있으나 중국 투자가 이 회사의 발목을 잡고 있다. 자신이 살고 있는 집도 은행에 담보로 잡혀 있다. 40년 업력이면 2,000억 원 정도의 매출이어야 한다고 동종업계에서는 말한다. 지금은 부채를 안고 경영권을 인수할 투자자를 찾고 있다. 자신은 연봉 2억에 5년간만 고용을 보장해주면 된다고 한다. 피면접자는 졸지에 컨설턴트로 입장이 바뀌

어 중국 공장을 폐쇄하고, 자동차보다 수익률이 좋은 중공업 분야 등에서 수주를 받으며, 부동산 자산을 매각해 지가가 저렴한 곳으로 이전할 것을 권유했다.

취약한 경영지배구조

2005년 UBS증권은 '기아차가 정몽구 현대자동차그룹의 장남인 정의선 부사장의 후광을 입고 급등할 것'이라는 보고서를 내놨다. '지난 4년간 현대모비스가 현대차그룹의 전략적 밀어주기로 성장했던 것처럼 기아차 역시 정의선 부사장 때문에 성장할 것'이라는 전망이었다. 또한 그동안 현대차그룹이 전략적으로 현대모비스를 경쟁력 있고 내실 있는 부품업체로 키우는 데 힘을 쏟았기 때문에 현대차와 기아차 수익률을 압도적으로 앞서왔다고 지적하면서, 이제는 현대차그룹의 전략적 초점이 기아차로 이동하고 있다고 분석했다.

현대차그룹은 2005년 이후 정의선의 현대차그룹 모기업인 현대모비스의 주식 보유 확대를 추진해왔으나 여의치 않자, 정의선 부사장이 대주주인 비상장 회사의 가치를 제고하는 방식으로 전환했다.

중심축, 현대글로비스

현대글로비스의 성장은 정치적 산물의 역설이기도 하다. 창업자의 숙원이었던 대북 사업에 올인한 고 정몽헌 회장은 글로벌 교역 상품인 자동차의 해상 물류를 담당했던 현대상선에 대한 구조조정을 명분으로 자동차 전용선을 노르웨이 해운사에 헐값으로 팔아치운다. 김대중 대통령은 노벨 평화상 수상을 위해 후보자 심사를 담당했던 노르웨이 정부에 대한 로비가 필요했다. 대북 사업에 목을 매었던 정몽헌 회장 입장에서는 대통령의 의중을 읽을 수밖에 없었던 것으로 보인다. 그룹 분리 시 현대차의 물류를 현대상선에 맡기기로 한 구도가 깨지는 순간이었고, 정몽구 회장은 독자적으로 자동차 물류 사업을 시작할 명분을 얻었다.

정몽구 회장의 장남 정의선 부회장으로의 경영 승계는 모기업인 현대모비스를 중심으로 이루어지고 있다. 하지만 오너의 현금 부족으로 인해 타 계열사에 대한 안정적인 경영권 장악을 위한 지분 확보는 안정 궤도에 오르지 못하고 있다. 그러다 보니 현대글로비스를 중심으로 정의선 부회장의 그룹 경영권 확보를 위한 일감 몰아주기가 지속되었다. 그 일환으로 현대글로비스는 해운 사업을 확장하여 2020년 예상 매출액이 20조 원에 달한다. 32퍼센트의 지분을 가지고 있는 정 부회장의 수익도 기하급수적으로 늘어날 것으로 예상된다.

현재 현대차그룹은 현대모비스 - 현대차 - 기아차 - 현대모비스의 순환 출자 구조를 가지고 있다. 현대모비스가 현대차 지분 20.8퍼센트를 보유한 최대 주주이고 현대차는 기아차 지분 33.88퍼센트를, 기아차는 현대모비스 지분을 16.88퍼센트 갖고 있다. 정몽구 회장은 현대모비스와 현대차의 지분을 각각 7퍼센트, 5.2퍼센트를 보유하면서 지배력을 유지하고 있다. 또한 정 회장은 지배력의 근간인 현대제철 지분을 11.8퍼센트 확보하고 있다.

이런 상황은 현대차그룹 경영 승계를 위한 지배구조 개편 작업에서 정몽구 자신이 보유한 현대차 등 핵심 계열사 지분을 아들인 정의선 부회장에게 증여하는 방식보다는 지주회사로의 체제 전환 방식을 따를 가능성도 제기된다. 정의선 부회장이 현대모비스에 지분이 전혀 없기 때문에 정 회장의 지분 증여는 오너 일가 전체의 지분 감소로 인한 지배력 약화가 동반돼 경영권 방어에 위협이 될 수 있기 때문이다.

현대차그룹의 사업구조 재편 작업은 2013년 8월, 현대위아에 현대위스코와 현대메티아를 흡수합병시킨 데 이어 곧바로 현대오토에버에 현대씨엔아이를, 현대건설에 현대건설인재개발원을 흡수 합병하는 등 본격화되고 있다.

2014년 5월 현대차그룹은 정의선 부회장이 대주주로 있던 현대엠코를 현대엔지니어링과 합병했다. 이 과정에서 정 부회장이 보유한 현대엔지니어링 지분 가치는 크게 높아졌다. 정 부회장은 경영지배구조의 핵심인 기아차 보유 지분이 1.74퍼센트(706만 1,331주)에 불과하다. 정 부회장의 지배력 제고를 위한 사전 작업으로 이노션 지분 매각과 2015년 2월 말 단행된 현대글로비스 블록딜 등의 방법으로 현금 약 1조 1,000억 원을 마련했다. 이 자금은 기아차가 현대모비스 지분 16.8퍼센트를 매입하는 용도로 쓰일 수 있다. 정 부회장의 경영 승계를 위해 그룹의 지배력 중심에 있는 현대차와 현대모비스 지분을 매집하는 데에만 약 5조 원이 필요할 것으로 추산된다.

현대차그룹의 핵심 계열사인 현대제철의 지분구조는 기아차가 19.78퍼센트를 보유해 최대 주주이고 정몽구 회장이 11.84퍼센트로 2대 주주다. 이어 현대차 7.87퍼센트, 현대하이스코 2.29퍼센트 등으로 짜여 있다. 현대제철에 합병되는 현대하이스코의 최대 주주는 현대차로 29.37퍼센트를 보유하고 있고, 기아차가 15.65퍼센트로 뒤를 따르고 있다. 정몽구 회장도 10퍼센트를 가지고 있다. 현대제철과 현대강관의 합병은 현대차그룹 오너 일가에게는 지배력 제고에도 상당한 도움이 될 전망이다.

정의선 부회장이 경영권을 방어하기 위해서는 현대모비스의 지분율 제고가 관건이다. 아직까지 정 부회장은 현대모비스 보유 지분이 전혀 없다. 금융 시장에서는 현대모비스와 현대글로비스 합병을 통해 정 부회장이 현대모비스 지분을 확보하는 방안을 유력하게 보고 있다. 이 방식은 정 부회장이 지분 32퍼센트로 최대 주주인 현대글로비스를 활용하겠다는 전략이다.

어쨌든 현대차그룹의 경영권 승계가 완결되기 위해서는 3년 정도는 지나야 안정적인 거버넌스 체제가 나올 전망이다. 정몽구 회장이 당장 은퇴하지 못하는 주요 이유이기도 하다.

삼성 따라하는 현대차의 지배구조 개선

정몽구 부자의 지주회사 지분 확보를 위한 현금 확보가 꾸준히 진행되고 있다. 2014년 8월, 정의선 부회장이 보유하고 있던 현대차그룹의 광고회사 이노션의 지분 40퍼센트를 모건스탠리PE와 스틱인베스트먼트에 매각하며 현금 3,000억 원을 확보했다. 한편 2015년 2월 6일에는 정몽구 회장 부자는 현대글로비스 지분 13.39퍼센트를 매각했다. 공정거래법상 일감몰아주기 규제를 피하는 동시에 1조 원 이상의 실탄까지 챙기는 일석이조의 효과를 거뒀다.

한편 현대차그룹은 사업구조 재편 작업에도 열심이다. 지난 2013년 현대제철과 현대하이스코의 자동차강판(냉연) 사업 합병이 있었다. 현대제철은 2014년 3고로 완성과 냉연 부문 합병으로 제철에서부터 자동차로 이어지는 수직계열화를 상당 부분 구축했다. 최근 양사의 완전 합병이 결정되었는데 합병이 완료되면 시가총액 10조 원 규모의 회사로 탈바꿈하게 된다. 이 과정을 통해 오너 일가의 지분 가치나 경영지배력 확장이 가능하다.

정의선 중심의 현대차그룹 경영지배구조 개편의 이면을 들여다보면, 수년 전부터 현대차는 삼성 이재용의 경영 승계 전략을 철저하게 벤치마킹하고 있다. 삼성을 방패막이로 여론이 이재용에게 관심이 쏠린 직후 따라하는 방식의 경영 승계 구도 작업에 치중하는 느낌이다. 좀 더 당당한 경영지배구조의 전면에 나섰으면 한다.

리더십보다는 조직

최근 한 인터뷰에서 오마에 겐이치는 다음과 같이 말한 바 있다.[19]

현대차는 20년이나 걸리는 생산의 세계화 작업을 누가 중심이 돼 할 것인가를 결정해야 한다. 현대차그룹의 정몽구 회장이 리더십이 굉장히 좋다는 것은 인정한다. 하지만 20년 걸리는 작업을 해야 한다면 조직적으로 해야 한다. 일본 기업은 원래 강한 리더가 없기 때문에 '조직'으로 움직이는 경향이 많다. 일본 경영자는 10년 이상 계속하는 사람이 없다. 한국의 경우 굉장한 리더가 있으면 20~30년을 잘 해나갈 수 있지만 지금은 이런 시기가 끝나가고 있다. 다음 세대에도 굉장한 리더가 나올 수 있을까, 이게 문제다. 최근 대한항공 땅콩회항과 같은 문제는 한국 재벌들에게 좋은 경고라고 생각한다.

원화 강세를 비롯한 한국이 직면하고 있는 문제는 20년 걸려 해결해야 할 과제다. 한 사람의 리더로 해결하려고 하기보다 기업 조직을 활용해 문제를 해결해야 한다.

삼성은 흔히 시스템과 프로세스로 움직인다고 한다. 그러나 지난 1년여 동안 삼성은 스마트폰 사업이 보여주듯이 세계 최대 시장인 중국에서는 2015년 1분기 시장점유율이 4위로 떨어졌다. 그룹의 사내 유보금 역시 무분별한 투자 등으로 현저하게 줄고 있다. 향후 1년 내에 확고한 변화가 없다면 삼성은 2000년대 중반 소니를 앞서기 시작한 시점 이전으로 후퇴할 수도 있다. 그리고 이런 결과는 시스템과 프로세스로 움직이는 조직일지라도 강력한 리더가 있을 때와 없을 때는 확연하게 다르게 작동한다는 것을 잘 보여주는 사례라고 생각한다.

현대차그룹 역시 지난 16년간 초글로벌 기업으로 성장하는 과정에서 시스템과 프로세스가 글로벌 수준으로 향상되었다. 하지만 현대차그룹은 삼성그룹만큼 경영 승계 구도가 잘 짜여지지 않았다. 그러므로 정몽구 회장의 유고 상황이 온다면 현대차그룹은 삼성 이상의 혼란 상황에 직면할 것이다. 1938년생인 정몽구 회장이 고령이긴 하지만 향후 3년 정도는 한국 경제를 위해서도 선두에 설 수밖에 없다. 결국 그의 건강에 한국 경제의 부침이 달려 있는 셈이다.

정의선 체제는
연착륙할 수 있는가?

현대차그룹은 언론을 통한 정의선 띄우기를 본격적으로 시작한 듯하다. 시사월간지인 〈신동아〉 2015년 4월호에 정의선의 인터뷰(서면)가 실렸다. 또한 월간 경제지인 〈조선이코노미〉 2015년 5월호에도 정의선 특집이 실렸다. 매체력이 약한 월간지들이 3세 경영인 특집을 싣는 것은 현대차와의 교감이 있지 않고서는 불가능한 일이다.

현대제철과 현대하이스코의 인수 합병으로 현재 현대차그룹 순환출자구조상 현대제철의 위치가 더욱 중요해졌는데, 현대차그룹에서는 현대제철 등기이사인 정의선이 품질을 총괄한다는 느닷없는 띄우기를 하기도 했다. 이는 다소 무리수가 따르는 이미지메이킹이다. 대형 일관제철소의 품질을 총괄한다는 것은 제철소 설립과 공정에 전부 관여하고 수십 년간 현장 노동자들과 땀을 같이 흘리며 성공과 좌절을 맛본 스토리가 있어야 되는데, 정의선 부회장에게는 그것이 없다.

정의선의 실수

정의선은 지금까지 '디자인 경영'을 내세우면서 기아차의 혁신을 주도해왔다. 2011년 말부터 정몽구 회장의 '품질 경영'을 대체할 새로운 화두로 '모던 프리미엄' 즉 현대적 고급화 전략을 내놓았는데, 2012년 현대차가 발표한 새로운 브랜드 방향 '리브 브릴리언트(Live Brilliant)' 역시 이 연장선상에서의 브랜드 마케팅이라고 볼 수 있다. '삶, 생활'이라는 뜻의 '리브(Live)'와 '눈부신, 찬란한'이란 의미의 '브릴리언트(Brilliant)'를 합했다. 우리말로 표현된 구호는 따로 내놓지 않았다.

문제는 3년이 지난 현재 정의선 부회장이 내세웠던 모던 프리미엄을 현대차그룹 어디에서도 찾아보기 힘들다는 사실이다. 그의 실수는 기존 현대차, 기아차 브랜드를 홍보, 마케팅 전략 수단을 사용해 인위적으로 끌어올리겠다는 발상이다.

브랜드라는 것이 무엇인가? '같은 값이면 다홍치마'이다. 동일 조건에서 왠지 끌리게 만드는 힘이다. 정 부회장이 사용한 방법은 해외 유명 미술관 후원, 월드랠리챔피언십(WRC) 참여, 〈이코노미스트〉 웹툰 작가의 참여 등인데 효과적이었다고 보기는 어렵다. 가장 큰 문제는 어떤 브랜드를 지향할지에 대한 구체적인 목표점이 정해지지 않았다는 사실이다. 그냥 막연하게 대중 브랜드에서 프리미엄 브랜드로의 상향을 목표로 한 듯하다.

정의선 부회장이 간과한 것이 있다. 바로 '자동차 제품의 브랜드가 어떻게 만들어지는가'라는 아주 기본적인 것이다. 스탠퍼드대학 경영대학원 이타마르 시몬슨(Itamar Simonson) 교수는 "자동차 제품에 있어 변하지 않는 진리는 생명 존중의 안전 철학과 품질, 가격 경쟁력이 '절대 가치'(Absolute Value)일 수밖에 없다. '절대 가치'란 각 상품과 서비스에 대한 선입견 없는 진짜 가치를 말한다"고 밝힌 바 있다.[20]

단적으로 오늘날 프리미엄 브랜드로 평가받는 아우디는 1980년대 초반만 하더라도 미국에서 급발진 사고가 일어나는 등 악명이 자자했다. 아우디는 미국 시장에서 철수한 뒤 자동차강판의 알루미늄 채택 등 혁신을 이룬 뒤 다시 미국 시장에 도전했다. 즉 프리미엄 브랜드란 전사적인 혁신이 이루어지지 않는다면 결코 도달할 수 없다는 의미이다.

정의선의 사람들

정의선은 자신의 인맥으로 조원홍 마케팅 담당 부사장 외에 미국 보스턴대학 경영대학원 석사 출신인 장재훈을 현대글로비스 수출 담당 상무로 입사시킨 후 현대·기아차 통합기획실 제조총괄 임원을 맡겼다. 하지만 조직 내 반발이 심해지자 국내 영업본부 전무로 전보시켰다. 장재훈은 삼성자동차, 일본 닛산 계열사 근무 경력을 거쳐 고급 레스토랑 및 기내식 사업을 경험한 것으로 알려져 있다.

현대모비스의 경영지원 본부장(CFO) 정호인 전무 역시 정의선과 남다른 관계이다. 그는 현대자동차 인사실장과 미국 앨라배마 법인 경영지원 담당 중역 등을 지냈는데 정의선 부회장이 현대차 자재본부에 입사했을 때 사수를 담당했던 인물이다. 정호인이 현대차 미국법인 근무 시절, 정의선이 미국을 방문했다. 현지 회의 때 정의선은 말석에 앉아 있는 정호인을 불러 자신의 옆자리에 앉히고, 옛 선배 대우를 했다. 그 다음 날부터 정호인은 직급과 상관없이 직원들로부터 현지 법인장급 대우를 받았다고 한다. 정호인은 귀국 후 현대모비스로 자리를 옮겼다.

정의선은 누구인가

정의선은 1970년 서울에서 정몽구 회장의 장남으로 태어났다. 휘문고와 고려대를 거쳐 미국 샌프란시스코대학교 대학원에서 경영학 석사학위를 받았다. 1999년부터 현대자동차에서 근무를 시작했고 2005년부터 기아자동차 대표이사를 역임했다. 대중들에게는 '정몽구＝현대자동차, 정의선＝기아자동차'의 이미지가 강하다. 현대차그룹에서 기아차의 실적이 수년 전부터 나빠지면서 이에 대한 리스크를 회피하는 차원에서 정의선의 기아자동차 대표직은 이형근 부회장에게로 넘어가 있다.

정의선은 정도원 삼표그룹 회장의 장녀 정지선과 1995년 결혼했는데 장인 정도원 회장은 정몽구 회장과 경복고 선후배 사이로 관계가 돈독한 것으로 알려져 있다. 현대제철의 성장과 더불어 생산 공정에서 나오는 슬래브를 사돈기업인 삼표에 몰아주는 일이 문제가 되고 있다.

여하튼 정의선은 삼성의 이재용과 비교해 초고속 승진 등의 혜택은 입었으나, 정몽구 회장의 압도적인 카리스마에 눌려 자신의 성과라고 이야기할 수 있는 것이 아직까지는 딱히 없는 상황이다. 또한 경영지배구조에 있어서도 괄목할 만한 결과가 없다. 자신의 성과라고 내놓는 것이 디자인 전문가 피터 슈라이어를 영입한 것이다. 현대차가 기아차를 인수 후 엔진 및 변속기, 새시 등을 공용화하면서 경쟁력을 높인 것은 좋으나 피터 슈라이어가 현대차와 기아차 디자인을 총괄하면서 양 브랜드 간 디자인 측면에서 차별화가 이루어지기는 힘들다.

1999년 현대차가 기아차를 인수한 이후 두 회사는 플랫폼(차대)과 엔진 등을 공유하며 효율성을 높였다. 그러나 차별화가 필요했다. 답은 디자인이었다. 2004년 현대·기아차는 디자인 조직을 분리했다. 2006년 기아차는 '직선의 단순화', 2009년 현대차는 '플루이딕 스컬프처(유연한 역동성)'라는 디자인 테마를 꺼내들었다. 특히 현대·기아차 디자인에서 사람의 코와 같은 역할을 하는 라디에이터 그릴은 각 회사의 디자인 정체성으로 자리 잡았다. 현대차는 육각형 그릴, 기아차는 호랑이코와 입을 형상화한 그릴을 대표 디자인으로 내걸고 신차가 나올 때마다 이를 변형해 적용하고 있다.

여전히 겉과 속이 같은 차를 만들어내는 게 중요하다. 그나마 최근 현대·기아차는 디자인 조직을 분리한 지 10년 만에 기아차가 독립 건물을 갖게 되면서 물리적으로도 완전히 분리되어 철저하게 디자인 보안을 지키고 디자인 정체성을 강화해나갈 수 있게 됐다. 기아차의 부진은 진작에 단행했어야 할 기본적인 전략 수립을 미뤄온 결과일지도 모른다.

6장

현대 자동차를 말한다

미래차로 인해 새로운 산업 생태계가 조성되고 향후 수십 년간은 이것으로 먹고살 수 있기 때문에 IT에서 돈을 번 기업들이 뛰어드는 것이다. IT만큼 자본의 확장성을 담보해줄 수 있는 곳은 대형 투자가 수반되는 양산 제조업인 자동차밖에 없다. 자본의 논리는 선명하다. 먹을 게 많으니 잉어떼처럼 몰려드는 것이다. 잉어들은 서로 다투지 않는다. 많으면 많은 대로 적으면 적은 대로 먹고, 먹이가 없어지고서야 사라진다.

현대차의 미래

"미래 독자기술을
갖지 않은
세계 5위라는 것은
허울뿐임을 한시라도
빨리 인식해야 한다."

자동차 시장
패러다임 변화

앞서 언급한 대로 자동차에서 전장부품이 차지하는 원가 비중은 점점 높아지고 있다. 고급차의 경우 전장부품이 차지하는 원가 비중이 50퍼센트를 넘어선 것으로 추정된다. 더 이상 자동차는 기계장치가 아니라 오히려 전자제품에 더 가까워진 것이다.

향후 이런 추세는 더욱 심화되어 지금까지는 자동차 자체에 센서, 카메라, 레이더 등을 부착하여 개별 자동차에 IT기술을 접목했지만 이제는 V2V(Vehicle-to-Vehicle)와 같이 차량 간 정보 교류, 클라우드 서버와 실시간으로 연동한 네트워크형 자동차(Networked Vehicle)가 상용화될 것이다. 미래 자동차 산업은 IT기술을 중심으로 재편성이 되고 있으며, 자동차는 과거의 단순한 이동수단을 넘어서 '사고가 일어나지 않는 첨단 IT 장치'로 거듭날 것이라는 의미이다.

구글이 가세한 자율주행차 경쟁

자율주행차(self-driving car)
는 운전자가 핸들과 가속페달, 브레이크 등을 조작하지 않아도 스스
로 목적지까지 찾아가는 자동차를 말한다. 사람이 운전석에 타지 않
은 상태에서 움직이는 무인자동차(driverless car)와는 다른 의미다. 승
객이 버튼을 누르고 목적지를 이야기하면 차량에 탑재된 자동운전
시스템에 의해 스스로 알아서 목적지까지 찾아간다. 차량은 인공지능
으로 교통 상황을 체크하여 가장 막히지 않는 길을 최단으로 설정하
여 무인 주행하며, 경제적인 운전으로 에너지 사용량도 획기적으로
줄어든다. 또 차량 간 커뮤니케이션을 통해 사고도 미연에 방지함으
로써 교통사고도 획기적으로 줄어들 수 있다.

현재 자율주행차의 개발은 IT기업들이 주도하고 있다. 이들 IT기
업들은 소프트웨어에 강하다. 그런데 자율주행차와 전기차는 별개가
아니다. 전기차, 수소연료전지, 하이브리드차 등은 에너지원, 구동방
식의 차이로 모두 친환경차의 범주에 포함된다.

자동차업계에서도 이 부분에 대해서 많은 고민을 안고 있다. 그리
고 어떤 의미에서는 이미 문제를 인식하고 있다고 판단된다. 자동차
업계에서는 손꼽히는 최고의 신차 시승 평론가인 채영석의 논거는
문제의 핵심에 대해서 정확하게 밝히고 있다.[21]

자율주행자동차는 자동주행이 목적이 아니다. 시작은 궁극적인 안
전장비였다. 연간 130만 명이 교통사고로 인해 사망하고 있는 상황을

피하고자 하는 의도였다. 교통사고 원인의 90퍼센트 이상이 인간의 조작 부주의에서 왔다는 통계를 바탕으로 스티어링 휠을 빼앗아 자동으로 주행할 수 있게 하자는 것이 기본 취지였다.

그런데 최근에는 교통사고 예방은 물론이고 트럭 인력 부족 해소, 연비 성능 향상, 노약자 이동권 보장, 카셰어링, 주차 편의성 등 다양한 세일즈 포인트를 개발하고 있다.

여기에 뛰어든 것이 IT업계이다. 자동차의 실내에 스마트폰 기능을 심겠다는 것이다. 자동차는 안전이라는 이유로 운전자의 눈이 2초 이상 전방을 주시하지 않으면 안 된다는 룰이 있다. 그래서 자동차회사들은 스마트폰을 들고 보는 것 대신 BMW iDrive 등과 같은 커넥티비티 기능을 도입하려 하고 있다. 스마트폰으로 할 수 있는 신세대 텔레매틱스 기능을 자동차 안에서 소화한다는 개념이다. 이 부분에 주목하고 있는 것이 애플과 구글이다. ……

구글이 자율주행자동차를 개발하고 있다는 뉴스를 지속적으로 내보내고 있는 것은 자동차 사업을 하고자 함이 아니다. 그들의 강점인 소프트웨어 시장을 장악하기 위한 것이다. 자동차용 OS를 판매하고자 하는 의도인 것이다. 구글은 거기에 구글맵서비스라고 하는 엄청난 무기까지 갖고 있다. 자율주행기술이 실용화되기 위해서는 디지털 기기의 지도데이터가 필수다. 이 분야에서는 핀란드의 노키아와 네델란드의 PND 제조업체 톰톰, 그리고 구글맵스와 구글어스를 보유한 구글이 주도권을 장악하고 있다. 이들은 도로의 기울기, 커브길의 곡률, 커브길의 고저 차, 그리고 차선 폭 등 미묘한 변화까지 상세히 데이터화하는 작업을 하고 있다. 이런 데이터는 예측 주행 등의 기술에서 필수적이다. 결국 이들이 하고자 하는 일은 지금의 자동차에서 고갈되어가고 있는 새로운 소재를 제공하겠다는 것이다. 그렇게 해서 선진국을 중심으로 시들어가고 있는 자동차에 대한 소유욕을 다시 살려내려 하고 있다. 그 주도권을 자동차업계가 잡느냐 IT업계가 잡느냐의 싸움이 진행되고 있다.

그렇다면 현대차는 과연 이런 싸움에서 어떤 전략을 채택해야 하는가. 현 시점에서 현대차의 미래를 위해서는 이 부분에 대한 적극적인 대책과 전략을 마련해야 할 것이다.

완성차업체들의 개발 수준

국가 주도로 자율주행차 개발에 나서고 있는 미국, 영국과 달리 독일은 전통적인 완성차업체들이 자율주행차 투자를 주도하고 있다. 2015년 초 미국 라스베이거스에서 열린 가전전시회 'CES 2015'에서 아우디는 자율주행 콘셉트카를 전시했다. 아우디는 전시에 앞서 캘리포니아 주 실리콘밸리에서 라스베이거스까지 약 900킬로미터를 운전자의 도움 없이 콘셉트카를 운행해 현재까지 자율주행차 분야에서 가장 앞선 기술을 보유하고 있음을 전 세계적으로 과시했다. BMW도 CES 2015에서 자사의 자율주행 기술 '액티브어시스트(ActiveAssist)'를 선보였고, 메르세데스 벤츠는 이미 2013년 8월 자율주행차 'S500 인텔리전트 드라이브' 연구용 차를 도심과 시외에서 시연했는데, 1984년부터 연구팀을 창설해, 1986년 자율주행차를 시운전하기 시작했다. 오는 2020년 완전한 자율주행차를 선보이겠다는 목표도 공표한 바 있다.

한편 현대자동차는 자율주행차 분야에서 후발주자인 것만은 분명하다. 다만 기존 양산차에 자율주행 기술을 적용하는 등 꾸준한 성과를 내고 있다. 차량 속도와 앞 차와의 거리를 자동으로 유지시켜주는 어드밴스드 스마트크루즈컨트롤(ASCC), 차량 추돌이 예상될 때 운전자에게 경고를 주는 전방추돌경보시스템(FCWS) 등은 자율주행차에도 필수적으로 들어가는 기술이다. 현대차는 사람이 안전하게 운전을 즐길 수 있게 돕는 각종 자율주행 기술을 미래 비전으로 내세우고 있다. 그렇기 때문에 2020년 양산을 목표로 내건 자율주행차 프로젝트의 비전은 '가장 안전한 차'이다.

2015년 3월에는 '2020년 자율주행 기술 상용화 로드맵'을 발표하고 혼잡구간 주행시스템, 고속도로 주행지원시스템 등 각종 자율주행 기술을 공개하기도 했다. 현대차가 자율주행 기술을 대중에 공개한 건 2010년 투싼 자율주행차 이후 5년 만에 처음인데, 그 사이 전기차 업체 테슬라, 차량 공유 서비스업체 우버까지 도전을 선언하고 나서면서 시장은 더욱 치열해졌다.

전기차,
미래차 경쟁구도의 변화

일본의 아베 총리나 독일의 메르켈 총리는 직접 미래차 사업의 선두에 섰다. 아베 총리는 "물이야 말로 미래의 석탄"이라는 140년 전 프랑스 작가 쥘 베른의 소설 《신비의 섬》까지 거론하면서 "이제 베른의 꿈은 일본에서 실현되고 있다"며 '수소 사회' 실현을 확신했다. 반면 물리학자 출신인 메르켈 총리는 "여기, 전기차 사회의 도래를 확신하는 총리가 있다"며 "2020년까지 100만 대를 보급하겠다"는 구상을 발표했다.[22]

세계적으로 환경 규제가 강화되면서 전기차 시장은 점차 커지는 추세다. 닛산 '리프'는 2014년에 11만 5,000대를 팔았고, GM '볼트'는 1만 7,000대, 테슬라 '모델S'는 1만 5,000대가 팔렸다. 마틴 빈터콘 폭스바겐 회장은 2020년 전기차가 전 세계 자동차 시장의 3퍼센트, 카를로스 곤 르노 - 닛산얼라이언스 회장은 10퍼센트를 차지할 것으로 전망했다. 유럽에서는 2021년까지 주행거리 1킬로미터당 평균 이산화탄소 배출량 목표치 95그램을 2025년 75그램으로 강화하는 환경 규제 방안이 논의되고 있다. 내연기관 차량만으로는 이 규제에 대응할 수 없는 만큼 자동차회사들의 전기차 개발은 필수이다.

　자율주행차나 전기차, 수소전기차 등에 IT나 자동차회사들이 뛰어드는 이유가 무엇이겠는가? 그것이 세상을 바꾸기 때문이 아니다. 스마트폰이 세상을 바꾸었는가? 세상을 바꿨을 수 있지만, 결국은 인간 개개인의 삶이 근본적으로 변화되었느냐는 철학적인 질문으로 다가온다. 하지만 스마트폰 바깥의 세상은 그대로이다. 삶이 조금 편해졌을 뿐이다. 미래차가 세상을 바꾸기 때문이 아니라, 미래차로 인해 새로운 산업 생태계가 조성되고 향후 수십 년간은 이것으로 먹고살 수 있기 때문에 IT에서 돈을 번 기업들이 뛰어드는 것이다. IT만큼 자본의 확장성을 담보해줄 수 있는 곳은 대형 투자가 수반되는 양산 제조업인 자동차밖에 없다. 자본의 논리는 선명하다. 먹을 게 많으니 잉어떼처럼 몰려드는 것이다. 잉어들은 서로 다투지 않는다. 많으면 많은 대로 적으면 적은 대로 먹고, 먹이가 없어지고서야 사라진다.

중국의 전방위적 공세

　　　　　중국 창안자동차의 전기차 EADO EV는 한 번 충전으로 달릴 수 있는 거리가 160킬로미터, 최고 속도가 시속 140킬로미터에 이른다. 경쟁업체인 비야디(BYD)의 전기차 E6 역시 GM이나 닛산 등 해외 전기차를 능가하는 성능을 갖고 있다.

중국 업체들이 저마다 전기차를 개발하고 있는 건 시장 성장속도가 폭발적이기 때문이다. 2014년 중국에서는 전년 대비 245퍼센트 이상 증가한 7만여 대의 전기자동차가 판매됐다. 2015년에는 이 숫자가 11만 대로 늘고 2016년에는 24만 대까지 성장할 것으로 전망하고 있다. 중국 정부가 대기질 개선, 미래차 기술 확보, 에너지 안보 확보 등의 이유로 전기차에 대한 지원을 강화하고 있는 것도 성장 요인이다.

업계에서도 이에 적극적으로 대응하고 있는 모습이다. 최근 보도에 따르면 중국 최대 전자상거래 업체 알리바바와 상하이자동차가 커넥티드카(다른 기기와 통신으로 연결된 자동차)를 개발하기 위해 10억 위안(약 1,800억 원) 규모의 펀드를 조성하기로 하고, 알리바바는 클라우드 컴퓨팅 기술과 디지털 엔터테인먼트, 지도, 금융 데이터를 제공할 예정이다.

중국 최대 검색엔진 업체 바이두는 2015년 자율주행차를 개발할 것이라고 밝혔으며, 웹 TV 제조사 레시인터넷정보기술은 커넥티드 전기차 개발에 수십억 달러를 투자할 계획이라고 밝혔다. 거기에 중국 IT기술업계의 거물인 텐센트와 제조 공룡으로 불리는 폭스콘이 손잡고 스마트카를 개발하기로 했다. 이 두 회사와 자동차 판매업체인 허시에까지 가세해 스마트 전기차 개발협약을 체결하였다. 향후 텐센트는 스마트카 운영체제를, 폭스콘은 스마트 설비와 제작을, 허시에는 전기차 판매와 서비스를 각각 담당하는 구조가 만들어진 것이다.

이처럼 중국 시장에서는 중국을 대표하는 3대 IT기업인 바이두, 알리바바, 텐센트가 모두 스마트카 개발에 뛰어들었다. 이는 중국의 전방위적 공세가 이어질 수 있다는 의미이다.

IT기업 주도의 미국

미국의 전기차 시장은 IT기업이 주도하고 있다. 대표적으로 테슬라와 애플 등을 들 수 있다.

먼저 미국의 전기차 전문 메이커 테슬라는 독보적인 배터리 기술력과 5,000개가 넘는 전장부품을 하나로 결합하는 탁월한 종합 디자인력으로 '커넥티드 전기차'라는 제품을 선보이며 기존 자동차의 통념을 깨고 새 시장을 만들어가고 있다. 테슬라는 주행거리와 속도, 디자인 등에서 전기차 기술의 한계를 뛰어넘음으로써 친환경 에너지 제품이 라이프스타일을 바꿔놓을 미래의 대안이 될 수 있음을 보여줬다.[23]

테슬라는 배터리 제조비용을 30퍼센트 가량 낮춰 2017년까지 기존 '모델S'의 반값인 3만 달러 수준의 보급형 전기차 '모델3'를 내놓는다는 계획이다. 2013년 6월에는 테슬라의 보유 특허를 모두 무료 공개하겠다는 파격적인 정책을 발표했다. 글로벌 자동차 제조업체들이 친환경차 개발에 나서며 기술 특허로 진입장벽을 치고 있는 것과는 대비되는 행보다.

테슬라가 지적재산권을 개방한 이유는 배터리 전기차 시장의 확산을 위해서다. 테슬라가 보유하고 있는 전기자동차 관련 지적재산권을 타사가 이용함으로써 전기자동차 보급이 탄력을 받을 수 있다는 계산인 셈이다. CEO 엘런 머스크는 자신들의 경쟁 상대가 소규모 전기자동차 제조업체가 아니라 글로벌 양산 가솔린차라고 언급한 바 있다. 전기차 배터리 기술에서는 테슬라가 도요타의 하이브리드 기술만큼 독보적이지 않다. 테슬라의 보유 특허 전면 무상 공개는 자동차 산업 전반에 대한 일종의 도전이자 저항인 셈이다.

한편 테슬라가 모델S로 공전의 히트를 기록한 이면에는 대규모 전기차 충전망(Supercharger network) 사업모델이 있다. 대규모 전기차 충전망은 다른 업체의 전기차도 테슬라의 충전망을 이용할 수 있으며, 고객은 무료로 충전하되 해당 전기차 완성업체가 테슬라 충전망 이용 비율에 근거해 비용을 부담한다는 것이다.

애플, 자동차는 궁극의 모바일기기

애플의 전기차 개발설이 기정사실화되는 분위기다. 미국 배터리 제조업체인 A123시스템스는 2015년 2월 초 매사추세츠 주 소재 연방법원에 고용 계약을 위반하고 애플로 자리를 옮겼거나 이직 예정인 직원 5명과 애플을 함께 고소했다. A123시스템스는 전기차 등에 쓰이는 리튬이온 배터리 제조회사다.

〈파이낸셜타임스〉는 애플이 자동차 관련 전문가들로 이뤄진 비밀 연구소를 운영하고 있다고 보도했다. 이 중에는 메르세데스-벤츠의

R&D 책임자로 있다가 2014년 가을 맥 시스템 엔지니어링 팀장으로 애플에 입사한 요한 융비르트도 포함되어 있다.

〈월스트리트 저널〉은 2015년 2월 13일 애플이 수백 명 규모의 팀을 만들어 '타이탄'이라는 전기차를 설계 중이라고 전했다. 포드에서 3년간 엔지니어로 근무했던 아이폰 디자인 담당 스티브 자데스키 부사장이 이 프로젝트를 이끈다. 타이탄 팀은 애플 사무실이 밀집한 본부 건물과 따로 떨어진 곳에 별도 개발 시설을 갖추고 있다. 〈월스트리트 저널〉은 이 팀의 규모가 1,000명으로 확대될 가능성도 있다고 보도했다.

현지에서는 애플이 전기차업체 테슬라를 인수할 것이라는 전망도 나오고 있다. 한편 〈블룸버그〉는 2015년 4월 16일, 애플은 미국 태양광 업체 선파워를 앞세워 중국 쓰촨성에 40메가와트 규모의 태양광 발전소 2기를 건설한다고 보도했다. 애플은 2015년 3월 태양광 패널 업체 퍼스트솔라와 파트너십을 맺고 8억 4,800만 달러를 투자할 것이라고 밝혔다.

그렇다면 애플과 구글은 왜 전기차 개발에 뛰어들었을까? 애플과 구글은 각각 카 플레이(Car Play)나 안드로이드 오토(Android Auto)로 거의 모든 차종의 계기판 플랫폼에 진출했다. 이들은 이 플랫폼을 시험하기 위한 차 제작에 그치지 않고 자동차 시장에 본격적으로 뛰어들 준비를 하고 있다. 30퍼센트 이상의 마진에 익숙한 실리콘밸리의 두 거인이 호황기에도 영업이익 10퍼센트를 넘기 힘든 자동차 시장에 상당한 리스크를 감수하며 진입하려는 이유는 무엇일까?

사회 전반적인 교통망 개혁을 전제로 한 자율주행 기술이 현실화되면, 이제 차는 단순한 이동수단이 아니라 움직이는 개인 사무실로 변하게 된다. 컨설팅 회사들은 운전자들이 하루 평균 한두 시간의 운전에서 해방되어 목적지까지 이동하는 동안 차 안에서 인터넷 쇼핑, 웹 서핑을 하거나 사무를 보거나 한다면, 미국에서만 연간 수천억 달러의 경제적 효과가 창출될 것이라고 추정하고 있다.

새로 창출될 수익이 자동차 판매보다 클 수 있고, IT 생태계를 자동차 영역까지 확대해 기존 기기와 소프트웨어 서비스 부문에서 폭발적인 매출 확대가 가능할 것이다.

배터리 부문 선두를 달리는 일본

일본 기업들은 전기차와 실과 바늘관계인 전기차 배터리 시장에서 크게 앞서고 있다. 전기차 및 배터리 시장조사업체 SNE 리서치가 2014년 전 세계에 출하된 전기차에 채용된 배터리의 용량과 제조사별 시장점유율을 조사한 결과 일본이 약 6.3기가와트, 71퍼센트로 1위를 차지했다. 한국의 경우 LG화학, 삼성SDI, SK이노베이션 3사를 합쳐 1.5기가와트로 시장점유율이 17.3퍼센트로 집계되어 2위로 랭크되었지만 일본과의 격차는 엄청난 수준이다. 제조업체 순으로 봐도 상위권에는 모두 일본 기업들이 랭크되었다.

한국 기업은 최근 국내외 유수 완성차업체와 다수의 배터리 공급 계약을 체결하고 있지만 대부분 장기계약이고 아직 출하되지 않은 전기차에 대한 계약이 주를 이루는 것으로 보인다.

한국, 무조건 빨리 추격해야

관련 기술의 급속한 발전으로 전기차의 주행거리는 일반 차량에 필적할 정도로 급속히 늘어나고 차량 가격은 내려가는 추세다. GM이 2015년 1월 디트로이트 모터쇼에서 공개한 순수 전기차 볼트(Bolt)는 1회 충전으로 321킬로미터 이상 운행이 가능하며, 가격도 3만 달러(3,288만 원)까지 떨어졌다. 이런 가운데 온실가스 감축을 위한 환경 규제 강화와 전기차 보조금 확대 등 각국 정부의 정책 지원까지 더해져 전기차 시장은 유가 추이와 무관하게 성장을 지속할 것이라는 전망이 나온다.

미국 등 해외 시장에서 전기차 시장이 성장세를 지속하고 있는 반면 한국은 전기차가 팔릴 수 있는 시장과 산업 생태계를 조성하는 데 실패하여 전기차 기술에서는 중국에게도 추월당하고 있는 상황이다. 전기차는 향후 다가올 자율주행차 등 스마트카 시장 경쟁의 전초전이다. 전기차 시장에서 뒤처지면 그동안 이루어 놓은 IT 산업 기반 자체가 흔들릴 수 있고 미래도 없다.

전기차 산업 발전을 위해서는 정부의 정책이 대단히 중요하다. 한국이 전기차 경쟁에서 우위를 차지하려면 세수 및 전기요금 체계 등이 개편되어야 한다. 현재 국내의 현행 세수 체계는 유류세가 차지하는 비중이 10퍼센트 정도여서 전기차 보급이 확대되면 세수 감소 현상이 나타난다. 때문에 정부 관료들이 전기차 산업 활성화에 적극 나서지 않는다는 비판도 제기되고 있다. 미국 캘리포니아 주의 경우 친환경차를 판매하면 내연기관 차량을 판매할 수 있는 권한을 주는 강제 크레딧 제도를 시행하고 있다.

전기차 산업은 독일과 제휴할 경우 강력한 지원을 받을 수 있다. 보쉬와 지멘스가 보유하고 있는 싱크로나이즈(동기식) 모터의 기술력은 일본 업계보다 10년 정도 앞서 있다. 한국과 독일 간 민관 협력 체제는 미국 실리콘밸리 중심의 빅 3(구글, 애플, 테슬라)를 견제할 수 있다.

여기서 중요한 곳이 정부인데, 정부 해당 부처의 담당 사무관, 서기관들의 역할이 중요하다. 1990년대 초반에도 이들이 연간 400만 대 생산체제의 'X5프로젝트'를 입안했다. 이들의 관점은 전기차를 기술적으로 잘 만들 수 있느냐 없느냐가 아니라 현 세대 및 미래 세대가 어울려 먹고살기 위한 신산업 생태계 조성이다. 멍석을 잘 깔아놓으면 자본의 속성상 전기차 최대 소비국이 될 중국의 대형 차이나머니도 들어올 수 있다.

지금이라도 발 빠르게 추격하면 전기차 분야에서 세계 시장을 주도할 수 있는 기회가 있다. 우리나라는 안정적인 전력 인프라와 높은 인구밀도, 세계적인 IT 경쟁력 등 전기차 확산에 필요한 최적의 시장 환경을 갖추고 있기 때문이다. 우리가 타이밍을 놓치면 지금의 현대차 자리를 구글이나 애플이 차지할 수도 있다. 삼성전자는 아예 구글이나 애플에 의해 산업지도에서 사라질 수도 있다. 삼성은 과거의 자동차 사업 실패에 대한 트라우마에서 빨리 벗어나야 한다. 한국이 전

기차 주도권을 놓치면 삼성은 지금도 힘들지만 앞으로 더 힘들어질 수 있다.[24]

삼성, 현대차 역할 분담 난망

미래 환경차 부문에서 선두인 현대차는 전통적인 자동차 엔지니어링 기반을 바탕으로 하는 하이브리드카와 세계 선두 레벨인 수소연료전지차 부문을 맡아서 하고, 삼성은 배터리가 핵심인 전기차 부문을 맡아하는 방식을 생각해본다. 전기차는 충전식이 있고, 탈착식이 있는데 충전식은 충전소와 같은 사회인프라 구축이 필요하지만 배터리 탈착식은 이것이 필요하지 않다.

삼성SDI는 마그나 슈타이어 배터리팩 부문을 인수합병해 전기차 배터리 일관 사업체제를 갖추고 BMW 신형 전기차에 배터리 공급을 확대할 예정이다. 이외에 크라이슬러와 인도 마힌드라에 전기차 배터리를 공급하고 있다. 또한 엔지니어링 플라스틱(EP)을 활용해 차별화된 자동차용 소재를 개발해왔다. 최근 개발한 무도장 메탈릭 소재는 포드의 준중형 승용차인 2015년형 '몬데오'의 내장재로 적용되기도 했다. 이외에도 삼성SDI는 운전석 센터페시아를 비롯해 자동차 내장재와 외부의 라디에이터그릴, 사이드미러, 램프 등 용도별 특성에 맞는 소재를 개발해 여러 글로벌 자동차 제조사에 공급하고 있다.

문제는, 삼성의 자동차부품 사업은 그룹 최고위층의 의지가 실려

있거나 확실한 전략적 방향이 제시되지 않은 일상적인 기업 활동 수준을 벗어나지 못하고 있는 데 있다.

현대차는 미래차 부문에서 막대한 투자비가 들어가는 부품 분야에서 적합한 파트너를 찾지 못하고 있다. 하이브리드카 개발에서 도요타에 밀린 결정적인 이유는 일본 부품업체들을 주요 부품 개발 파트너로 삼았는데, 이들의 도요타의 압력에 떠밀려 현대차를 배신한 것이다. 가격 경쟁력이 있는 중국 부품업체들은 중국 완성차업체와 함께 가까운 시일 내에 경쟁자로 떠오를 세력들이다. 현대차의 고민은 점점 깊어지고 있다.

꼬리가 몸통을 흔들 수도

국가적인 역량까지는 아니더라도 지방자치단체에서 전기차 보급에 역량을 쏟고 있다. 그 리더는 제주도 원희룡 지사이다. 제주도는 세계에서 가장 빠른 속도로 전기차를 대중화, 상용화한 곳인데, 2030년까지 버스, 택시, 렌터카를 포함한 모든 차량을 전기차로 바꿀 계획이다. 또한 2016년 전기차 특구 지정을 목표로 '전기차 보급 촉진 및 이용 활성화에 관한 조례'를 제정할 예정이며, 전기차 배터리 리스 사업, 제주도 전역에 대한 충전 인프라 구축 등을 정부와 글로벌 대기업과 협력해 추진 중이다.

원희룡 제주도지사는 전기차를 테마로 통일을 거론하고 있으며, 전기차가 창조경제의 새로운 생태계가 될 수 있음을 설파하고 있다.

가장 작은 지방자치단체장으로서 친환경론자를 자처하며, 젊은 세대 고용 문제 해결 등의 해법을 조심스럽게 거론하고 있다. 꼬리가 몸통을 흔드는 일이 일어날 수도 있겠다는 생각이 든다. 원희룡은 한국 정치 현실에서 거론하기 힘들었던 환경 문제가 먹고사는 문제도 해결할 수 있다는 가능성을 타진하고 있다. 나는 원희룡 지사에게 산업적인 생태계를 만드는 일은 전문가에게 맡기고 깃발을 들고 앞에 서라고 얘기하고 싶다.

한편 미래차 개발뿐만 아니라 자동차 산업의 경쟁력 강화를 위해서는 고질적인 노사관계의 개선이 무엇보다 중요하다. 앞서 광주광역시가 '반값 임금'을 사회적 화두로 내세웠던 것을 소개했다. 그러나 '반값 임금'이 현실화되기 위해서는 제도적·법적으로 넘어야 할 산이 많다. 양질의 일자리 만들기는 박근혜 정부를 넘어 절체절명의 시대적 과제다. 광주의 파격적 실험은 비단 자동차업계에만 해당하는 것은 아니다. 광주의 도전이 성공하면 빈사 상태의 국내 제조업이 다시 일어설 수 있는 기회는 물론 해외로 빠져나간 우리 사업장을 다시 불러들이는 계기가 될 수도 있다.

제주시와 광주광역시의 전기차 신산업 생태계 조성과 반값 임금은 지자체 간 연대로 제조업 육성과 청년 고용 해결이라는 난제를 풀 수 있는 실행력을 갖고 있다. 중앙 정부가 해결하지 못하는 이 시대의 난제를 풀어가는 과정을 지켜보고 응원하고 싶은 마음이다.

미래차의 보쉬를 노리는 LG

전기자동차가 내연기관 자동차를 대체하면 전기차 배터리 제조업체가 헤게모니를 장악할 가능성이 높다. 전기차 배터리는 전기차 전체 가격의 절반을 차지하기 때문이다. 자동차용 배터리를 중심으로 가전·전자 중심의 '만년 2등' LG가 자동차부품 중심의 LG로 탈바꿈하고 있다. 아이러니 하게도 LG의 자동차 배터리 사업은 정몽구 회장의 권유에서 시작되었다.

2015년 3월 11일 구본무 LG그룹 회장은 그룹의 연구개발비로 6조 3,000억 원을 책정했다. LG그룹 사상 최대 규모다. 눈여겨볼 것은 투자처가 자동차부품과 관련되거나 에너지솔루션, 차세대 디스플레이 기술, 소재 원천기술, 사물인터넷 기술 등 자동차 산업과 직결돼 있다는 점이다. 주력 계열사의 주요 사업 역시 자동차부품 사업에 맞춰져 있다.

LG전자는 2013년 7월 자동차부품 설계를 맡고 있던 LG CNS의 자회사 V-ENS를 합병하고, 자동차부품을 전담할 VC(Vehicle Components) 사업 본부를 신설했다. 자동차부품연구소에 해당하는 LG전자 인천캠퍼스도 준공해 가동 중이다. 여기서는 차량용 핵심 부품인 파워트레인(동력전달장치)과 친환경 기술을 개발한다. LG전자는 구동모터, 배터리 충전기, 배터리의 직류 전원을 교류 전원으로 변환해 모터를 구동하는 인버터, 엔진 온오프를 제어하고 제동시 발생하는 에너지를 재활용해 연비를 향상시켜주는 BISG를 양산할 예정이다.

LG전자는 2014년 세계 무인차 개발 연합 '오픈 오토모티브 얼라이언스(OAA)'에 합류했다. 이 연합에는 현대차·기아차, GM, 폭스바겐 등 글로벌 자동차 제조업체를 비롯해 파나소닉, 엔비디아, 구글 등 글로벌 전자·IT업체들이 참여하고 있다. LG전자는 구글이 진행 중인 무인주행자동차 개발 프로젝트의 글로벌 협력사이기도 한데 성과가 조금씩 나타나고 있다. 2014년 벤츠와 폭스바겐은 무인자동차용 핵심 부품을 LG전자와 함께 개발하기로 했다.

LG는 차량 강판만 빼면 차량에 들어가는 거의 모든 부품을 만들고 있다. 물론 LG는 대외적으로 "자동차를 직접 만들 생각이 없다"고 강조한다. 직접 차를 만들면 완성차업체와 경쟁해야 하는데, 그러면 LG그룹의 부품 공급처가 사라질 공산이 크다. 자동차는 이제 '자동차'가 아니다. 미래 기술이 집약된 R&D의 종합판이다.

현대차의 방향

정부나 현대차 모두 전기차냐 수소전지차냐 결론을 내리지 못하고, 하이브리드 기능을 포함한 전기차 개발과 수소전지차 투 트랙으로 미래를 구상하고 있다.

수소차가 비용 문제만 해결되면 완성차를 기준으로 전기차의 모든 장점을 가지면서 편리함과 친환경을 더한다. 전기차는 연료로 쓰이는 전기 생산을 위해 화석연료를 쓰면 환경오염에서 자유롭지 못하다. 수소차는 2005년 노무현 대통령이 청와대에서 정몽구 현대차그룹 회장과 함께 직접 차를 타보며 지원을 약속했던 프로젝트다.

2005년 현대차가 내놓은 수소차는 출력 80킬로와트, 1회 충전 주행거리 300킬로미터, 최고 속도 시속 150킬로미터, 가속성능 16초였다. 2014년 현대 수소차의 제원은 출력 100킬로와트, 1회 충전 주행거리 594킬로미터, 최고 속도 시속 160킬로미터, 가속성능 12.5초다.

글로벌 완성차업체 입장에서 전기차는 아직은 구색 갖추기용 성격이 강하다. 한국 산업사를 되돌아봤을 때, 자동차, 조선, 석유화학, 반도체 등 국내 수요를 넘어서 먼저 치고 나가는 바람에 이만큼이라도 성장한 것이다. 독일 업계는 현대차, 도요타, 혼다를 수소차의 리더로 꼽고 있는데, 그중에서도 현대차의 기술이 가장 선두에 있다고 보는 것 같다. 그러나 현대차는 시장 생태계 조성, 정부 지원 측면에서 많이 불리한 상황이다.

현대차는 디젤기술에 대해서는 독일차와의 격차를 좁히지 못하고 있다. 하이브리드의 경우는 도요타는 물론 최근 압도적인 연비를 내는 혼다의 기술력을 따라가지 못해 내부적으로 큰 혼란에 빠져 있다.

현대차는 1999년 하이브리드 개발을 시작했다. 그러나 핵심 부품 개발을 일본 업체에 맡겼다. 배터리는 산요, 모터는 히타치에 의뢰했다. 그러나 원천기술을 가진 도요타의 방해로 이들이 개발 포기를 선언했다. 이후 배터리는 LG화학, 모터는 현대모비스가 개발을 맡았다. 이로 인해 선발업체를 쫓는 시간 4년을 놓쳐버렸다. 차량반도체, 전장기술의 독립을 위한 치밀한 전략이 없어 고전하고 있다는 평가를 받는 이유이다. 현대차는 결국 경쟁자라고 말하는 도요타보다 6년이나 늦게 하이브리드차를 개발했다.

한때 일본 내에서 영웅으로 불렸던 닛산-르노얼라이언스의 카를로스 곤 회장이 수년 전부터 일본 내에서 비판을 받고 있다. 비용 절감 부문에서는 성공했으나, 도요타보다도 앞서 있었던 미래차 부문에 대한 투자를 전혀 하지 않아 닛산의 미래가 불투명하다는 비판에 직면해 있다.

표면적으로 현대차는 전혀 위기가 아니다. 그러나 앞으로 5년, 10년 20년 뒤의 현대차를 생각할 때 지금의 연구개발 상황은 위기이다. 현대차가 폭스바겐, 도요타와 견줄 일류 업체로 올라가기 위해서는 연구개발 전략 전반에 대한 철저한 재검토가 필요하다.

현대차와 LG의 협력

LG화학은 처음에는 현대차의 하이브리드차에 들어갈 배터리 개발 요청에 수익성을 이유로 참여하지 않았다. 정몽구 회장이 LG 구본무 회장을 만나고 나서야 이루어질 수 있었는데, 지금은 배터리 사업이 독립된 사업으로 LG그룹의 미래를 책임질 사업으로 굳어지고 있다. 한편 현대차는 점점 더 고민이 깊어지고 있는데 바로 전장부품 사업 부문의 독립 여부 때문이다. 어떤 형식의 독립인지도 중요하다. 또한 전장부품 중심으로 자동차부품 사업을 특화시키고 있는 LG그룹과 대규모로 합작하느냐 여부가 가장 고민스런 부분일 것이다. 현대차그룹의 미래차 부문의 승패는 전장 사업 부문의 전략 및 방향성에 따라 결정날 것이다.

현대차그룹과 LG화학 간 상징적인 합작회사가 있다. 일단은 국내 대기업 간 합작회사라는 데 그 의미가 크다. HL그린파워는 배터리팩 (모듈화된 전지)의 개발·제조·판매업체로 2010년 1월 설립됐다. 현대 모비스가 지분 51퍼센트를 갖고 있으며 LG화학이 나머지 49퍼센트를 보유하고 있다. HL그린파워는 파나소닉으로부터 배터리셀을 공급

받아 팩으로 만드는 테슬라에 비견될 수 있다.

현대차와 LG의 본격적인 연합체가 형성된다면 삼성그룹은 스마트폰 이후 신수종 사업으로 자리 잡아가고 있는 미래차 부문에서 국제적으로 고립될 위험에 처할 수 있다. 이처럼 현대차와 LG의 제휴는 상당한 의미를 지닌다.

현대차 정몽구 회장은 2세이지만, LG의 구본무는 3세이다. 구본무 회장은 1945년생이지만 정서적으로 1938년생인 정몽구 회장과는 충분히 대화가 된다. 단순히 나이는 의미가 없지만 그룹 간 의사소통에 거리낌이 없는 세대들이다.

삼성의 3세인 이재용은 1968년생이다. 1970년생인 현대차의 정의선 부회장과는 충분히 소통할 수 있다. 그러나 정 부회장은 의사결정권이 없다. 이재용은 국내 재계에서는 고립되어 있는 셈이다. SK는 2014년 4월 폭스콘과 제휴하면서 삼성을 포위하는 모양새이다. 최태원 회장은 1960년생으로 타 그룹의 오너들과는 정서적인 유대관계를 맺기에는 나이대가 맞지 않는다.

하프라인만 넘으면 단독 드리블

일본은 도요타의 하이브리드차 프리우스를 친환경차로 세계 표준화시키는 데 어느 정도 성공했다. 테슬라가 순수 전기차 부문의 선두로 보이긴 하지만 향후 글로벌 수요나 글로벌 완성차업체들이 본격적으로 참여하지 않은 점을 고려하면 아직 무주공산으로 남아 있다. 하프라인만 넘으면 단독 드리블이 가능한지를 판단해야 될 상황이다. 소수 엘리트 전문가 집단을 통해 국가적인 역량이 모아져야 할 때이다.

전기차로 가야 하는 이유는 첫째, 중국 시장 때문이다. 미래차 부문에서 확고한 경쟁력을 갖추지 못하면 불과 10여 년 전 후발로 들어가 힘겹게 마련한 중국 시장 10퍼센트 점유 경쟁력 기반도 무너질 수 있다. 물론 중국 전기차 시장은 연간 전체 자동차 수요량 2,300만 대에 비하면 아직은 미미하다. 그러나 틈에 말뚝을 박아놓은 것과 말뚝조차 구해놓지 않은 것은 천양지차이다.

둘째, 수소연료전지차 개발 속도보다 전기차 개발 속도가 더욱 빠를 것으로 예상된다. 약 7~8년 전에 캐나다 밴쿠버를 방문했을 때 언덕의 고급 주택가를 운행하는 대중 교통수단으로 전기 버스가 상용화되고 있는 게 인상적이었다. 경전철인 스카이 트레인은 그 자체가 아름다운 밴쿠버 전체를 아우르고 조망할 수 있는 관광 교통수단으로서는 최고였던 기억이 난다. 무엇이든 기술과 산업화의 과정은 그 지역의 지리·경제적인 특성과도 맞물려야 한다. 지금은 홍콩 빅토리아피크에서 보았던 트램이 부산의 노인 세대들이 거주하는 고지대에서는 경트램으로 실용화되고 있지 않은가.

기술의 발달은 이미 인간 삶의 구체적인 영역에서 구현되고 있다. 이것을 기업과 국가가 먹고살 거리로 인식하다 보니 팍팍하게 와닿는 것이다. 모든 것이 어우러져 가야 한다.

새로운 전환점에 서다

'영원한 적도, 영원한 친구도 없는' 글로벌 업계의 합종연횡이 한창이다. 반면 현대자동차 주변은 유독 잠잠하다. 합병이나 자본제휴는 전혀 없고, 기술협력에 있어서도 '자체 개발'을 부르짖는다. 스마트 자율주행 기술을 보유하고 있다는 것과 남들이 다 인정하는 자율주행차의 대량 생산, 판매를 구현하는 것은 완전히 별개이다. 현대차는 자율주행차의 핵심인 전장 부문의 독자기술 구현을 위해 애쓰고는 있으나 빠른 시간 내에 전장 부문 전체에 대한 기술 독립을 이루는 것은 쉽지 않아 보인다.

중국은 전기차 산업을 국가적으로 육성하고 있으며 세계 최대의 전기차 시장을 보유하고 있다. 차세대 먹거리를 빼앗기면 전기차 생태계뿐만 아니라 관련 파생 산업계에도 우리가 진입할 수 없을 것이다. 현대차가 다소 기술 우위에 있는 수소차는 전기차만큼 산업 생태계 조성이 쉽지 않다는 점도 생각해봐야 한다.

지난 100여 년간 자동차 기업들 간의 경쟁은 연습 게임이었다. 미래차 부문에서 승패는 결정된다. 전 세계에 펼쳐져 있는 각 자동차 생산 공장은 20년 안에 미래차 생산라인으로 바뀔 것이다. 생산과 작업 방식이 현 시스템으로 같지도 의문이다.

정몽구 회장과 현대차 수뇌부의 결단이 필요한 때이다. 미래 독자 기술을 갖지 않은 세계 5위라는 것은 허울뿐임을 한시라도 빨리 인식해야 한다. 한국 정부도 국가 경쟁력 강화라는 측면과 더불어 성장과 고용이라는 측면에서 적극적으로 정책 주도를 해야 된다.

현대차의 아트마케팅 유감

현대자동차가 공연·예술 분야에 비해 상대적으로 사회적 관심이나 정부 지원이 취약한 순수미술 분야에 관심을 가진 것은 다행이나 그 방향이 왜곡되고 있다.

현대자동차는 2015년 3월 26일 미국 서부 최대 규모의 미술관인 LA카운티미술관(일명 라크마, LACMA)와 10년 장기 후원 협약을 체결했다고 밝혔다.

라크마 미술관의 후원자는 백만장자 사업가 엘리 브로드인데, 그는 같은 지역의 로스앤젤레스 현대미술관(일명 모카, Moca)을 후원하면서 미술관 관장에 상업 갤러리를 운영해온 제프리 다이치를 선임하면서 분란을 일으켰다.

모카와 라크마와의 합병설도 제기된 바 있다. 현재 엘리 브로드는 1,500억 원을 들여 자신의 이름을 딴 더브로드(The Broad) 현대미술관을 준비 중으로, 라크마와 모카 바로 건너편 자리에 2015년 9월 개관 예정이다.

현대차는 2013년 11월 국립현대미술관과 10년 장기 후원을 맺었고, 2014년 1월 영국의 테이트모던 미술관과 11년 장기 후원 협약을 체결했다. 그리고 이번에 맺은 라크마와의 장기 파트너십을 통해 세계적인 미술관과 파트너십을 맺음으로써 한국 – 미국 – 유럽을 잇는 명실상부한 '글로벌 아트 프로젝트' 체계를 구축하게 됐다고 주장한다.

이를 통해 현대차는 "세계적인 예술가 및 예술 기관과의 공고한 파트너십을 바탕으로 자동차 개발과 기업 경영 전반에 문화예술적 가치를 접목시켜 글로벌 프리미엄 브랜드로 올라서기 위한 기반을 다진다"는 논리를 펴고 있다. 이러한 논리가 어떻게 성립하는지, 자동차 업계와 미술계를 조금은 아는 필자 입장에서는 도무지 이해하기 힘들다.

한국 미술계는 시장 생태계가 사실상 사라졌다. 1970~1980년대 일부 재벌 총수들에게 사실상 도굴품들을 알선·중개해주었던 일부 대형 화랑들은 대기업 확장시 신축 사옥 및 사업장 등에 의무적으로 조성되어야만 하는 예술조형물 시장을 독점하다시피하면서 부를 축적했다. 한편으로는 한국화랑협회 회원사 중심으로 아트페어를 만들어 정부 지원을 받으면서 과거 자신들이 집중적으로 육성했던 작가들의 소장품들을 해외 아트페어 등과 연계하는 방식으로 회전 판매하면서 띄우기를 계속하고 있는 실정이다. 전통적인 묵화는 중국의 저력에 밀리고, 서양화 역시 선진적인 미술 교육 체계의 미비로 경쟁력을 상실해가고 있다.

약 10여 년 전, 고 백남준 선생과 경기고 동기동창인 만평가 백인수 화백이 동아일보를 은퇴했다. 그러면서 백인수는 인근 자리에 앉아 있던 경제부장 출신의 모 위원에게 자신이 사진 등으로 본 재계 총수들의 초상이나 캐리커처를 채색한 작품들을 팔 수 있으면 팔아달라고 요청이 왔다. 이 위원 역시 체면치레를 하느라 나에게 그 바통을 넘겼다. 그래서 나는 생면부지의 백 화백 작품을 판매하기 위해 각 매체의 산업부 기자들에게서 각 기업 홍보 책임자들의 전화번호를 받아 몇 군데 통화한 적이 있다. 기억나는 것은, 당시 SK그룹의 권오용(현 효성그룹 고문)은 나와 통화한 지 2분도 안 돼서 "뭔지 모르지만 사야 할 것 같다"는 반응을 보인 반면, 현대차 홍보 책임자 L 모는 나와 통화한 것 외에도 모 유력매체의 출입기자가 권유했음에도 무조건 버틴 것으로 안다. 나는 모 위원에게 각각의 기업과 통화한 내용을 보고했고, 그 이후의 결과는 전혀 모른다.

그때 내가 느꼈던 것은 현대차의 문화에 대한 마인드이다. 회사 이해나 이익과 상관없이 대외부서의 책임자들의 태도에 모든 것이 나타나 있었다. 체화되지 않은 문화 마케팅은 억지로 옷을 껴입은 것과 같다. 자신들이 전혀 이해하지도 못하는 해외 미술계에 돈 쓰지 말고 국제적인 작가들로 성장할 수 있는 국내 청년 작가들에게 투자하라고 권유하고 싶다. 당장 지원 가능한 것은 이들 작가들의 작품을 컬렉션하는 것이다. 단언컨대 해외 유명 미술관을 장기 후원한다고 해서 현대차의 글로벌 브랜드가 올라가는 것은 절대 아니다.

현대차그룹의 옛 사업장을 작가 스튜디오로 제공하고, 현대차그룹의 전 세계 해외 딜러 회의시 국내 젊은 작가들을 초청해 아트페어를 병행하여 개최하면 한국 미술 산업에 크게 기여하는 것이고, 문화융성에 이바지하는 것이다. 아울러 유망 청년 작가들 선정과 관련, 특정 화랑이나 파벌에 관련 있는 평론가들이나 기획자들은 피하라는 얘기를 하고 싶다.

최근 중국 상하이 히말라야뮤지엄 관장으로 임명된 이용우는 국제적으로도 손꼽히는 백남준 전문가이다. 부산국제영화제와 함께 글로벌 수준의 광주비엔날레가 키워낸 국제적 전시기획자이며 평론가, 행정가이다. 이용우 등 중국통 문화기획자들을 앞세워 중국 시장에서 현대차의 브랜드 수준을 높이는 방법도 고려해볼 만하다. 그가 추진하는 상하이 프로젝트는 2016년 프리 비엔날레에 이어 2018년 본격 시작하는 예술행사로, 기존 비엔날레 영역인 현대미술에다 영화, 건축, 디자인, 퍼포먼스, 그리고 담론 생성을 위한 강연 등 6개 분야를 결합한 행사가 될 것이다.

현대차,
한국 사회와 동행할 것인가?

현대차그룹의 2015년 경영전략 키워드는 '투자 확대와 미래 경쟁력 제고'다. 이를 바탕으로 국내외에서 글로벌 톱 브랜드로의 도약을 위한 공격 경영에 나설 계획이라고 한다. 완성차 품질 경쟁력 향상, 미래 성장동력 확충, 브랜드 가치 제고, 자동차 중심의 그룹사 간 시너지 극대화 등을 위해 2018년까지 총 81조 원을 투자하기로 했다. 현대차그룹은 매년 20조 2,000억 원을 투자한다는 점도 명확히 했는데 그룹의 연간 최대 투자액이던 2014년 14조 9,000억 원보다 35퍼센트가량 늘어난 금액이다. 이는 2015년 정부의 전체 연구개발 예산 18조 9,000억 원도 넘어서는 수치이다. 현대차는 또한 2020년까지 친환경차 라인업을 22종 이상으로 확대해 글로벌 친환경차 시장에서 톱을 노리는 동시에 엔진 성능 개선, 차량 경량화 등의 연구개발에 전력해 2020년까지 평균 연비를 25퍼센트 이상 개선할 계획이라고 밝혔다.

한편 현대차는 향후 3년간 국내 부문 투자에 집중할 것이라고 밝혔다. 청년층의 사상 최악의 취업 부진은 현대차, 삼성전자와 같은 글로벌 기업들의 사업장 해외 이전에 따른 영향이 크다. 현대차의 국내 고용 문제에 대한 인식은 삼성보다 훨씬 높다.

향후 자동차 수요 행태의 변화와 관련, 자율주행차와 더불어 도래할 공유경제 체제하에서의 카셰어링이 이슈로 떠오르고 있다. 글로벌 업체들은 리스크테이킹 차원에서 공유경제 사회의 흐름을 지켜보고 있다.

공유경제 사회의 카셰어링

자율주행차가 널리 보급되면 자동차는 현재 같은 소유 개념이 아니라 운용 개념으로 활용될 것이다. 기술의 발전이 제도를 변화시키는 것이다. 또한 이것과는 상관없이 이미 전 세계적인 만성 디플레이션 단계에 접어들면서 공유경제가 등장했고, 대표적으로 카셰어링이 나타났다. 공유경제가 일시적일지, 지속적으로 나타날 현상일지는 좀 더 두고 봐야 하나 카셰어링은 하나의 제도로서 정착될 가능성도 보인다. 국내도 이미 약 3년 전부터 3개의 카셰어링업체가 운영되고 있으며 이용자 수도 급격히 늘고 있다. 차량 대여와 반납 모든 과정이 스마트폰 하나로 간편하게 이뤄지기 때문에 스마트폰과 모든 일상을 함께하는 앱제너레이션, 소위

스마트 세대로부터 호응을 얻고 있기 때문이다.

이런 추세는 전 세계적으로 셰어링에 적합한 자동차들의 개발로 이어지고 있다. 도요타는 2010년 차량 설계 때부터 초소형 전기자동차 '아이로드(i-Road)'를 판매용이 아닌 지하철, 버스 등 대중 교통수단과의 연결성을 높이는 운송수단으로 개발했다. 아이로드의 차량 길이는 2.3미터, 차폭도 1미터가 채 되지 않고 바퀴도 3개뿐이다. 즉 '갖고 싶은 차'가 아니라 언제, 어디서나 '자전거처럼 빌릴 수 있는 차'인 셈이다. 도요타는 2014년에는 아이치 현에서 아이로드로 차량 공유 서비스를 실시했는데 크기가 작기 때문에 지정된 공간에 주차를 하는 것도 매우 쉽다. 현재 시중에 판매되는 전기차들이 별도의 충전 시설을 필요로 하는 데 반해 아이로드는 가정용 콘센트로 충전이 가능하다.

다임러는 독일을 비롯한 유럽과 북아메리카의 30개 도시에서 '카투고' 서비스를 제공하고 있다. 경차인 '스마트'가 주력 차종이며 이용 고객은 90만 명에 달한다. 편도뿐 아니라 분 단위로도 사용이 가능하며 스마트폰을 이용한 주차비 지불도 가능하다.

BMW의 '드라이브 나우'는 스마트폰 애플리케이션을 이용해 소형차 '미니', 전기차 'i3'를 이용할 수 있다. 요금은 분 단위로 매겨지는데 독일, 미국, 오스트리아 등지에서 BMW 차량 2,400여 대가 공유 서비스용으로 사용되고 있다.

폭스바겐도 '퀵카(Quicar)'라는 차량 공유 서비스를 시행하고 있다. 푸조시트로엥그룹(PSA)도 프랑스에서 카셰어링 서비스 '뮤바이푸조'를 운영하고 있다. 프랑스의 전기차 무인 공유시스템인 '오토리브'는

2011년 도입된 카셰어링 서비스다. 30분(6유로, 약 8,000원)부터 1년 (144유로, 약 19만 원) 단위 연회원으로 등록해 사용할 수 있으며 차량 구입비나 보험료가 부담스러운 젊은층을 중심으로 이용량이 늘었다. 전기차 250대와 주차장 250곳으로 시작한 뒤 현재 차량 수만 2,000 대가 넘는다. 파리 시내 중심에만 지하철역보다 많은 정류소가 있고, 시외 지역까지 넓히면 거점만 4,000여 곳에 이른다. 파리 시민들의 차량 보유 대수는 줄고 있으며 시민의 60퍼센트가 차량을 보유하고 있지 않다.

르노는 전기차인 1인형(2seat) '트위지'를 유럽 지역에서 카셰어링 과 일반 가정의 세컨드카, 근거리 소매물류 운송차량 용도로 판매하 고 있다. 2012년 출시돼 유럽에서만 현재까지 1만 5,000대 이상 팔 렸다.

이처럼 현재 60여 개국 1,000여 개 도시에서 카셰어링 서비스 사 업이 이루어지고 있다. 이렇게 완성차업체들이 카셰어링 산업에 관심 을 갖는 까닭은 카셰어링업체가 연료비를 줄이기 위해 고연비의 차 량이나 친환경 차량을 배치하기 때문에 전기차나 하이브리드차를 시 험할 수 있는 무대가 되기 때문이다. 또한 카셰어링 서비스의 젊은층 이용 비율이 높아 잠재 구매층과의 접점 역할을 할 수 있다고 보기 때문이다.

우버의 노이즈 마케팅

우버는 에어비앤비와 함께 대표적인 공유경제 기업으로 그 성가를 드높이고 있다. 우버도 한국 시장에 접근하고 있다. 자가용 콜택시인 '우버 엑스'가 일단 시동을 껐다. 우버테크놀로지코리아는 2015년 3월 6일 우버 엑스의 서울 서비스를 잠정 중단했다. 2014년 8월 시범서비스를 거쳐 그해 12월 유료로 전환한 지 4개월 만이다.

렌터카 콜택시인 우버 블랙도 법에 따라 외국인, 노인, 장애인, 정부 관료로 이용 대상을 제한했다. 사실상 택시 사업자 대상 '우버 택시'만 남게 됐다. 이른바 '우파라치(우버 신고포상금제)' 등을 앞세운 한국 정부와 서울시의 불법 영업 단속에 백기를 든 것처럼 보인다.[25]

하지만 우버도 최근 위치기반 서비스 사업자신고를 하는 등 합법화 행보에 나섰다. 그 사이 우버는 국내에 모르는 사람이 없을 정도로 널리 알려졌다.

한국판 에어비앤비를 표방한 빈방 공유 서비스인 코자자의 조산구 대표는 최근 필자와의 만남에서 "우버의 노이즈 마케팅이 성공했다"면서, "우버가 신규 시장에 진입할 때 통상적으로 쓰는 마케팅 전략이다"라고 평가했다. 코자자는 빈방이 있는 집주인과 숙소가 필요한 여행객을 이어주는 빈방 공유 커뮤니티로 서울시 지정 56개 공유기업 중 하나이다.

두 마리 토끼를 잡는 혁신

다니엘 튜더 전 〈이코노미스트〉 한국 특파원은 영국 제조업의 몰락을 수십 년 전 시작된 '탈산업화(deindustrialization)' 때문으로 본다. 최근 그는 〈중앙일보〉에 다음과 같은 칼럼을 기고했다.[26]

'서비스 경제'라는 관념에 매혹됐다. 제조업과 서비스업의 균형을 추구하지 않았다. …… 영국 경제에서 제조업 비중은 10퍼센트 정도에 불과하다. ……

영국에서 서비스업 일자리는 소매업, 콜센터 등의 분야에 국한된다. 그나마 일자리 수가 많지 않고 그저 최소 임금을 지불한다. 경력을 차곡차곡 쌓을 기회가 거의 없는 일자리들이다. 그 결과 사람들은 비참하다. 일부 도시 빈민가에서 평균 수명은 60세를 조금 넘는 정도다. ……

스위스 전역을 다니며 목격한 것은 평범한 사람들이 높은 임금을 받으며 일하는 첨단 제조업 현장이었다. 노동자의 자녀도 아주 편안한 환경에서 자라고 있었다. 또 밝은 미래가 그들을 기다리고 있었다. ……

한국은 서비스업을 경시하면 안 된다. 한국의 서비스업은 앞으로 계속 발전할 것이다. 하지만 한국이 단기간에 세계 금융업의 중심이 될 가능성은 없다. 런던이나 홍콩이 순순히 한국에 자리를 내주지 않을 것이다. 물론 '블루오션'도 있지만 장하준 교수가 즐겨 말하는 것처럼 의료관광 부문은 앞으로 수백 배 성장해야 자동차 제조업 크기가 된다.

'서비스냐 제조냐' 하는 양자택일 문제는 없다. 스위스와 독일은 둘다 잘할 수 있다는 것을 보여주고 있다. 한국이 영국이나 미국의 길을 가면 안 된다. 한국이 올바른 선택을 할 수 있는 시간이 아직 남아 있다. 하지만 많이 남아 있는 것은 아니다.

우리 사회 전체가 건전한 공생의 공동체로 나아가기 위해서는 서비스업과 균형을 이룰 수 있는 경쟁력 있는 첨단 제조업이 많아져야 한다.

다니엘 튜더는 30대의 저널리스트 출신 영국인이다. 그는 명문대학을 나왔으나 낙후된 맨체스터의 가난한 집안 출신이다. 공부와 경험을 통해 코스모폴리탄적인 시각을 갖고 있는 그는 상당히 객관적이다. 그의 관점이 중요하다.

인터넷이 기술인가라고 묻고 싶다. 예전에는 기술이었다. 그것도 최신 기술이었다. 그러나 지금은 어떠한가? 너무나 보편화되었다. 인터넷이 처음 보급되던 시기만 해도 인터넷 접촉은 사무실의 몇몇 인력들이 독점했다. 그러나 PC의 보급 및 윈도우 환경의 구현으로 인터넷 대중화가 이루어졌으며, 불과 15여 년 후 스마트폰의 대중화로 모바일인터넷 시대로 접어들었다. 이제는 '모바일 퍼스트'에서 '모바일 온리'로 또 다른 상황이 전개되고 있다.

마치 1960년대, 1970년대 산간 마을이나 어촌에 전깃불이 들어오면서 모든 삶의 과정이 바뀌었듯이 인터넷의 대중화는 우리 삶의 모든 것을 바꾸었다.

그럼 앞으로 세상은 어떻게 진화할 것인가? 혁신은 테크놀리지의 발전에만 있는 것이 아니다.

수년 전 강원도 태백에 갔을 때 대형 할인점을 보고 새삼 놀랐다. 어찌 보면 소도시에도 대형 할인점이 있는 게 당연한 거 아닌가라고 되물을 수 있다. 불과 대형 할인점은 1990년대 초반 우리에게 선을 보이기 시작했다. 신세계에서 특별히 할 일 없는 사람들로 TF팀을 구성, 한 번 기획해보라고 준 것이다. 이들은 예산이 없어 유럽이나 미국의 대형 할인점은 구경해보지도 않고 일본 것만을 보고 서울 창동점에 실패를 각오하고 1호점을 내본 것이다.

하지만 지금 신세계그룹에서 이마트를 배제한 사업구조를 생각할 수 있겠는가? 혁신은 그렇게 한 번 해보고, 시장에서 받아들여지면 내지르는 것이다. 대형 할인점 사업의 승패는 부지 확보에 달렸다. 그렇게 신세계그룹은 초스피드로 네트워크를 확장해나갔다.

1995년경이다. 신세계 계열사인 조선호텔 기획과장으로부터 연락이 와, 전기차 관련 자료를 가져갔다. 정재은 조선호텔 회장의 지시사항이라고 했다. 정 회장이 태국에 출장을 갔는데, 전기차를 보고 조사하라고 지시를 내린 것이다. 정 회장은 서울대 전자공학과와 미국 컬럼비아대학교 전기과를 나온 공학도이다. 삼성전자에서도 경영자로 오랫동안 일했다. 당시 삼성은 자동차 사업에 한창일 때였다. 20여 년이 지난 지금 신세계그룹에 전기차 사업을 했으면 어땠을까 하는 생각을 해본다. 그때 시작했다면 지금쯤 성공 가도에 들어섰을 것이다. 신세계그룹의 국내외 유통망을 강점으로 상당한 노하우를 쌓았을 것이다. 할인점에 필수불가결한 카트를 손수 끄는 게 아니라 배터리를 적용해 전동식으로 바꿨을 것이다.

그러나 당시 신세계그룹은 대형 할인점 및 소형 마트 체인 사업에

온 힘을 경주하고 있었다. 의사결정권자의 관심과 의지, 실행이 뒤따르면 일반 사람들은 전혀 예상하지 못한 결과를 낳는다.

신세계는 스스로 한 모태에서 유통과 첨단 제조업이 병행 가능한 두 마리 토끼를 잡을 수 있는 절호의 기회를 놓쳤다. 신세계가 주력하는 유통업이 그들의 생존을 보장해주지 못한다. 신세계 계열사인 조선호텔은 한국 근대사의 상징과도 같은 회사임에도 불구하고, 외국 호텔체인인 웨스턴그룹과 제휴함으로써 스스로의 독립된 글로벌 확장 전략을 펼칠 수 없다.

한국 경제가 왜 이리 되었는가

한국 경제의 불균형 성장 전략은 뿌리 깊은 것이다. 그 기원은 박정희 정부 초기로 거슬러 올라간다. 절대 자원 부족, 빈곤 국가였던 대한민국은 김종필과 일본 외상 오히라와의 담판에 따른 대일청구권 자금, 독일 파견 광부 및 간호사들이 고국에 부치는 급여, 미국과의 협상에 따라 월남(베트남)으로 파병된 한국 병사들의 급여 및 보상금을 기초로 이루어졌다.

또한 정주영이 500원짜리 화폐에 그려진 거북선 그림과 울산 조선소 공장 설계도만으로 영국 은행 및 선주를 움직여 선수금으로 현대 울산 조선을 착공한 것은 엄연한 역사적 사실이다. 정주영은 미 공군 조종사 출신으로 한국전에도 참전했던 독일 주재 변호사의 주선으로 영국 버클리은행 및 영국 수출 신용보증국의 보증을 받고 선박왕 오나시스의 처남인 선주 리바노스와의 계약을 체결했다. 이에 대해 경제학자 박동운은 이렇게 표현했다. "정주영은 스스로를 미친 사람이라고 생각했다. 운 좋게도 그는 그 배를 사겠다고 나선 정주영보다 더미친 사람을 만나게 되었다." 세계 제일의 조선 강국은 이런 우연과 (경제학자가 보기에) 미친 사람들이 만나면서 시작되었다. 불과 40여년 전 우리가 현재 살고 있는 동시대에 일어난 일이다.

이후 1970년대부터 1980년대까지의 중동 건설 붐은 한국 경제의 기초를 튼튼히 만든 기폭제였다.

절대 빈곤 체제에서 정부는 자원을 한쪽으로 몰아주는 불균형 전략을 택하게 되는데, 수요가 없는 내수보다는 임금 경쟁력을 바탕으로 한 양산 방직업 등 제조업을 기반으로 한 수출 기업에 정책의 우선순위를 두었다. 양산 제조업 기반의 수출 기업 우선정책은 수출·제조 대기업과 협력관계에 있는 중소기업들을 일정 수준까지는 견인해서 발전시켰다. 그러나 한국 정부의 환율정책마저도 수출을 주도하는 대기업에 집중되었고 대기업의 중소기업에 대한 원가 절감 압력은 고혈을 짜내는 수준에 이르렀다.

1987년 6월의 시민항쟁은 노태우 여당 후보의 직선제 개헌이 핵심인 6.29선언을 이끌어냈으며, 이로 인한 사회 전반의 민주화 열풍은 그동안 잠재되었던 노사갈등으로 폭발되어, 이후 노동 시장 문제의 경직화로 이어졌다. 이는 또한 외국 기업들의 한국 투자를 꺼리는 요인으로 대두되었으며, 일부 반기업 정서는 때마침 밀어닥친 세계화의 물결 속에 국내 기업들이 해외로 탈출할 명분을 제공하였다. 이어서 불어닥친 신자유주의는 규제 완화라는 긍정적인 효과를 가져왔으나 결과적으로는 1997년 외환위기의 씨앗을 뿌렸다. 외환위기를 극복하기 위해 김대중 정부는 벤처, 내수 위주의 정책을 펼쳤다. 이때의 IT기업들이 현재 IT기업의 근간을 이루고 있다. 하지만 1997년 외환위기는 우리 사회 전반을 바꿔놓았다. 우리 경제의 개방화와 체질 개선이라는 긍정적인 요인도 있었지만 국가 역량이 결집된 기업의 무분별한 해외 매각으로 부메랑이 되어 우리 사회에 되돌아왔다. 시장 자율 및 경제 개방 정책의 흐름은 2000년대 중반까지 이어져왔다.

1980년대 후반에서 2000년대까지 이러한 변화는 수출 기업과 내수 기업, 제조업과 서비스업, 대기업과 중소기업 간 또한 지역 간 불균형 산업구조를 더욱 심화시켰으며, 부의 양극화를 가져왔다. 이로 인해 저출산, 고령화, 청년 실업 문제, 저성장 기조 고착화 등의 문제가 이어지고 있다. 이는 경제 전반의 활력 저하로 나타나고 있는데, 이명박 정부와 박근혜 정부는 대중적 요법으로 서비스업 활성화를 내세우고 있으나, 서비스업은 낮은 생산성이라는 근본적인 한계에 부딪히고 있다.

'Made in Korea'는
어디로 갔는가?

벤츠와 BMW는 1990년대 글로벌화로 인해 일부 예외가 있긴 하지만 'Made in Germany' 전략을 고수하고 있다. 벤츠와 BMW는 독일 내 생산 원칙을 고집해왔기 때문에 브랜드파워 제고 및 품질을 보증할 수 있었다.

현대차그룹은 소형차 부문에서 경쟁력을 갖추고 있다. 전체 차종의 판매 비중 중 해외 판매가 90퍼센트 수준에 육박한다. 수출차의 대부분이 소형차이며 해외 생산 차종의 대부분도 소형차이다.

현대차는 아직 중대형 부문에서는 글로벌 경쟁력을 갖추지 못하고 있다. 향후 브랜드 가치를 좀 더 높여서 부가가치가 높은 중대형차 및 미래차 부문에 있어서는 국내를 연구개발 및 생산기지의 중심으로 삼았으면 하는 바람이다.

결국 국가 브랜드의 차이인 것 같다. 독일 프리미엄 브랜드는 독일

내 생산을 고집한다. 대중차인 폭스바겐은 예외이다. 도요타도 대중차는 'Made by TOYOTA' 원칙을 적용하지만 프리미엄급인 렉서스는 일본 내 생산 원칙을 고집하고 있다. 혼다는 프리미엄 브랜드 아큐라가 있지만 브랜드파워가 약하다. 몇년 전 혼다코리아는 아큐라의 도입을 검토했는데 브랜드는 혼다로 정했던 것으로 안다.

쌍용차의 체어맨은 마더브랜드인 쌍용차보다 상위이다. 프리미엄 브랜드가 반드시 배기량 큰 차를 말하지는 않는다. 다운사이징의 고성능차, 미래차를 프리미엄 브랜드로 만들 수 있다. 테슬라의 성공은 차에 있지 않다. '테슬라=전기차'라는 스토리텔링의 힘이다.

스마트폰은 대중 소비품이다. 자국 생산을 고집하지 않는 이유이다. 구글의 리쇼어링이 실패한 이유이기도 하다. 2012년 모토로라를 125억 달러에 인수한 구글은 EMS전문기업인 플렉트로닉스에 스마트폰 생산을 위탁하면서 중국 텐진, 브라질 자구아리우나 공장을 미국 텍사스로 리쇼어링했다. 리쇼어링된 생산기지를 본격 가동하기 위해 구글은 스마트폰 양산에 필요한 현장 인력을 약 2,500명 확보하고자 했는데 높은 이직률로 인해 6개의 인력회사를 통해 약 6,500명을 채용해야만 했다.

IT 산업은 시장 상황에 따른 탄력적 제조라인 운영으로 현장 인력의 숙련도가 중요한데 높은 이직률로 인해 지속적인 품질 문제에 노출되고 말았다. 이러한 문제를 해결하기 위해 자동화를 검토했으나 대부분의 자동화는 반복적인 작업에 효과적인 반면 유연한 작업에는 불리한 경우가 많은 것으로 판명됐다. 삼성전자 역시 베트남 공장 현지인들의 노동습관에 따른 잦은 이직률로 채용 및 교육 등에 많은 비용을 들이고 있어 고민이 크다.

구글은 결국 지속적인 원가 압박에 시달리다 2014년 초 중국 레노버에 모토로라를 29억 달러에 매각하기로 발표하고 텍사스 공장 폐쇄와 더불어 생산 물량을 다시 중국과 브라질로 이전하고 말았다. 이는 리쇼어링 성공을 위해서는 본국의 탄탄한 제조 생태계가 필수적이라는 것을 보여준 사례이다.

브랜드파워의 핵, 제조와 R&D

나는 현대차의 리쇼어링을 주장하고자 하는 것이 아니다. 브랜드파워 강화를 마케팅 부문에서 찾지 말고 제조와 R&D 부문에서 찾으라는 이야기이다. 정의선 부회장을 위시한 현대차의 젊은 마케터들은 품질과 브랜드를 구분하려는 경향이 있다. 있지도 않은 브랜드를 해외 미술관에 협찬한다고 생기겠는가. CPR(Corporate PR) 전략은 탄탄한 제조 부문에서 발생한다. 프리미엄 브랜드의 특징은 주문 생산 방식이다. 제품을 양산하고 나서 밀어내는 것은 프리미엄 브랜드가 아니다.

이런 의미에서 중국 시장에서의 답은 아모레퍼시픽과 폭스바겐에서 찾아볼 수 있다.

화장품은 전통 제조업을 기반으로 한다. 불과 수 년 전만 하더라도 가마솥 같은 데서 만들어낸 콜드크림류를 용기에 퍼 담고, 라벨을 잘 붙이기만 하면 됐다. 나머지는 마케팅의 영역이다. 그중 아모레퍼시

픽은 'Made in Korea'를 앞세우면서 마케팅의 선진화를 이룩했다.

실적도 높아져 2014년 영업이익은 전년 대비 40퍼센트 이상 증가했다. 아시아 1위 화장품 기업인 시세이도를 바짝 쫓고 있다. 2015년에도 상승세가 이어져 지난 4월 20일 주가가 장중 403만 원까지 오르며 사상 최고가를 기록했다.

증권사가 주목하는 기업 경쟁력은 중국이다. 꾸준히 중국 시장점유율을 높여 2014년에는 중국에서만 전년 대비 44퍼센트 성장한 4,673억 원 매출을 달성했다. 무엇보다도 한국의 면세점을 통해 제품을 구입한 요유커가 전년 대비 203퍼센트나 증가했다.

중국 소비자가 아모레퍼시픽의 제품을 선호하는 이유는 한류가 직접적인 영향을 미쳤다. 중국 소비자는 한류 스타의 외모를 닮고 그들과 같은 라이프스타일을 향유하고 싶어 한다. 한류 열풍 속에서 '메이드 인 코리아' 화장품에 호감을 느끼는 것은 자연스러운 일이다.

이 회사가 어떻게 다른 기업보다 효과적으로 한국이라는 '나라'에 대한 호감을 '상품'에 대한 호감으로 전환했는가. 그 답은 생각보다 간단하다. 글로벌 기업을 표방하는 한국 대기업 가운데 예외적으로 자신이 한국 기업임을 적극적으로 홍보한다는 점이다.[27]

경기도 오산에 위치한 뷰티 사업장은 단지 내에 미술관을 운영하고 예술적인 건축물과 조경, 그리고 미술 작품으로 공장을 아름답게 디자인했다. 라이프스타일 사업에 예술을 끌어들이고 있다.

현재 중국에 들어간 전 세계 자동차메이커 중 현대자동차그룹은 가장 후발이다. 그럼에도 불구하고 현지 생산 연산 300만 대 체제를 지향하는 것은 대단한 일이다. 지금부터는 질적인 성장이 중요하다.

중국은 2020년이면 도시화가 빠르게 진척돼 중산층 규모가 전 인구의 45퍼센트(6억 3,000만 명)에 달할 전망이다.

일찍이 중국에 터전을 잡고 현지화에 성공한 폭스바겐은 급팽창하는 중산층 대상의 타깃 마케팅에 주력하고 있다. 폭스바겐은 전기자동차 등 친환경차를 중심으로 중국인 특색에 맞는 다양한 상품전략으로 중산층 끌어안기에 시동을 걸고 있다.

산업공동화의 악순환

국가 경제가 발전함에 따라 일부 경쟁력이 떨어지는 산업이 국내에서 도태되어 인건비를 포함한 제반 생산비용이 저렴한 해외로 사업장을 이전하면서 '산업공동화'가 발생한다.

산업공동화로 국내에 남아 있는 산업이 고부가가치를 계속 창출하면 국가 경제는 발전을 지속하겠지만, 여의치 않을 경우 사업장 이전으로 인해 국내 제조업의 고용이 감소하면서 구매력이 저하되어 소비가 위축되고, 결과적으로 경제발전 속도가 둔화될 수도 있다.

지역별 산업공동화의 사례가 뚜렷하지는 않다. 그러나 그 조짐들은 일부 나타나고 있다. 대구는 섬유 및 방직업의 대표적인 도시였다. 그 상관관계는 뚜렷하게 밝히기는 힘들지만 통계자료가 있다. 대구시 중구의 경우 인구가 정점을 찍은 1982년에는 21만 명이었는데, 2012년에는 7만 5,000명이었다. 30년 만에 인구가 약 65퍼센트나 감소한 것이다. 대구시 남산동에는 빈집이 많아 관리 부실이 문제가 되고 있다. 집을 헐고 텃밭 혹은 주차장을 만드는 움직임도 나타나고 있다.

대구시 중구에는 직물 관련 단체 및 직물 직거래가 이루어지던 상가 골목이 있었다. 약전시장 등은 예전만 못하지만 여전히 존재하고 있다. 1997년 이후 김대중 정부의 소위 '밀라노 프로젝트'로 잠깐 반짝했으나 몇 년 못 가서 소멸되고 말았다. 한편으로는 인근 수성구가 신흥 상권으로 부상함에 따른 대구 경제의 상권 변화가 일어났다.

대구시는 2017년까지 연 100만 명 이상의 요우커 유치를 목표로 일반 관광에 양질의 의료를 결합시켜 부가가치를 높이는 '메디시티'를 표방하고 있다.

대구시가 10여 년 전부터 준비했다고는 하지만 좀 느닷없다. 이태리 밀라노 시민들도 모르는 밀라노 프로젝트를 주창해, 수천억 원의 정부 지원금은 온데간데없이, 외국 환자들을 받아들여 차세대 먹거리를 만들겠다는 구상과 실천 계획이 잘 이루어질지 두고볼 일이다.

중국 정부가 의료 산업 진흥책을 펴고 있다. 잘못하면 10년 뒤 한국인들이 질 좋고 서비스 좋은 중국으로 의료관광을 떠나야 될지도 모른다. 대구시의 메디시티 프로젝트도 강력한 의지와 치밀한 전략이 없으면 제2의 밀라노 프로젝트로 그칠 가능성도 있다.

제조업 회귀

최근 외신들은 미국 제조업체의 사업장이 국내로 다시 회귀하는 사례가 늘고 있다는 사실에 주목하고 있다. 2011년 미국의 포드가 멕시코 트럭 공장의 국내 이전을 발표하였고, 2013년에는 애플이 중국에서 생산하던 스마트폰부품을 미국 내 신설 공장에서 생산하기로 결정한 바 있다.

과거에는 제조 공정의 자동화로 인해 제조업의 고용 유발 효과가 적다고 생각했던 반면, 최근에는 새로운 제품이나 공정이 개발됨에 따라 과거에는 없었던 자동화 소프트웨어, IT기술, 부품 공급서비스, 장비리스, 소비자금융 등의 새로운 서비스 사업이 창출되면서 제조업의 간접고용 유발 효과가 점차 커지고 있다. 또한 제조업은 서비스업에 비해 평균적으로 임금이 높은 양질의 일자리를 창출함에 따라 제조업의 고용 증가는 소비 확대로 이어져 경제의 선순환에 크게 도움이 될 수 있다. 한편 제조업은 기술 혁신 발생 비율이 여타 산업에 비해 월등히 높아 국가 산업 전반의 기술혁신을 주도하는 역할을 수행할 수 있다. 뿐만 아니라 기술력을 바탕으로 높은 국제 경쟁력을 유지할 경우 수출 확대를 도모할 수 있는 장점도 있다.[28]

컨설팅업체인 보스턴컨설팅그룹(BCG)은 로봇 자동화의 확대로 그동안 신흥국이 맡아왔던 '세계의 공장' 역할이 약해지고, 선진국 제조업 경쟁력이 강화되는 리쇼어링이 강해질 것으로 예상했다.

국내 완성차업계는 아직 리쇼어링보다는 해외 생산 공장 건설을 통한 증산에 주력하고 있다. 국내에 공장을 늘리더라도 내수 수요를 끌어올리는 데 한계가 있는 만큼 해외 생산 비중이 월등히 높은 글로벌 경쟁업체와 겨루려면 해외 생산을 더 늘릴 수밖에 없다는 게 국내 업체들의 판단이다. 시장 수요가 회복세를 보이는 선진 시장과 여전히 세계 최고 수준의 성장률을 나타내는 중국 시장에서 판매 확대에 집중하고 있다.

자동차도 패션처럼, 현대차의 플랫폼 역할

자율주행차, 전기차, 수소차 등 미래차 부문은 대규모 투자에 따른 신산업 생태계를 조성할 수 있다. 그렇다면 연구개발, 생산 및 판매방식은 어떤 식으로 변할 것인가? 또한 기존의 자동차와 다른 파생되는 생태계는 없는가?

스마트폰의 등장으로 최근 4~5년 동안 서울 변두리의 어지간한 골목길 어귀마다 통신사 대리점들이 즐비하다. 피쳐폰 판매 생태계와는 다른 모습들이다.

지금처럼 컨베어벨트 방식의 양산 제조방식에 의존한 자동차 유통망, 할부금융 등의 생태계 변화가 오지 않을까 생각해본다.

스마트폰의 경우 구글의 아라는 모듈화되어 각 개인이 조립해서 쓰는 방식을 추구한다. 지금 푸에르토리코 시장을 시험 무대로 활용하고 있는데, 외신에서는 하드웨어의 모듈화는 해결되었으나 소프트웨어는 미해결로 남아 있다고 전한다. 구글의 아라가 성공한다면 삼성전자의 갤럭시나 애플의 아이폰을 조립·생산하는 대단위 공장들은 문을 닫아야 할지도 모른다.

구글의 방식이 성공하면 중소 스마트폰업체들이 대거 등장할 것이다. 운영방식은 구글의 안드로이드를 쓰고, 두뇌에 해당하는 애플리케이션 프로세서는 영국의 ARM에 아웃소싱할 수도 있다.

미래차 부문은 구글의 아라처럼 각 부품 단위를 모듈화하고, 조립 및 튜닝 등을 개인사업자들이 참여하는 형식으로 기존의 카센터나 정비공장 등을 활용한 방식은 없는가. 미래차의 방향조차 명확하지 않은 상태에서 섣부른 예단일 수도 있다. 그러나 대강의 그림은 그릴 수 있을 것 같다.

브루스 윌리스 주연의 원작 리메이크 영화 〈쟈칼의 날〉을 보면 주인공 브루스는 자신이 작전에 사용할 차를 직접 튜닝한다. 차 도색 과정들을 보면 전문가 솜씨이다. 영화였기 때문에 그런 측면도 있지만 실제 자동차 문화가 우리와는 다른 유럽과 북미는 단독 주택의 경우, 차고와 더불어 웬만한 자체 정비는 가능하도록 시설을 갖춰 놓고 있다. 파리다카르 랠리에 출전하는 드라이버들은 자신에게 엔진 포함 모든 기능의 튜닝권한을 줄 것을 후원사인 자동차업체에 요구하는 전문 엔지니어이기도 하다.

체코의 매드핑커게임스가 내놓은 '몬조(Monzo)'는 가상으로 프라모델•을 만들 수 있는 소프트웨어이다. 몬조는 디지털 모델 킷(digital model kits)을 얘기한다. 동영상을 보면 개인이 자동차의 모듈화된 부

• **프라모델:** 플라스틱 모델(plastic model)의 일본식 줄임 말이다. 플라스틱으로 된 조립식 모형 장난감을 일컷는다.

품들을 조립해 차를 만든다. 이런 세상이 현실에서는 불가능한가?

자동차 개인 조립 및 튜닝은 한번쯤 생각해볼 수 있겠다. 자동차 평론가 채영석은 이렇게 이야기한다.[29]

제러미 리프킨이 제시하는 협력적 공유사회로 이전된다면 소유권보다는 접근권을 중시하는 사회에서 자동차의 수요는 줄어들 수밖에 없다. 그것은 아직 먼 미래일 수 있다. 지금은 자동차 관심 및 잠재 수요 고갈을 벗어나기 위한 대안을 찾아야 한다. 그것이 신세대 텔레매틱스일 수도 있고 또 다른 그 무엇이 등장할지도 모른다. 현재 대량생산, 자동 설계 등으로 인해 특징 없는 자동차의 외형은 물론 공간 자체를 바꾸는 작업까지를 포함하는 것이다.

채영석이 말하는 튜닝은 차체 새시, 엔진 등은 그대로 둔 것이다.

최근 고용노동부가 고용영향평가를 실시한 결과 국토교통부의 자동차 튜닝 활성화 정책이 고용 증대 효과 2위에 올랐다. 튜닝 규제 수준 완화시 2014년 대비 2020년까지 1만 3,000여 명의 고용 창출이 기대된다. 특히 규제 수준을 튜닝 분야 대부분을 허용하는 D등급 단계까지 낮출 경우 2020년까지 최대 2만 4,000여 명의 신규 일자리를 만들 수 있을 것으로 추산한다.

국토교통부는 2013년 5월 1일에도 제1차 무역투자진흥회에서 보고된 '규제 개선 중심의 투자활성화 대책'의 후속 실행계획으로 '자동차 튜닝 시장 활성화 종합대책'을 발표했다. 이때는 약 4만 개의 새로운 일자리 창출이 가능하다는 내용을 담고 있다. 2년 동안 규제를 그대로 놔두고 정책을 재활용하고 있는 셈이다. 국내 자동차 소음 규제는 도로교통법을 따르고 있고, 배기가스는 환경부 기준을 적용하고, 구조 변경(개조)은 국토교통부가 통제하고 있기 때문이다. 단순히 자동차의 머플러(muffler, 소음기) 하나에도 3개의 다른 정부부처가 관여하고 있으니, 국토부의 말만 믿고 개조했다가는 환경부 기준과 도로교통법 기준에 불합격될 수도 있다는 의미이다.

자동차 튜닝은 의류의 리폼처럼 개인 취향에 맞게 차량을 바꾸는 것이다. 대중적으로 인기 있는 튜닝으로는 이른바 '하체튜닝'이라고 불리는 서스펜션(suspension, 충격완충장치)을 비롯한 휠과 타이어를 교체하는 것이다.

국내 자동차 시장에서 고성능과 독창성에 대한 수요도 급증하고 있다. 그만큼 자동차도 패션처럼 다양하고 개인의 취향에 맞게 변화하고 있다. 최근 출시되는 국산 차량들도 획일화된 디자인이 아니라 사이드미러의 색상을 달리하거나, 데칼(decal, 자동차 표면에 디자인된 도안이나 그림)을 소비자가 정할 수 있는 경우도 많아졌다.

현대차는 가장 핵심적인 안전 부문만을 통제하는 역할을 하면서, 개인이 디자인, 설계에 참여하는 미래차 모듈화를 세계 표준으로 만들 수 없는지 등을 고민해볼 필요가 있다. 현대차는 이러한 과정에서 발생하는 특허권리 보존 등의 역할을 맡아야 한다.

청년 실업, 청년 고용이 5년짜리 정치권력의 문제가 아닌 국가의 존망을 결정짓는 문제로 등장하고 있다. 애플의 2014년 애플리케이션 판매액이 140억 달러에 달해 스마트폰, 기기 판매액을 넘어선 것으로 나타났다. 앱 개수는 120만 개를 넘어섰고, 미국 내에서만 (애플리케이션인지는 모르겠지만) 63만 명의 고용을 창출했다고 한다. 반면 패스트 팔로우인 삼성전자는 하드웨어 부문에서는 일정한 고용을 창출했지만 소프트웨어 플랫폼 구축에 실패함으로써 애플만한 기여는 하지 못했다.

현대차 역시 미래차 부문에서 하드웨어적인 경쟁력도 지녀야 하지만 소프트웨어 중심의 플랫폼 구축도 염두에 두고 개발을 진행해야 할 것이다.

우리 사회는 청년 실업 문제를 노사정 대타협에서 찾고 있다. 그 구심점인 노사정위원회가 결렬되었다. 일부 언론은 그 책임을 노동단체들에게로 돌리고 있다. 그러나 사측과 재계를 대변하는 단체들은 그들의 최대 주주인 삼성그룹과 현대차그룹이 고용 창출 신사업에 얼마나 노력하고 있는지를 돌아봐야한다. 삼성과 현대차의 대형 제조 사업장들은 해외에 신설, 이전했다. 글로벌 기업임을 내세워 앞으로도 해외 투자에 주력할 것임을 고지하고 있다.

제조업의 몰락은
국가의 몰락이다

기업은 인류가 만들어낸 최고의 발명품이다. 그 기업이 진화하고 있다. 기업이 무조건 선이 아니다. 현대 사회는 정부, 정당 등 정치권력이 쇠퇴하고 있다. 상대적으로 글로벌 기업을 중심으로 한 산업권력은 강화되고 있다. 정치권력을 견제했던 언론권력도 산업권력을 힘겨워한다.

글로벌 기업은 기업의 본질인 이익 창출이라는 본연의 속성에서는 멀어질 수 없지만 이익만을 쫓아서는 기업 존재의 근간인 사회와 괴리되며, 결국은 사멸하고 만다.

삼성은 한국 사회와 조금씩 멀어지고 있다. 그런데도 불필요하게 많이 끌어안고 있는 관리 및 연구개발 인력의 숫자를 내세우며 사회와 괴리되지 않았다고 말한다. 직원들에게 적용하는 고임금 정책이 또한 논리적 근거일 수도 있다. 그러나 이들은 우리 사회에서 극소수

일 뿐이다. 게다가 이로 인해 인건비가 낮은 베트남에 대형 생산라인을 만들어도 제품 가격이 떨어질 수 없는 것이다.

중국은 수많은 인재들이 한국 사회를 현미경 들여다보듯이 들여다보고 있다. 한국의 대표 기업인 현대차와 삼성이 한국 사회와 유리되면 그 틈을 비집고 들어올 것이다.

자동차 내수 시장에서는 현대·기아차의 시장점유율이 점점 하락하고 있다. 스마트폰을 중심으로 한 가전 부문에서도 애플 아이폰의 성장세가 견조세를 유지하고 있으며, 배터리 및 충전기 등에서는 샤오미 제품이 시장을 장악하고 있다.

MB정부가 중점적으로 추진했던 4대강 개발이나 해외 자원개발 사업은 고용을 포함하는 지속성장 가능성이라는 측면에서는 명백하게 실패했다.

각 지방 단위의 창조경제 혁신센터 운영만으로는 역할을 다하고 있는 게 아니다. 현대차와 삼성은 3세로의 경영 승계를 앞두고 있다. 상대적으로 과거에 비해 많이 약해졌지만 정치권력은 여전히 이를 통제할 수 있는 수단을 가지고 있다.

섬유, 신발 등 경공업에 이어 전자, 자동차 산업에 이르기까지 생산시설이 줄줄이 해외로 이전하고 생산 자동화와 더불어 국내 제조업의 고용은 크게 줄게 되었다. 제조업 고용은 1991년의 520만 명에서 2010년 380만 명으로 총고용에서 차지하는 비중은 1980년대 후반 29퍼센트에서 최근에는 18퍼센트로 줄었다.

서비스업의 고용 비중은 1992년의 50퍼센트에서 2011년 70퍼센트, 약 1,700만 명으로 늘어났으나 생산성은 제조업 대비 45퍼센트에 불과하다. 자영업자의 영업이익은 2000년대 들어 14퍼센트나 감소했다. 또한 연금제도가 미비한 가운데 고령화로 무소득, 저소득 고령 가구주가 빠르게 늘어나는 것도 분배를 악화시키고 있는 주요 요인이다.[30]

제조업의 몰락은 국가의 몰락을 가져온다. 생산성 낮은 서비스업의 고용 비중이 늘어나고 있다. 다니엘 튜더가 언급한 런던과 지방 간의 빈부격차가 남의 나라 일이 아니다. 제조업은 산업 가치사슬에서 핵심 요소이다. 공장들이 해외로 이전하면 관련 부가가치 사슬(제품과 공정개발, 마케팅)도 함께 이전한다. 혁신적이고 창의적인 제조업이 계속 유지되어야 하는 이유이다. 제조업이 첨단화되면 고급 일자리도 많아진다. 제조업과 서비스업의 발전은 비례한다. 제조업이 발달해야 일반 관리, 회계, 특허 서비스, 호텔, 레스토랑 등 서비스업도 함께 발전한다. 금융 산업만 잡으면 세계를 지배한다고 믿던 선진 기술국들이 제조업 부흥을 다시 외치게 된 이유이다.

싱가포르는 제조업 육성을 국가 안보 차원에서 이해하고 있다. 일본 아베노믹스 역시 국내 제조업 경쟁력 강화를 핵심 목표로 내세운다. 엔저를 비롯한 국내 제조업 경쟁력 강화정책에 따라 카메라업체 캐논, 파나소닉, 샤프를 포함한 몇몇 대형 제조기업들은 최근 해외 생산설비 중 일부를 자국으로 이전할 계획이라고 밝혔다.

인도의 나렌드라 모디 인도 총리 역시 'Make in India'를 정권의 슬로건으로 내세우고 제조업 육성에 총력을 기울이고 있다. 2015년

5월 19일 모디 총리는 울산을 방문했다. 1995년 중국의 장쩌민 총리 역시 울산을 방문했다. 20여 년이 흐른 지금 중국은 세계적인 강국으로 변모했다. 중국과 인도의 정치 지도자들도 부러워하는 울산과 같은 세계적인 수준의 제조업 클러스터를 가지고 있으면서도 우리는 그동안 발전이 더뎠다.

제조업 중에서도 중후장대형 산업의 육성 및 경쟁력 강화가 무엇보다 시급하다. 그 선두에 현대차그룹이 있다. 경박단소 제조업에 강한 삼성은 폼나게, 멋있게, 그럴듯한 기업문화 때문에 위태위태하다. 현대차그룹의 역할이 절실한 때이다.

한국 경제는 때를 기다려야 할 때

요즘 우리 주변을 둘러싸고 일어나는 일들은, 1990년대 초반 미국 경제에 대응하는 중국의 외교 자세에 대한 덩샤오핑의 도광양회(韜光養晦) 정신을 생각하게 한다.

덩샤오핑은 1990년대 초반, 내부적으로는 1989년 천안문 사태, 외부적으론 동구 사회주의권 붕괴란 격변을 지켜보며 28자 방침을 제시했다. 다음은 중앙일보 중국 전문기자 유상철의 해석이다.[31]

'냉정하게 관찰하고(冷靜觀察) 진영을 공고히 하며(穩住陣脚) 침착하게 대응하되(沈着應付) 능력을 감추고 때를 기다린다(韜光養晦). 자세를 낮추고(善于守拙) 우두머리가 되지 않으며(決不當頭) 해야 할 일은 한다(有所作爲)'. 흔히 도광양회로 대표되는 이 외교 전략을 바탕으로 중국은 오로지 경제 건설에만 매진한 결과 20여 년 만에 영국, 독일, 일본 등을 잇따라 따돌리고 이젠 미국과 함께 G2로 올라섰다.

덩샤오핑의 도광양회 정신이 한국 사회에 필요한 때이다. 한국은 중국과 미국 사이에서 아시아인프라투자은행 가입과 고고도미사일 샤드 배치와 관련하여 넛크래커(nut-cracker) 입장이 돼버렸다. 특히 일본과는 역대 최악의 외교관계에 직면하고 있다. 한국처럼 대외무역 의존도가 높은 국가에서의 경제는 외교의 흐름에 절대적인 영향을 받는다.

여하튼 삼성전자와 현대차로 대표되는 한국 경제는, 조용히 때를 기다려야 할 시점이다. 외국인이 보기에 한국 경제는 삼성과 현대차에 너무 의존을 많이 한다고 한다. 난 반대로 생각한다. 삼성과 현대차는 국가로부터, 한국민들로부터 너무 많은 혜택을 입었다.

정몽구만한
경영자는 없다

어쩔 수 없이 현재 삼성의 상황을 비교할 수밖에 없었다. 현대차그룹은 정몽구 회장이 숨만 쉬고 있어도 그 자체가 경쟁력인 것 같다. 한국 경제, 한국 산업계가 대단히 어려운 상황이다. 정몽구 회장만이라도 건강을 오래 유지했으면 하는 바람이다. 삼성과 현대차그룹의 국내 산업 연관 효과를 비교하기는 그렇지만 삼성과 현대차그룹 둘 다 잘못되면 어떨지를 생각해봤다. 심각한 상황이 올 것이다. 정몽구만한 경영자를 당분간은 찾아보기 힘들 것 같다.

세계 경영학계에서 삼성과 현대차로 대표되는 한국 재벌에 대한 평가는 양면적이다. 한쪽 시각은 대주주의 전횡과 독단으로 인한 폐해가 크다는 것이다. 다른 시각은 과단성 있는 장기 투자로 미국식 주주자본주의의 한계를 극복했다는 다소 과한 칭찬이다. 당연히 폐해 쪽에 더 많은 비중이 실린다. 지금은 이런 논의 자체가 의미 없을 만큼 급박한 상황이다.

　나는 《삼성의 몰락》에서 삼성의 위기 가능성을 언급했다면, 수개월이 지난 지금은 구체적으로 삼성이 어려운 상황에 들어가고 있음을 우려한다. 이건희 회장 후임을 국민 투표로 뽑을 수 없는 상황에서 이재용 부회장을 중심으로 삼성의 경영권이 작동할 수밖에 없으나, 이건희 회장이 쓰러지고 난 뒤 '삼성의 시스템과 프로세스'의 허상을 지켜보았다.

　은둔형이든 공개형이든 강력한 리더십이 존재해야만 조직의 시스템과 프로세스도 작동한다. 불과 수개월의 시장 상황에 대응하기 위해 수조 원의 돈이 여과없이 투자되는 과정을 지켜보면서 과연 삼성에는 의사결정 과정의 시스템과 프로세스를 통제할 만한 인적 인프라나 기업문화가 정착되어 있나 하는 의구심이 든다.

　삼성 리스크가 존재하는 한 삼성과는 다른, 현대차의 시스템과 프로세스, 기업 문화에 한국 경제의 운명을 맡길 수밖에 없다.

　매출 단위가 1조 원을 넘보는 지방 출신의 창업자를 안다. 이 분은 50년 동안 갈고 닦아 50대에 접어든 자녀들에게 경영권을 넘겨주기 직전이다. 김대중, 노무현 정부하에서 부자세 증세 및 재산 상속 등에 있어 어려운 환경에 처하게 되자 "자식들한테 재산을 물려주지 못하면 무엇하러 뼈빠지게 사업을 했겠나?"라고 말한다. 자수성가형 중소기업들에게는 경영 승계가 기업을 하는 궁극적인 목적이 될 수 있다.

　그러나 현대차, 삼성그룹과 같이 하루에 1조 원(10억 달러)을 벌어들일 수 있는 기업의 경영권자가 자식에게 재산을 물려주기 위해서만 사업을 한다는 명제는 틀렸다. 인류 공영의 발전까지는 가지 않더라도 한 국가의 부를 창출하는 데 기여하고 이것이 공평하게 잘 분배되어 사회 갈등까지도 치유할 수 있기를 기대해본다.

우리와 정치적·문화적 환경이 다른 중화권 글로벌 경영인들의 특징은 우리처럼 직계에게 사업체를 물려주는 데 집착하지 않는다. 소프트뱅크의 손정의는 얼마 전 불과 입사한 지 7개월밖에 되지 않는 구글 출신의 인도인을 자신의 후계자로 지명했다. 우리의 사고로는 이해하기 힘들다.

정몽구의 선택

앞으로도 상당 기간 정의선 부회장에게 경영권을 넘겨주기 위해서는 삼성의 예에서 보듯 현대차 그룹은 사업 경쟁력 강화와는 상관없는 계열사 간 인수 합병 등의 무리한 과정을 거쳐야 한다. 그러는 사이 기업의 글로벌 경쟁력은 저하되고 불필요한 사회적 비용 또한 발생한다. 현대차가 도요타를 이길 수 있는 유일한 방법은 경영지배구조의 혁명을 일으키는 방법밖에 없다.

경영권 승계 포기 선언을 한다는 상상을 해본다. 정몽구 회장이 아들인 정의선 부회장에게 경영권 승계 포기를 발표한다. 글로벌 시장은 아마도 한전 사옥 부지 인수와 같은 오너 리스크가 사라졌다고 보고 국제적인 투자자금이 몰릴 것이다. 정몽구 일가는 당연히 경영권 승계는 포기하더라도 그룹의 대주주로서의 영향력은 여전히 남아 있게 된다.

현대차그룹은 이런 개방성의 DNA가 남아 있다. 현대카드, 현대캐피탈은 경영권의 간섭을 받을 수도 있는 수준의 지분을 파트너에게 양도했다. 또한 중국 진출을 위해 기술 수준이 하위에 있는 베이징기차에게도 50퍼센트의 경영권을 양도한 바 있다. 두 경우 다 괄목할만한 성공을 거뒀다. 버림으로써 얻었다.

정몽구 회장이 외아들로의 경영 승계에 집착하지 않는다면, 한국 사회는 국가적으로 산업화와 민주화, 정보화로 인한 사회 변혁 이상의 위대한 국가(Great State)로 발전할 가능성도 있다.

정몽구의 선택은 경영권 승계에 올인하고 있는 삼성그룹을 멈추게 할 수도 있다. 일시에 재벌의 폐해가 사라지게 되며 긍정적 에너지가 정치, 사회, 문화에도 영향을 미칠 것이다. 정몽구는 위대한 경영자 수준을 넘어 역사에 남을 국가적 지도자로 자리매김할 것이다.

어쨌든 이미 한 인간으로서는 능력의 범위를 벗어난 초글로벌 기업 경영 승계에 대한 우리만의 모델을 만들어야 한다.

우리는 너무 일찍 샴페인을 터트렸다. 그 샴페인을 터트렸으나 맛을 본 이는 아주 소수에 불과하다. 뒤늦게 맛을 보고 싶으나 샴페인은 이미 증발하고 없다. 고급 샴페인은 고사하고 대중적인 와인조차 맛보지 못한 이들이 많다. 우리는 다음 파티를 할 때까지 내실을 다지면서 기다려야 한다.

후
기
一

1996년 현대그룹 회장에 취임한 후 '도전과 뚝심', '현장과 품질'로 상징되는 정몽구 리더십은 역사적 소명을 다하고 시대적 한계효용에 이른 듯하다. 그러나 모든 점을 다 감안하더라도 정몽구 리더십이 당분간 정상적으로 유지되는 게 모두를 위해서 좋은 일이다. 그 이유는 앞서 밝힌 대로 삼성의 경영지배구조와도 관계가 있다.

나는 한국 경제의 실질적인 발전이나 기여도 측면에서는 현대자동차그룹이 삼성그룹보다 더 중요하다고 생각한다. 그 의미는 국가 경쟁력을 실질적으로 좌우하는 중공업을 영위하고 있으며, 연구개발이나 생산 등 기반 시설에 대한 국내 투자를 중요시하여 실질적으로 국가 경제에 기여하고 있다는 점, 그리고 대표적인 국제교역 품목인 자동차의 안정적인 글로벌 플레이어로서의 위치 때문이다. 무엇보다 중요한 것은 현대차 생태계가 만들어내는 고용을 포함한 부가가치이다.

284
현대자동차를 말한다

그러나 산업 연관 효과 측면에서 현대차그룹의 현행 하청 경제 구조하의 부품업체들과의 관계는 분명 혁신되어야 한다.

품질 경쟁과 더불어 제조 원가의 70~80퍼센트를 담당하는 부품 가격 인하 경쟁이 세계적인 추세임에는 분명하다. 그러나 외형은 커졌지만, 미래차 R&D의 선두에 서야 할 부품업체들이 모기업과의 현격한 임금격차 때문에 우수 인력을 유치하지 못해 R&D 투자는 언감생심이다.

현대차는 부품업체에 설계 단계에서부터 원가 절감을 요구한다. 세계 5위권으로 성장한 현대차그룹에 걸맞는 글로벌 국내 부품업체는 존재하지 않는다. 부품업체의 경쟁력 약화를 우려한 현대차그룹은 부품의 수직계열화를 추구하는 과정에서 투자 여력을 소진, 스스로의 경쟁력을 약화시키는 모순에 빠져들고 있다. 이러한 악순환의 연결고리를 끊을 때가 되었다.

현장을 중시하는 창업 1.5세대인 정몽구 회장의 마지막 과제는 이 연결고리를 끊는 것이다. 이 문제를 해결하지 않고 경영권 승계가 이루어질 경우 현대차그룹의 앞날은 예측할 수 없다.

《삼성의 몰락》을 읽은 많은 이들이 내가 삼성의 자동차 사업 포기를 굉장히 아쉬워했다고 평가한다. 이는 내가 몸담았던 직장으로서, 삼성자동차를 벗어나서는 별로 선택하고 싶었던 업종의 회사가 없었다는 것과 다름 아니다. 물론 그룹 내부 사정을 잘 몰랐다는 측면도 간과했다. 하지만 나와 내 동료, 상사들이 원했던 것은 현대차와의 '유효한 경쟁체제' 구도였다.

삼성이 실수를 하긴 했지만 자동차 사업을 지속했으면, 기아차를 현대차가 가져갔든 삼성이 가져갔든 현대차는 삼성과의 치열한 경쟁을 통해 현재보다도 더 강해졌을 것이다.

현대차그룹은 정몽구 회장이 77세의 고령임에도 불구하고 후계자 얘기를 공식적으로 꺼내기가 민망할 정도로 경영 현장에서 왕성한 활동을 하고 있다. 그 대표적인 활동들이 대형 인수합병 결정이나 LG그룹의 구본무 회장과의 전기차 핵심 부품인 배터리 개발 합의 등이다.

한국 경제의 가장 큰 문제는 기업들의 글로벌화로 인해 대기업 중심의 낙수효과가 사라졌다는 점이다. 정부의 대기업 중심의 경제 성장정책이 한계에 도달했다. 대통령이 각 지방 대도시를 돌아다니며 벌이는 창조경제 혁신센터 개소 활동 이벤트나 부정비리 척결을 내세운 대기업 총수 일가들에 대한 사정만으로는 한계에 도달했다. 대통령의 임기는 5년 단임제이며, 한국 재벌 총수의 임기는 사실상 종신제이다. 갈수록 글로벌화되는 재벌 총수들이 정치권력에 결코 밀리지 않는 양상이다.

외환위기로 인해 국내 대기업 및 공기업 집단의 주주들은 외국인들로 바뀌었다. 50퍼센트 이상의 외국인 주주들은 자신들의 배당율만으로 기업을 평가한다. 사내유보율이 높고 경영권 승계를 해야 되는 국내 산업권력들은 이러한 외국인 주주들을 달랠 방법도 안다.

삼성가나 현대차가의 재산 상속은 사회가 관여해야 할 일은 아니지만 주식의 상속을 통해 다음대의 가족이 무조건 경영권을 승계하는 것이 사회 전체의 공동체 이익에 부합하는지는 깊이 고민해봐야 한다.

1960~1970년대만 하더라도 오늘날 재벌이라고 일컬어지는 산업권력을 장기 독재 정치권력이 산업은행 및 사실상 정부가 인사권을

쥐고 있던 민간 은행들을 통해 설립·육성했다. 당시만 하더라도 인적·물적 모든 자원이 부족한 상태였기 때문에 자원을 한곳에 몰아주어 그 이익이 분수처럼 솟아 협력업체들이나 종업원들에게 분배되는 불가피한 시스템이었다. 지금 한국 사회의 고질적인 문제로 나타나고 있는 하청 경제의 토대가 마련된 것이기도 하다.

또한 당시는 언론이 이들 대기업 집단을 나름대로 견제할 수가 있었다. 그러나 지금은 정치권력의 수명이 짧으며, 군사정권과 문민정권의 교체, 호남과 영남의 교체와 같은 물리적인 정권 교체의 경험이 있다. 지금처럼 언론권력을 장악한 산업권력은 이러한 정치권력을 예전보다 훨씬 효율적으로 통제할 수 있다. 정치권력은 선거와 청문회 등을 통해 어느 정도 견제 가능하지만 무소불위의 산업권력은 사실상 통제 불능 상태에 있다.

이들 산업권력을 견제해야 할 주요 언론 중 일부는 사실상 삼성그룹과 현대차그룹의 사보 수준으로 격하되어 버렸다. 2015년 3월에서 5월까지, 한국 주요 언론에 게재된 수많은 삼성전자 갤럭시S6 관련 기사와 거의 매일 실리는 삼성 관련 백면 광고는 부끄러운 일이면서 한국 언론사들이 얼마나 취약한 경영구조를 지니고 있는지 여실히 보여준다.

삼성그룹 및 현대차그룹의 성장과 발전은 한국 언론계 전체의 생존과 직결되어버렸다. 이것은 대단히 잘못된 구조이다.

첫 차를 사고, 첫 연애를 하고 결혼까지 이른 이들이 많을 것이다. 그러나 기업이든 인생이든 벡터(방향)가 잘못되었을 때는 순수의 스칼라(열정)만 가지고는 견뎌낼 수 없다.

처음 시작할 때는 스칼라가 중요하나, 지금은 벡터가 중요하다. 특히 선장이 바뀔 때는 더욱 그렇다. 현실에서 수많은 이들의 생계와 이상, 인생 전체를 거머지고 있는 글로벌 기업 CEO는 세이베르(saber)*보다는 꼬노세르(conocer)*의 세계에 들어가야 올바른 벡터를 가늠할 수 있다.

마치 방관자의 입장에서《삼성의 몰락》을 출간하고 불과 5개월 만에 두 번째 책을 내게 된 것은, 주님이 나의 눈을 뜨게 해주어 글을 쓰게 해주었으나, 눈앞에 보이지 않아 고통을 느끼지 못하고 두렵지 않게 해준 가족들 때문이다. 또한 2년 전 느닷없이 나타난 나를 물리치지 않은 명동성당 레지오 마리에 형제분들과, 지난해《삼성의 몰락》을 집필하는 과정에서부터 나를 영적으로 인도해주는 재속전교가르멜회 수도자, 형제자매님들께 고맙다는 말씀 올린다.

물질적으로 정신적으로 나에게 도움을 준 전 삼성자동차 TF팀인 삼성중공업 경영기획실 선후배, 동료들에게도 감사하다는 말씀 올린다.

'포수인치시남아(包羞忍恥 是男兒)' 유방에 비해 조금도 뒤질 것이 없었던 항우가 자신의 급한 성격 때문에 모든 것이 절망에 이르게 되고, 치욕을 견뎌야 되는 것을 빗댄 말이다. 2006년 이후 어려운 시기에 본격적으로 만난 멘토인 박종일 님이 인생에서 가장 슬펐던 2013

---

* **saber:** (스페인어) 지식, 외적으로 알다.
* **conocer:** (스페인어) 경험, 내적 체험으로 친숙하게 알다

년 여름 나를 위로하면서 잘 참고 견디자는 의미로 들려준 이야기이다. 나는 치욕을 넘어서 오히려 자유를 느끼고 있다. 견디지 못할 것도 없고 피할 것도 없다.

각
주
—

1. 박병재,《뉴 브릴리언트 컴퍼니》, 매일경제신문사, 2012년

2. 이현순,《내 안에 잠든 엔진을 깨워라》, 김영사ON, 2014년

3. 김동연, http://pub.chosun.com/client/news/viw.asp?cate=C03&mcate=M1003&nNew
    sNumb=20150316894&nidx=16895

4. 최일권, 'MK요? 잔정 많고 뚝심 대단했죠', 〈아세아경제〉, 2011년 9월 29일자

5. 정세영,《미래는 만드는 것이다》, 행림출판사, 2000년

6. 심정택, 위기의 자동차 산업, 〈월간조선〉, 2008년 7월호

7. 김정호, 권력의 빨대로 전락한 포스코, 〈미래한국〉, 495호

8. 이현순, 위의 책

9. 심정택, 위의 책

10. 송훈천,《북경일기》, 서교출판사, 2013년

11. 안현호, 중국 시장과 '신창타이', 〈매일경제〉, 2015년 2월 25일자

12. 오종석, 자동차업계의 샤오미 경보, 〈국민일보〉, 2015년 3월 3일자

13. 심정택, 세계자동차 산업 빅뱅, 〈월간조선〉, 2009년 7월호

14. 강도원 제네바 모터쇼 주인공 된 애플 · 구글…주요 車 업체 CEO들 '러브
    콜', 〈조선일보〉, 2015년 3월 4일자

15. 정세영, 위의 책

16. 안상욱, '전남길 박사, 삼성이 구글 능가하려면 이재용도 파면할 수 있어야',
    http://www.bloter.net/archives/226384

17. 박병재, 위의 책

18. 박재원, '자동차 본고장 기술 확보하자, 미국 기업 집어삼키는 중국 업체들',
    〈서울경제〉, 2015년 5월 12일자

19. 황형규, 한국 IT위기는 차이완 태풍 못 읽은 탓, 〈매일경제〉, 2015년 1월 3일자.

20. 전병근, 절대가치 시대 … 마케팅 패러다임 바뀐다, 조선Biz, http://biz.chosun.com/site/data/html_dir/2015/05/11/2015051100668.html

21. 채영석, '자동차 업계와 IT업계, 누가 주도권을 잡을까?', 〈글로벌 오토뉴스〉, 2014년 11월 14일자, http://auto.naver.com/magazine/magazineThemeRead.nhn?seq=7726

22. 천예선, 전기차 vs 수소차 패권 전쟁, 〈헤럴드경제〉, 2015년 3월 5일자

23. 장학만, '미래는 예측하는 게 아니라 만들어 가는 것 … 그 핵심은 기술', 〈한국일보〉, 2015년 2월 22일자

24. 심정택, '전기자동차 더 늦으면 설 땅이 없다', 〈미래한국〉, 497호

25. 김시연, "우버 엑스가 백기? '아이폰 늦장 도입' 잊었나", 〈오마이뉴스〉, http://ojs6.ohmynews.com/NWS_Web/View/at_pg.aspx?CNTN_CD=A0002088055

26. 다니엘 튜더, '한국이 영국 꼴 나지 않으려면', 〈중앙일보〉, 2015년 3월 7일자

27. 모종린, '가장 한국적인 기업 아모레퍼시픽', 〈조선일보〉, 2015년 5월 1일자

28. 천병철, 〈대구일보〉, 2014년 7월 15일자

29. 채영석, 위의 글

30. 조윤제, '구조개혁으로 소득분배 개선해야', 〈중앙일보〉, 2015년 4월 11일자

31. 유상철, '시진핑 시대의 신도광양회 전략', 〈중앙일보〉, 2015년 2월 18일자

**현대자동차를
말한다**

1판 1쇄 발행 2015년 6월 16일
1판 2쇄 발행 2015년 9월 15일

지은이 심정택

발행인 양원석
본부장 김순미
해외저작권 황지현
제작 문태일
영업마케팅 이영인, 정상희, 윤기봉, 우지연, 전연교, 김민수, 장현기, 정미진, 이선미

펴낸 곳 ㈜알에이치코리아
주소 서울시 금천구 가산디지털2로 53, 20층 (가산동, 한라시그마밸리)
편집문의 02-6443-8842   **구입문의** 02-6443-8838
홈페이지 http://rhk.co.kr
등록 2004년 1월 15일 제2-3726호

ⓒ심정택, 2015, Printed in Seoul, Korea

ISBN 978-89-255-5652-9 (03320)